Muchísimo más

Amor y Luz,

Muchísimo más

Las conmovedoras memorias de
mi encuentro con el amor, la lucha contra
la adversidad y la definición de la vida
en mis propios términos

ZULEMA ARROYO FARLEY

ATRIA ESPAÑOL
Nueva York Londres Toronto Sídney Nueva Delhi

ATRIA
ESPAÑOL

Un sello de Simon & Schuster, Inc.
1230 Avenida de las Américas
Nueva York, NY 10020

Primera edición en rústica de Atria Español, septiembre 2019

ATRIA ESPAÑOL y su colofón son sellos editoriales
de Simon & Schuster, Inc.

Para obtener información respecto a descuentos especiales en ventas al
por mayor, diríjase a Simon & Schuster Special Sales al 1-866-506-1949
o al siguiente correo electrónico: business@simonandschuster.com.

La Oficina de Oradores (Speakers Bureau) de Simon & Schuster puede
presentar autores en cualquiera de sus eventos en vivo. Para obtener
más información o para hacer una reservación para un evento,
llame al Speakers Bureau de Simon & Schuster, 1-866-248-3049
o visite nuestra página web en www.simonspeakers.com.

Impreso en los Estados Unidos de América

1   3   5   7   9   10   8   6   4   2

Un registro de catálogo para este libro está
disponible en la Biblioteca del Congreso.

ISBN 978-1-5011-9717-8
ISBN 978-1-5011-9718-5 (ebook)

A LOS CUATRO AMORES DE MI VIDA:
*A Nick, mi señor Bond, por cumplir
su promesa, en la enfermedad y en la salud.
A Jameel y Andrea, que me han enseñado el amor
incondicional hasta extremos inimaginables.
A papi, por guiarme desde el mundo del Espíritu.*

Contenido

Introducción

Desde que era una niña en Mayagüez, Puerto Rico, soñé con ser escritora.

Cuando tenía seis años, uno de los tres regalos que les pedí a los Reyes Magos —los tres sabios que visitaron a Jesús al nacer cargando las ofrendas de oro, incienso y mirra— fue una máquina de escribir. Aquella máquina de escribir roja que me compraron en Sears fue la primera de las cuatro que tuve.

Escribía diarios, y también largas cartas a amistades lejanas. Me encantaba componer ensayos en mis clases de inglés. Nada era tan fascinante como enfrentarme a la página en blanco y dejar que los pensamientos guiaran mi pluma.

Una vez le dije a mi maestra de inglés de la secundaria, *Misis* Mora, que algún día sería escritora. Pero, más allá de las palabras, vivía obsesionada con toda la parafernalia para escribir: plumas, tinta y cualquier tipo de papelería. Creo que gracias a mis compras se mantuvo abierta por muchos años la tienda de papelería del centro comercial Mayagüez Mall. Cuando, a los diecisiete años, entré a la universidad, pasé directamente a las clases avanzadas de inglés por todo el tiempo que me había pasado escribiendo en la secundaria.

Sabía que escribiría un libro sobre mi vida; pero también sabía que antes tendría que vivirla. Sin importar desde qué ángulo, siempre pensé que el tema central sería lo que llamo "mi vida de unicornio" —una vida plena, repleta de eventos sexis y momentos de película (al estilo Hollywood)— que me harían agradecer estar viva y a gusto en mi propia piel.

Un día, mi profesor de Gestión Organizacional en la universidad nos pidió pensar en qué era lo que nos definía a cada uno, y que escribiéramos una biografía de cinco mil palabras con ese tema. La tarea me animó a escribir una propuesta de libro de veinte páginas —este libro narraría mi vida hasta ese momento—. Nunca entregué mi propuesta, tampoco escribí el libro durante mis años universitarios. Sabía que no era el momento adecuado. Necesitaba experimentar *muchísimo más* antes de poner manos a la obra.

Veinte años más tarde, finalmente presenté mi propuesta de libro, aunque ya para entonces la historia de mi vida era muy diferente de la que había pensado escribir en la universidad.

¡Nada es más impredecible que la vida misma!

Apenas dos años después de casarme con Nick, el amor de mi vida, en una de las bodas más idílicas, y embarcándonos en lo que creí de todo corazón que sería la famosa "felicidad para siempre", recibí una noticia que cambió mi existencia: tenía cáncer. Y no un cáncer conocido —porque en mi vida nada es común ni corriente—, sino un tipo raro, poco investigado y potencialmente mortal llamado sarcoma. El sarcoma es considerado un cáncer "huérfano" por haber sido diagnosticado a menos de 200,000 personas en los Estados Unidos. O sea, me había ganado el premio gordo de la lotería del cáncer, ¡un premio que nadie desea ganar! Como podrán imaginar, mi mundo dio un gran giro.

Las horas con el amor de mi vida, Nick, se convirtieron en una bomba de tiempo hecha de instantes y recuerdos que queríamos compartir antes de que fuera demasiado tarde. Nuestra travesía en este mundo tomó la precedencia: nada ni nadie más tenía importancia. Ya no se trataba de planear el futuro, sino de *vivirlo*. Así, Nick y yo, juntos, descubrimos una nueva forma de vida "normal" mientras intentábamos hacer del tiempo que nos quedara algo extraordinario. Pasar el resto de mis días en mis propios términos me recargó de energía —y no iba a permitir que ninguna enfermedad, los doctores, las amistades, la familia ni los extraños bien intencionados me dictaran cómo pasarlos—.

He viajado, he leído, me he divertido, he bailado; he amado y he sido amada. Durante casi dos años he escrito este libro, que narra cómo Nick y yo creamos una "lista de vida" de momentos brillantes y efervescentes, que insistimos en pasar juntos, pase lo que pase. Y también, en el interín descubrí algo infinito, mucho más brillante que todo aquello que creí posible en la vida. Mi campo espiritual se amplió. Había algo en mí que no podría definir, una guía divina que intervenía a cada instante en mis pensamientos y en mi vida. ¡Esa era la historia que debía contar!

Debo decir, además, que siento que mi historia es importante no porque sea mía, sino porque narra cómo todos debemos buscar alegría en medio de los conflictos y los desafíos. La vida es algo que nos ocurre a todos, y cuando es desgarradora, puedes elegir entre dejarte vencer por el abatimiento que sientes, o mirarla fijamente y dominarla con amor y buenas intenciones. Para mí, el cáncer fue el mayor desafío, pero para ti puede ser vivir con una enfermedad crónica, sufrir de ansiedad, perder a un amigo, a un familiar o el trabajo de toda tu vida, enfrentarte a un divorcio o que te rompan el corazón en un millón de pedacitos.

Mi mayor deseo es que estas memorias inspiren y le levanten el ánimo a aquellos que luchan con sus propios desafíos, especialmente los relacionados con la salud, o a aquellos que tienen cerca a personas que los sufren. Si tienes una lista de metas o de cosas que te apasionan, aunque sean pocas, de esas que necesitas cumplir antes de que el año termine, o de cumplir los cincuenta, o de casarte y tener hijos, o incluso antes de morir, no esperes a que llegue un diagnóstico terrible para realizarlas. ¡Toma el control! Haz lo que tengas que hacer para llenar de alegría tu mente y tu corazón. Eres el protagonista de tu historia. Celebra la idea de abrazar la vida al máximo en compañía de tus seres amados. No permitas que los contratiempos hagan de ti una víctima. Nunca he sentido lástima de mí misma, y esa ha sido una de mis técnicas de salvación (¡después, claro, del champán —mucho y mucho champán—!). Deja ir tus miedos, atrévete a soñar y abraza tus pasiones, sean cuales sean. Cuando dejas de preocuparte por lo que podría pasar, por lo que piensan los demás y te concentras en crear tu futuro, a menudo se presentan oportunidades que no habías previsto. Y a veces, esas oportunidades pueden llevarte en una dirección que nunca hubieras podido prever... pero compartiré mucho más sobre esto más adelante.

Lo cierto es que vivo cada día reconociendo de que mi vida tiene una fecha de expiración amenazante. Algunos doctores piensan que no es una cuestión de *si* mi cáncer reaparecerá, sino de *cuándo*. De manera que, en el ahora, en el momento presente, y durante esta vida, elijo mi voz interior y vivir y amar con todas mis fuerzas. Y lo mismo debes hacer tú. Nada debe desviarte de tus metas, tus sueños ni tus propósitos. Hay siempre —¡siempre!— muchísimo más que vivir, que amar, que aprender y que crear.

1

Un vestidito negro

Uno nunca luce demasiado formal o demasiado informal
con un vestidito negro.
—KARL LAGERFELD

El 16 de enero de 2010, unos días antes de cumplir treinta y siete años, pasé la tarde en el Bronx con mi abuela materna, abuela Esperanza, compartiendo recuerdos, jugando a la lotería y disfrutando platos típicos de Puerto Rico: arroz con habichuelas y carne guisada. Aun cuando lo estábamos pasando de maravillas, mi mente divagaba, pensando en la cita romántica que había planeado esa noche con un hombre llamado Nick. Tres días antes, habíamos salido por primera vez y Nick ya me había hecho perder la cabeza de tanto que me gustó. Cuando me despedí de mi abuela, sentía maripositas revoloteándome en el estómago. ¡Mariposas monarca, mejor dicho!

Me tomé mi tiempo para arreglarme, porque sabía que con Nick todo sería muy especial. Sentía algo distinto con él. A pesar de habernos visto solo dos veces en tres días, me desesperaba por volver a verlo. Antes de salir, me detuve frente al espejo. Mi vestido Oscar de La Renta, como hecho a mi medida, ceñía en todos los lugares precisos; mis curvas de mujer latina. Satisfecha con lo que vi, me adentré en la noche de Manhattan.

Cuando las puertas del elevador se abrieron en el *penthouse* de Nick, solo tuve que dar un paso para encontrarlo esperándome con una gran sonrisa. Me recibió con un beso delicado, me quitó el abrigo, me tomó una mano y me llevo hasta la sala. Entonces, desapareció.

Fui a sentarme en un moderno sofá gris mientras acomodaba mi pelo largo y castaño oscuro sobre los hombros. Nick reapareció con una gran caja de Bergdorf Goodman, cerrada con un lazo púrpura enorme, y la colocó en mi regazo. Lo miré, incrédula, contemplándolos alternativamente a él y a su regalo. Con ambas manos en los extremos de la caja, quité la tapa con cuidado y comencé a retirar el papel de seda. Mi corazón latía al ritmo de la canción de Gotan Project que su sistema de sonido Naim nos dejaba escuchar. Nick me observaba con una dulce sonrisa mientras yo desdoblaba un exquisito vestido negro sin mangas. Tenía un escote elegante y profundo, adornado con motivos románticos florales en seda, y cremallera en la espalda. El corte voluptuoso y *sexy* acentuaría mi cintura, y la vaporosa minifalda me permitiría lucir lo que considero uno de mis mayores encantos físicos: ¡mis piernas! El vestido tenía el estilo de Carrie Bradshaw, la protagonista de *Sex and the City*, y lograba captar perfectamente mi espíritu. Pero mi mayor sorpresa fue descubrir al diseñador. ¡Ah, qué cosa: Nick se acordó! En una de nuestras conversaciones, yo había mencionado cuánto me gustaba el trabajo del diseñador británico Alexander McQueen. Nick no solo me había escuchado atentamente, había recordado mis palabras y hecho el esfuerzo para hacerme sentir especial. Aunque me encantaba el vestido Oscar de La Renta que llevaba puesto, adoré aún más mi nuevo McQueen.

Desde que conocí a Nick supe que era alguien para atesorar, pero su gesto rebasaba todas mis expectativas. Salté del sofá y le planté en los labios un beso de agradecimiento.

No creo que fuera su intención que yo luciera el vestido esa misma noche —probablemente pensó que me lo pondría en mi cumpleaños, más adelante en esa misma semana—, pero me gustó tanto que no quise esperar ni un segundo más. Sabiendo que teníamos reservación para cenar en apenas quince minutos, tomé mi cartera de noche de Chanel y el vestido, y corrí al baño a cambiarme de vestidos.

Cerré la puerta y puse mi cartera en el tocador, entonces le eché una mirada incrédula al traje que tenía en mis manos, y un pensamiento súbito me pasó por la mente: *¿Y si no es mi talla?*. Me desvestí rápidamente, me lo puse... y suspiré aliviada: ¡Era exactamente mi *talla*! Me quedó pintado, como dice mami. Me sentí como una Cenicienta moderna, segura de que también ella, si hubiera tenido la oportunidad, habría elegido un fabuloso vestido de diseñador de alta costura en lugar de una zapatilla de cristal. ¿Cómo pudo saber Nick que me quedaría tan bien? Debió haberse fijado en la talla de mi vestido en una de nuestras primeras noches juntos. Indudablemente, Nick no solo escuchaba con atención, sino que también tenía buen ojo, otra de sus cualidades que me encantaban.

Ese último pensamiento me sorprendió. Adoraba todo en él. *¿Amor? ¿Sería posible?* Mi mente corría a millón mientras me retocaba el maquillaje y el pelo frente al espejo. Respiré profundo, alisé el vestido, y me puse nuevamente mis *stilettos* Louboutin, que eran mi sello. Le di una última mirada al espejo; quería lucir elegante, pero también sensual para el hombre que esperaba para llevarme a salir, el hombre con el que había salido por primera vez apenas tres días antes, pero con quien había sostenido una correspondencia regular en los últimos cuatro meses aquel que, ya tenía la certeza, era "el hombre para mí".

No soy una novata en cuestiones de amor —he tenido mi dosis de desamor, amantes bandidos (como dice la canción), *beaus* largos y cortos, hombres que compartieron y acrecentaron mi amor por el arte, la moda, los buenos vinos, los negocios y la cultura...—. Pero nada como ahora: Nick era distinto. Suscitaba en mí emociones profundas que me resultaban completamente nuevas. Me sentía tan a gusto con él que hubiera jurado que nos conocíamos de una vida anterior. Estaba locamente y físicamente atraída por él. Para ser sincera, un año antes quizás habría dicho que él no era mi tipo. Aun cuando sus afables ojos azules, su cabello castaño entrecano, corto, y su estatura promedio contrastaban con mi gusto por el estereotípico hombre mediterráneo —alto, trigueño y guapo— nada de eso claramente me importó. Años de relaciones con distintos hombres me habían enseñado, por fin, a descartar el boceto del hombre perfecto. Nick no solo era un encantador caballero británico, sino un *brain* de la tecnología, siendo por treinta años un ejecutivo con título muy alto en el mundo de las finanzas globales. Había corrido siete maratones, era piloto de autos de carrera Fórmula Honda, un jugador de golf empedernido, un audiófilo, y doce años mayor que yo. ¿A quién podría importarle que necesitara un bronceado? Lo que Nick despertaba en mí iba mucho más allá de cualquier expectativa.

Nos pusimos los abrigos de invierno antes de salir, tomados de la mano, a las calles adoquinadas de Tribeca; esas que tanto me recuerdan a mi querido Viejo San Juan. Esta era una tercera cita completamente diferente a las que había tenido antes. Me atrevería incluso a decir que era el polo opuesto de cualquier cita que hubiese tenido jamás. Nos habíamos encontrado por primera vez en la Sean Kelly Gallery en Chelsea, una galería de arte, durante una exposición de Gavin Turk, y desde entonces habíamos seguido en contacto. Conocíamos todo lo esencial acerca de cada uno, nuestras preferencias y aversiones, y también muchos de nuestros *hobbies*. Él sabía que, un mes antes de cumplir veintiún años, había abandonado Puerto Rico y me había mudado a Irvine, en California, empeñada en lograr mi propia versión del sueño americano. Yo sabía que él también había ido contra los deseos de su familia cuando se mudó a Londres para embarcarse en su carrera en el mundo de las finanzas. Nick estaba bien consciente de que los dos años anteriores habían sido tumultuosos para mí y de que, después de haber tenido una carrera —que se disparaba como un cohete: a la velocidad de la luz— como alta ejecutiva de publicidad y mercadotecnia, experta tanto en los intereses de la agencia como en los del cliente, lo había perdido todo en la crisis financiera de 2008. Yo sabía, a su vez, que Nick era divorciado con dos hijos varones adolescentes, y que recientemente había puesto fin a una relación de dieciocho meses, y que su alto puesto ejecutivo en una de las más grandes instituciones bancarias globales le exigía viajar por el mundo y volar a Londres una vez al mes.

Lo más importante era que ya nos habíamos hecho amigos y, con tantos detalles conocidos, el resto se concentraba en intensas conversaciones acerca de nuestras metas y anhelos. Ambos sentíamos, además, una atracción física explosiva. Se trataba de un territorio nuevo y excitante en el que pensaba todo el día.

Luego de una rápida caminata en el frío estimulante de aquella noche invernal, llegamos al *steak house* favorito de

Nick. El *Capitán* de Dylan Prime nos ofreció una copa de champaña Krug Grande Cuvée y nos condujo a nuestra mesa: así comenzó la velada, sin que sospecháramos que sería la primera de nuestra futura vida juntos. Nick se ocupó de ordenar la cena y el vino, como había hecho en las dos citas que habíamos tenido esa misma semana. Escogió para él su plato favorito —filete miñón en salsa de pimienta, papas fritas con espinacas salteadas, y un Cos d'Estournel, cosecha 1990. Me encantaba verlo ordenar la comida y el vino: sentí que, por fin, había encontrado a alguien tal como yo. Él sabía lo que quería, muy seguro de sí mismo y bien caballeroso, sin temor de tomar las riendas. Eran tan parecidas las maneras en que queríamos vivir y nuestra irrefrenable sed de vida, que la placidez y la franqueza mutua llegaban a nosotros de forma natural. Nuestras conversaciones también fluían sin esfuerzo, y su sentido del humor seco, bien británico, me hacía llorar de la risa. La naturaleza juguetona y libre de Nick enseguida se acopló a la fogosidad de mi espíritu.

Mientras el vino jugueteaba con nuestros sentidos y el plato principal deleitaba nuestro paladar, la conversación giró hacia un tema del que ambos éramos fervientes entusiastas: *los viajes*. Hablamos de nuestras ciudades favoritas: París para mí, Nueva York para Nick, y los lugares a los que deseábamos regresar, como la costa de Amalfi en mi caso y Hong Kong en el suyo. También hablamos de lugares donde nunca habíamos estado y que ansiábamos explorar, como Bora Bora, Estambul y Jordania. Era tanto lo que queríamos hacer juntos que, de pronto, se nos ocurrió crear una "lista de vida" para dos —ya saben, una lista de deseos, "*bucket list*", pero menos sentimental—. Resultaba completamente natural en aquel momento, como si supiéramos que aquella cena y aquella noche serían el comienzo del resto de nuestra vida como pareja. Un futuro compartido nos pareció, de repente, algo inevitable.

Abrí la aplicación de notas en mi iPhone para dar inicio a nuestra lista. A ambos nos gustaba soñar en *grande*, así que no sería para nada pretencioso esbozar una colección de metas audaces y atrevidamente suntuosas. *¿Qué incluiríamos?* Para empezar, Nick había crecido tocando el piano y, ya adolescente, también el oboe en una orquesta, interpretando preludios de Chopin y sonatas de Beethoven. Por mi parte, siempre quise continuar tomando las lecciones de piano que no pude continuar en la infancia. Como preferíamos apuntar a lo más alto y no conformarnos con menos, típico de nosotros, naturalmente añadimos a nuestra lista: "Tener un piano de cola para concierto Steinway". Conociendo mi obsesión alocada por el champán, Nick sabía que "Explorar la región vitivinícola Champaña", que él ya había visitado en varias ocasiones, era obligatorio. Cuando me habló de su miedo a las alturas, sugerí que venciéramos esa fobia practicando el paracaidismo juntos... A cualquier otra persona le hubiera aterrorizado la idea, pero si hay una cualidad que adoro en Nick, es que ningún desafío es demasiado grande para él, de manera que aceptó sin reparos, e incluyó la experiencia en la lista. Su contrapropuesta fue "Esquiar en los Alpes" y "Bucear con mis hijos". Nick ya era un buzo certificado por la Asociación Profesional de Instructores de Buceo (PADI, por sus siglas en inglés), y había buceado en las Maldivas y en el mar Rojo. Y aunque yo jamás me había puesto una máscara de buceo ni por error, ¡acepté inmediatamente!

Lo más emocionante de crear aquella lista juntos no fue que colaboráramos y escribiéramos lo que deseábamos hacer, sino que nos retáramos mutuamente a salir de nuestra zona de comodidad a experimentar algo nuevo e inesperado. Aun cuando solo se tratara de algo escrito, nos espoleábamos uno al otro —y despertábamos nuestra imaginación— más allá de nuestros temores y aprensiones, hacia nuevas alturas apasionantes, sin aceptar un "no" como respuesta y anhelando siempre hazañas más grandes y extraordinarias. Ese tipo de entendimiento me resultaba muy excitante, sensual y provocador. Esta lista me mostró que, si el destino me deparaba un futuro junto a Nick, nuestra vida sería cualquier cosa menos aburrida.

Mientras el mesero retiraba los platos y saboreábamos las últimas gotas de *claret,* me vi enfrentada a una idea que llegó como un soplo de aire fresco: ¡había encontrado a mi alma gemela! Una vida maravillosa de pasiones y logros compartidos comenzaba a enfocarse, tan clara como la luz del día. Nick emanaba una certidumbre y una seguridad que me resultaban seductoras —me recordaba, en lo esencial, a James Bond— y que incitaban mi lado aventurero. Como si alguien me lo estuviera susurrando al oído, sentí la voz interior diciéndome que nada podría interponerse en nuestro camino mientras nos mantuviéramos juntos. Tuve la convicción de que Nick era el hombre con quien yo quería salir al mundo; el hombre con el que quería compartir alegrías y penas; el hombre con el que deseaba vivir el resto de mi vida, tomados de la mano, hasta que nos hiciéramos viejos.

Mientras la velada tocaba su fin, paseábamos por Tribeca de vuelta al *penthouse* de Nick sin ninguna urgencia, solo compartiendo una paz dulce, relajada y en parsimonia total. Nos dimos cuenta de que nuestra floreciente relación, así como la lista que acabábamos de hacer, sería un camino por el que nos deslizaríamos lánguida y constantemente. La "lista" vendría a ser un recordatorio ocasional, así como el catálogo tangible de toda la diversión que compartiríamos. La prueba de nuestro amor.

Apenas habíamos creado una lista que pronto vendría a ser el mapa de nuestra vida, obligándonos a disfrutarnos la vida hasta el tuétano, aun cuando mis días en la tierra los sentía estaban contados.

2

Despierta la muerte

La vida de los muertos perdura
en la memoria de los vivos.
—MARCUS TULLIUS CICERO

Cuando nací por poco muero.

Fue el 19 de enero de 1973, en la ciudad de Mayagüez. Mayagüez está situada en la exuberante costa occidental de Puerto Rico. Es la cuarta ciudad más grande de la isla, y en 1973 tenía una población de alrededor de 85,000 personas. La ciudad es famosa por la catedral de Nuestra Señora de la Candelaria. La impresionante estatua de la Plaza de Colón, en honor al Descubridor (a quien se atribuye la conquista de Puerto Rico durante su segundo viaje a las Américas) está situada en medio de la plazoleta. Mayagüez misma está rodeada de montañas por un lado y del mar Caribe por el otro.

Aparte de las náuseas de los primeros tres meses, mi mami, Paola, había tenido un embarazo sin contratiempos. Era una muchacha de diecinueve años increíblemente guapa, vibrante, con la piel blanca y el pelo largo color castaño claro. ¡Su esbelta figura y exquisita complexión hacían voltear cabezas en el pueblo! Estaba felizmente casada con mi papi, Edwin Arroyo Mora, que le llevaba seis años. Papi era un hombre de piel oscura y facciones de indio taíno, con el cabello oscuro y rizado, que se cortaba muy a menudo. Tenía una bella sonrisa y, cuando reía, era imposible no notar sus dientes blanquísimos.

Mis padres se habían conocido seis años antes en una de las típicas fiestas de "marquesina" (como llamamos a las fiestas caseras) de un amigo en común. Papi se fijó enseguida en mi madre. Ella tenía quince años; él, veintiuno. Su amor floreció bajo la mirada de las chaperonas, como se acostumbraba en las familias católicas tradicionales de entonces. Sus encuentros se reducían principalmente a visitas en la sala de la casa de mi abuela (donde vivía mami), rodeados de la familia. Sin embargo, mami me confesó que varias veces se escapó para ver a papi manejar su Chevy azul del '56 en las carreras de carros clandestinas que tenían lugar en las calles vecinales del pueblo. ¡Qué emocionante! La mamá de papi, Candelaria, era una mujer alta, de piel blanca, con el pelo oscuro y rizado, fuertes facciones europeas, y una personalidad y un talante que pronto le ganaron la reputación de ser dura, estricta y, en ocasiones, poco amigable. Por razones nunca reveladas, Candelaria no estaba de acuerdo con la relación de mis padres. Un día, para su gran disgusto, papi anunció su intención de desposar a mami. Para quienes conocían a Candelaria, no fue una sorpresa que se opusiera al matrimonio, aun cuando mami y papi se amaran profundamente. A pesar de las objeciones de Candelaria, mi padre pudo persuadirla de que lo acompañara a la casa de mami para pedirla en matrimonio —algo que dice mucho acerca de la tenacidad de mi padre, que sabía lo que quería, y estaba dispuesto a obtenerlo, ¡exactamente como yo!—.

Santiago era mi abuelo materno —abuelo Santiago— y aunque también él era una persona recia y estoica que desde su silla de ruedas gobernaba a cuantos lo rodeaban, le dio su bendición al matrimonio. En retrospectiva, creo que abuelo Santiago sabía lo difícil que habría sido llevarle la contraria a mami. Como él, ya a su corta edad mami era un hueso duro de roer. Abuelo comprendió que mi padre era un joven encantador, apuesto y emprendedor, además de ser un hombre muy trabajador, que podría proveerle una buena vida a su hija y a los nietos por venir. Un compromiso breve, de apenas un año, fue necesario para que mami alcanzara los dieciocho años. Durante ese año mi madre se dedicó a planear la boda, y el 24 de octubre de 1971 se casaron. Mi madre siempre supo lo que quería en el día de su boda, y desde los dieciséis años se había conseguido un empleo en El Ensueño, la tienda de novias del pueblo. En esa época, a los menores de dieciocho no les estaba permitido trabajar, pero mami persuadió a los dueños del establecimiento de que era mayor de lo que aparentaba utilizando su sabiduría, madurez, perseverancia y una timidez aparente. De pocos años, pero muy madura, el sentido práctico de mi madre le resultó más útil que la educación que la escuela pudiera ofrecerle.

Trabajar en la tienda El Ensueño le dio la oportunidad de adquirir todos los artículos de boda que necesitaba, desde la tela del vestido hasta la decoración para la celebración. En otras palabras, le permitió tener la boda de sus sueños. A pesar de sus dudas, y como miembro de la familia, Candelaria tomó el papel de modista, encargándose de crear el traje de novia: un modesto vestido de color blanco que representaba la pureza ante los ojos de Dios, de acuerdo con el ferviente catolicismo de nuestra familia, acentuado por el clásico velo largo, adornado con encajes muy detallados en *chantilly* francés.

La ceremonia tradicional de mis padres tuvo lugar en la iglesia católica de San Benito, seguida de una recepción formal con desayuno, como es común en Inglaterra y en algunas culturas europeas, y como también lo era en el Puerto Rico de aquella época. Mami llevaba los labios pintados de rojo —que la hizo sobresalir—, zapatos de charol blanco y una exquisita tiara de perlas que enmarcaba su bello rostro.

La vida en común de mis padres comenzó bajo el techo de Candelaria, hasta que pudieron ahorrar dinero para comprar una casa propia. Después del matrimonio, mami cambió de empleo y comenzó a trabajar en la tienda de modas más popular del momento, Madeimoselle, mientras que papi consiguió un trabajo como capataz en una compañía de construcción. Planeaban tener hijos tan pronto como se asentaran en su propia casa. Cuando, a los dieciocho años, mami quedó encinta de mí, ya mis padres estaban más que preparados para recibir a su primer bebé y dar inicio al próximo capítulo de su vida en familia.

La vida de mis padres transcurría lentamente, como era la vida de una pareja que esperaba un bebé: pensaban en nombres, preparaban el hogar para la llegada de la criatura, trabajaban horas extra para ahorrar dinero, pasaban tiempo con familia y amigos y se escapaban algunos fines de semana, antes de que su vida se transformara completamente.

Lo que mami y papi no sabían era que la vida estaba a punto de lanzarles un bola curva, como dicen en béisbol. En las primeras horas del viernes 19 de enero de 1973, mi madre entró en parto. Mis padres creían saber lo que les esperaba, pero nada podía prepararlos para lo que sucedió ese día, y lo que sucedería en las semanas y meses siguientes. Corrieron al hospital, como cualquier pareja de padres primerizos nerviosos y ansiosos. La familia estaba reunida en la sala de espera con botellas de ron Don Q y una caja de habanos, lista para celebrar. Una vez que mi madre fue admitida en el hospital y quedó conectada a los monitores en la sala de partos, comenzó la verdadera espera, debido a que su dilatación era lenta. El obstetra dijo que si no ocurrían cambios en las horas siguientes, tendría que practicar una cesárea de emergencia. Prendida de cada aliento, contando cada contracción, mami esperó pacientemente, como le fue posible, hasta que finalmente su cuerpo estuvo listo. Al fin, dio a luz a la 1:20 de la tarde, y me acurrucó por primera vez en sus brazos.

Sin ninguna preocupación en el mundo, mami me besó en la frente con toda la ternura que solo una madre puede dar, y el salón de espera estalló de alegría. Hubo aplausos, abrazos y lágrimas de júbilo mientras mis padres admiraban mi cuerpecito rosado. Mi madre me ha dicho que recuerda haber experimentado esa estremecedora mezcla de dicha y perplejidad que probablemente abruma a todos los padres que posan la mirada en sus hijos por vez primera.

Pocas horas más tarde, una enfermera se dio cuenta de que mi piel había cambiado de color rosa a amarillo. Un grupo de doctores me arrancó de los brazos de mami para examinarme con urgencia, y concluyeron que tenía ictericia, algo bastante común en los recién nacidos y que indica bajos niveles de bilirrubina. Aunque no es considerada una enfermedad mortal, los doctores decidieron que permaneciera en el hospital un poco más para quedarse tranquilos. El sábado, cuando le dieron el alta a mi madre, tuvo que regresar a casa con las manos vacías. Esa fue la primera de las muchas hospitalizaciones que la vida tendría para mí.

Permanecí dos días en el hospital, a la espera de que mis niveles de bilirrubina se estabilizaran, y luego mis padres me llevaron a casa para dar inicio a nuestra vida en familia. A poco de asentarnos en las rutinas diarias, mami notó que tras cada toma de leche yo reaccionaba con un brote violento de vómitos en proyectil. Parecía que no era capaz de mantener la comida en el estómago. Preocupados por la idea de que, de ese modo, mi nutrición sería insuficiente para sobrevivir, mis padres me llevaron a mi pediatra, pero este no consiguió diagnosticar mi mal. Mami nunca ha sido de las que toman una pregunta por respuesta, ni siquiera a los diecinueve años. Por ende, en ese momento decidió buscar una segunda opinión. Al contrario del primero, el segundo pediatra tomó rayos X. Cuando revisó las imágenes, se volvió hacia mi madre y le dijo: "Tiene que llevar a su hija al hospital inmediatamente". Mami se quedó sin aliento.

A veces pienso en lo que habrá sentido mi madre en aquel momento. Una madre joven, con su primera hija, experimentando todas las preocupaciones y alegrías de la maternidad juvenil, ahora embargada por la desesperación y la ansiedad. De todas maneras, continuó buscando respuestas sin prestar atención a sus propios sentimientos, convencida de que mi salud era lo primero. Creo que de ella heredé la fuerza, la intuición y la tenacidad. Les exigió a los doctores las respuestas que necesitaba para tomar las mejores decisiones sobre mi cuidado. Si no hubiera sido por su fuerza interior y determinación ante la adversidad, no creo que yo hubiera sobrevivido más allá de las primeras semanas.

Luego de numerosas pruebas, nuestro doctor descubrió que yo había nacido con una enfermedad muy rara llamada *estenosis pilórica*. El esfínter pilórico funciona como una válvula y permite que los alimentos viajen desde el estómago hasta el intestino delgado, donde ocurre la absorción de la mayor parte de los nutrientes. Yo había nacido con el esfínter pilórico cerrado, de manera que la comida no llegaba al segundo paso del proceso digestivo, lo cual me impedía absorber los nutrientes que necesitaba para vivir y crecer. Como resultado, me encontraba severamente deshidratada y tenía que ser hospitalizada de inmediato. Una operación sería el próximo paso.

Papi era el apoyo de mami, su roca, pero en ese momento ambos estaban perturbados, con cara de angustia, viendo a su bebita de un mes en una camilla y conectada a un suero. En 1973, operar a una niña de un mes de nacida en un hospital de Puerto Rico no era exactamente un pensamiento calmante —¡imagínense los riesgos!—, pero era la única solución para que los médicos pudieran ensanchar mi esfínter pilórico y resolver mis problemas digestivos. Antes de proceder, hubo que vencer otra barrera: las pequeñísimas venas de mis brazos habían sido pinchadas tantas veces durante los exámenes médicos que ya no resistían la agresión de otra aguja intravenosa. Era necesario que los doctores tuvieran acceso a una vena no obstruida para poder llevar a cabo la operación y, en tales circunstancias, el único lugar donde pudieron hallarla resultó ser mi cuero cabelludo. Me afeitaron la cabeza y perdí todo el pelo lacio y castaño oscuro, ¡que ya tenía de bebita!, y comenzaron a buscar sin éxito una vía de acceso a mi sangre. Así, tuvieron que a acudir a la única otra opción disponible: una reducción venosa. En tales casos, el doctor expone quirúrgicamente la vena safena en una pierna, le inserta un pequeño tubo y lo asegura allí donde va conectada la línea intravenosa. Era la primera cirugía de mi vida, un tipo de operación que no se practica más gracias al desarrollo de técnicas más seguras. Todavía a mis cuarenta y seis años tengo en la pierna derecha la cicatriz de tres pulgadas —la primera cicatriz de muchas más por venir—.

Por ambos lados, mi familia es tradicionalmente católica, por lo que su mecanismo de defensa fue lanzarse a rezar un rosario mientras el cirujano les advertía a mami y a papi que la operación del píloro representaría un riesgo mortal, especialmente en el caso de una niña de cuatro semanas de nacida. Ante el temor de que yo no sobreviviera, Candelaria corrió a llamar al cura de la familia y le pidió que me bautizara de inmediato. Si la operación no salía bien, ¡tampoco era cuestión de dejar mi alma en el limbo! Mientras esperaban por el cura, mis padres se dieron cuenta de que debían nombrar inmediatamente a mis padrinos, y se decidieron por dos parientes que habían servido como padrino y dama de honor de su boda: Juan, el tío de mi padre, y Zara, su esposa. Mientras me conducían hacia el quirófano, Candelaria reapareció con el sacerdote, todos se agruparon alrededor de mi camilla y fui bautizada en la sala de operaciones, minutos antes de ser anestesiada.

Para mi familia, las horas de espera fueron una eternidad, al cabo de la cual el cirujano salió del quirófano y anunció que yo estaba bien. Mi familia exhaló un suspiro colectivo y lloró lágrimas de júbilo, aunque mi problema distaba de haber sido solucionado. Apenas cuarenta y ocho horas después, comencé a tener una fiebre muy alta. Las pruebas de laboratorio que los doctores ordenaron de inmediato mostraban que había contraído una infección durante la operación por lo que transcurrió otra semana de hospitalización y tomar antibióticos bien fuertes antes de que pudiera volver a casa.

Para la época en que cumplí mi segundo mes, había pasado más tiempo en el hospital, luchando contra problemas de salud poco comunes, que en mi cuna. Había tenido dos operaciones, una infección postquirúrgica y un encuentro con la muerte. Pero había sobrevivido. Siempre he sobrevivido. Supongo que porque, aun siendo una bebé frágil, las ansias de vida de mi alma eran demasiado grandes. A veces pienso que esos dos primeros meses de lucha por mantenerme viva fueron la base de mi amor por la vida, y me armaron de una firmeza indoblegable.

De regreso del hospital, mami regresó a su trabajo en Madeimoselle y papi al suyo como capataz de la compañía de construcción. Poco tiempo después, mi mamá quedó encinta de Jessica, mi hermana menor, la única hermana que tengo. La vida familiar continuó sin contratiempos, pero solo se trataba de la calma antes de la siguiente tormenta.

El sábado 11 de mayo de 1974 comenzó como cualquier otro. Era la víspera del Día de las Madres, y como ya mami cumplía ocho meses del embarazo de Jessica, me había dejado al cuidado de doña Emelinda, la vecina de al lado, a quien yo llamaba "Tata". Tata era una mujer de cincuenta y tantos años, y, para mí, una de las personas más amorosas que hayan transitado este planeta. Mami se fue a trabajar como de costumbre, con la intención de acumular horas extra antes de tomar su licencia de maternidad. Los sábados eran los días de descanso de papi, pero también él estaba buscando horas extra con la intención de afrontar los gastos de la criatura que estaba por llegar. Era necesario cubrir un turno de fin de semana para terminar un trabajo urgente, y papi aprovechó la oportunidad. Unos minutos antes del mediodía, mientras sus compañeros se aprestaban para almorzar, se montó en un tractor con la intención de concluir una tarea antes de unírseles, a fin de regresar temprano a casa.

Papi condujo el tractor hacia una pequeña rampa, algo que seguramente había hecho mil veces, pero ese día, por una razón aún desconocida perdió el control del tractor, el cual se volteó cayéndose por el lado de una colina. Algunos de sus amigos notaron que no había ido a almorzar y salieron a buscarlo. Lo encontraron aplastado debajo de la inmensa máquina. Sus compañeros desesperadamente intentaron levantar el tractor con sus propias manos, algo imposible. Lamentablemente era un esfuerzo inútil: mi padre había muerto instantáneamente.

Siguiendo el protocolo de la compañía, los trabajadores le informaron al jefe lo sucedido. Ambulancias, paramédicos, bomberos y policías aparecieron en la escena. Como todos sabían que mami estaba por dar a luz, no quisieron ponerla a ella y a su bebé en peligro, de manera que decidieron avisarle a mi padrino Juan, que aparecía registrado como contacto de emergencia. Mis padrinos, ¡Dios los bendiga!, se encargaron del resto. A pesar de estar devastados por la noticia, su prioridad se convirtió en cómo darle la noticia a mi madre de manera tal que no le provocara un parto prematuro, y también asegurarse de que yo fuera protegida de la información y atendida durante las secuelas. Mi madrina, Zara, y mami habían compartido al mismo obstetra, de manera que la primera llamada de Zara fue al doctor, que recomendó comunicarle la noticia a mi madre por partes. Por casualidad, ella había llamado esa misma mañana a la oficina del obstetra quejándose de un dolor en la cadera, y el doctor había enviado la receta de un analgésico a la farmacia cercana a su trabajo. Enfrentados a la noticia de la muerte de mi padre, el doctor recomendó llamar a la farmacia y explicar la situación para, en lugar del analgésico, modificar la receta y administrarle un medicamento calmante.

Mis padrinos partieron directamente hacia la tienda

donde trabajaba mi madre, y el farmacéutico, que acababa de recibir la noticia y las instrucciones del doctor, llamó a mi madre para decirle que su receta estaba lista para ser recogida. Agobiada por el dolor de la cadera, mi madre le comunicó a su jefe que tomaría un pequeño receso para ir a la farmacia. El calmante, administrado por vía intravenosa, tomó más tiempo de lo esperado. Mami se acomodó, feliz de poder sentarse y finalmente darle un descanso a su cadera adolorida.

Mientras tanto, Juan y Zara llegaron a Mademoiselle, le notificaron a la jefa de mami lo sucedido y recogieron sus pertenencias. Entre la tienda y la farmacia habría veinte pasos, que a Juan le parecieron veinte millas. Sudaba profusamente y usaba su pañuelo blanco para secarse la cara. Se detuvo ante las puertas de la farmacia, se persignó, tomó aliento y abrió la puerta muy despacio. Una vez adentro, Juan y Zara se tomaron de las manos y le pidieron a Dios que les diera fuerzas.

Mami, que se encontraba casualmente leyendo una edición de *Vanidades*, la revista de modas, se dio cuenta de que algo pasaba inmediatamente al ver la expresión de sus rostros. El corazón le dio un vuelco y palideció. A pesar de que mis padrinos hicieron todo lo que pudieron para suavizar el golpe, le dijeron que papi había sufrido un accidente en su trabajo. Mami sabía que algo no estaba bien. "Cuco está muy malito", le dijo Juan, refiriéndose a mi padre por su apodo. "Acompáñanos". Gracias al efecto del sedante, mami se incorporó muy calmadamente y salió de la tienda del brazo de Juan, quien la condujo en su carro directamente a su casa, evitando el tema obvio hasta que llegaron. Llorosa y visiblemente perturbada, mami tomó asiento en la sala de Juan y Zara esperando escuchar la temida noticia.

—Cuco tuvo un accidente en el trabajo muy malo hoy, alrededor de las 12:30 de la tarde —le dijo Juan—. —Se murió —añadió, y aunque trató de guardar la compostura, sintió cómo la habitación giraba en derredor suyo y cómo la voz se le quebraba al pronunciar unas palabras que ni él mismo podía creer.

—¿Podemos ir a verlo? —preguntó mami inmediatamente.

Mi padrino Juan le explicó que, como se había tratado de un accidente de trabajo, nadie sabía exactamente lo que había sucedido, por ende, todavía se encontraba bajo investigación policial. El cadáver de papi estaba siendo procesado y no estaba aún disponible para ser visto por la familia.

Fue en ese momento que mi madre estalló en lágrimas. "Esto no me puede estar pasando", pensó. Juan y Zara la abrazaron para consolarla, mientras trataba de afrontar la noticia devastadora. Zara le preguntó a mami a quién quería llamar de su familia. Mami le dio el número de Rafael, su hermano mayor, que en esa época vivía en Manhattan, y que tomó el primer vuelo a San Juan para estar junto a ella. Juan y Zara se ofrecieron para encargarse de los arreglos del funeral, pero mami insistió en ocuparse ella misma. No me asombra que quisiera honrar la muerte del amor de su vida a su manera. Era lo que papi hubiera querido.

Cuando se trata de enfrentar angustia y dolor, me parezco mucho a mami. Juro que debe existir un gen relacionado con ello, porque ambas lo hacemos de la misma manera: con la más absoluta lógica y suprimiendo los sentimientos para poder enfocarnos en la solución del problema que enfrentamos. Mami y yo siempre hemos sido hacedoras, no moradoras. Hacemos lo posible por tomar control mirando hacia delante sin importar cuán difícil la situación pueda ser. Me enfrento a la adversidad analizando y calculando todas las posibilidades, y apoyándome en la fe. Aunque no pude ser testigo, siento que mi madre actuó correctamente en ese día catastrófico.

El cuerpo de mi padre le fue entregado a la familia tarde en la noche. Había salido a trabajar por la mañana, en un día como cualquier otro, y regresaba a casa en un ataúd. La autopsia confirmó que había muerto sofocado por el peso del tractor sobre su pecho. Sus pulmones habían colapsado. Las heridas externas eran tan severas que mami se vio obligada a cerrar el ataúd durante el funeral al día siguiente. En lugar de celebrar el Día de las Madres, quienes amaban a papi ofrecieron sus respetos. Fue sepultado en uno de los cementerios privados de Mayagüez, a unas escasas quinientas yardas de donde mami y él vivían.

Mami había perdido al amor de su vida y se vio obligada a seguir adelante de la única manera en que sabía hacerlo. Dos semanas más tarde, regresó al trabajo: más que nunca necesitaba un empleo para mantener a su familia. A las cuatro semanas de haber muerto papi, mami trajo al mundo a mi hermana Jessica. Para la época en que cumplió veintiún años en agosto de 1974, había pasado de ser una madre felizmente casada y con una hija, a ser una viuda, madre de dos. Pero nunca estuvo sola, y eso la ayudó a sobrellevar el peso de la pérdida física del amor de su vida. Esperanza, mi abuela materna, y mis tías y tíos se ocuparon de nuestra familia. Rafael, el hermano que vivía en Manhattan, se mudó temporalmente a Puerto Rico. Su hermana menor, Ramona, que tenía apenas diez años, pasaba por nuestra casa todos los días después de la escuela para cuidarme a mí y a mi hermana.

Extrañamente, la muerte de mi padre cambió la dinámica que existía entre mi madre y la familia de mi papá. Siempre he sentido que mami, aunque se mantuviera siempre en contacto con Juan y Zara, debe haber tenido un disgusto con Candelaria. La relación entre ellas era difícil, y puedo decir con certeza que Candelaria no era muy fácil de tratar. He oído decir a algunos familiares que intentaba decirle a mami cómo hacer las cosas, especialmente en lo concerniente a cómo educarnos a nosotras. Quizás pensara que mi madre no estaba preparada para criarnos, o quizás se proponía hacerla sentirse peor de lo que ya se sentía, dadas las circunstancias, o tal vez existiera un misterio mayor detrás de todo eso. Los detalles de lo que pasó realmente entre ellas son como un tesoro cerrado en el fondo del mar y la llave está bien escondida. No me ha quedado otra opción que confiar en que mami hizo lo que debía para superar una pérdida terrible y darnos la mejor educación posible.

A pesar de toda la animosidad que existía entre mami y mi abuela paterna, mami nunca nos prohibió a Jessica y a mí ver a Candelaria. Ella nos dejaba en casa de Candelaria, sin quedarse nunca, e insistiendo en que la hermana de mi padre o mi tío Rafael nos acompañara, algo que siempre me pareció extraño. Mami aceptaba que viéramos a Candelaria, pero no que nos quedáramos solas con ella. Cuando yo protestaba por las visitas, me decía: "Ella es la madre de tu padre. Debes tener una relación con ella". ¡Y tenía razón! Pero aquellas visitas eran una tortura para mí. Yo no sentía ningún afecto especial hacia ella, y quizás Candelaria sentía amargura en contra de mami. Sin ninguna duda, Candelaria no era como las abuelas en la cultura latina. Nunca fue parte integral de nuestra crianza, ni un modelo de piedad cristiana. Superficialmente, existía una distancia palpable entre ella y yo pero, al mismo tiempo, yo experimentaba una extraña e inefable cercanía con ella. En fragmentos de conversaciones entre parientes escuchados al vuelo, me di cuenta de que había sucesos relacionados con Candelaria de los que nadie osaba hablar abiertamente. Lo único que sé es que algo acaparaba mi atención cada vez que la visitaba, nuestras energías parecían chocar y me embargaba una inexplicable sensación de que había otras personas en la casa con nosotras. Desgraciadamente, no recuerdo cuándo fue la última vez que la vi.

Tenía dieciséis meses de nacida cuando mi papá murió. No tengo ningún recuerdo de él —ni de su risa, ni de cómo me hacía sentir su amor—. No recuerdo la textura ni el olor de su piel, ni cómo eran sus besos tiernos. Siempre me preguntaré cómo podría ser tener un padre, tener su amor y su presencia en el mundo físico, ser una niña e ir con él al cine o a una escuela de baile para padres e hijas. Cuando alguna persona a mi alrededor pierde a sus padres, no solo le expreso mis condolencias, sino que también le digo que ha sido muy afortunada de poder haber tenido la oportunidad de saber cómo se siente tener un papá. Yo nunca sabré lo que es sentir ese sentimiento.

Me han dicho que papi amaba profundamente a mami, y que fue un marido proveedor y padre responsable. De niña, mi lógica era muy simple: *Tengo una madre que es tanto madre como padre.* Mami asistía a eventos para madres o padres; fuese un picnic del Día de los Padres en mi escuela, mi graduación o mi baile de graduación, mami me acompañó para asegurarse de que nunca me sintiera inadecuada o desconcertada. Nunca jugué el papel de víctima por haber crecido sin padre, como hacen otras personas. Eso sí, a veces me he preguntado cuán diferente podría haber sido mi vida si hubiese crecido con un papá, y si podía vernos a mí y Jessica desde el cielo. Entonces no lo sabía con certeza, pero sospechaba fuertemente que papi siempre cuidaba de nosotras.

Me mantuvieron en la oscuridad sobre los detalles relacionados con mi padre y su muerte. Las conversaciones sobre él eran breves y siempre seguían un mismo guion; nunca hubo nueva información al respecto. Aunque reconozco que se trataba de un tema doloroso para todos, creo que quizás hubo otras razones. Cuando tenía diez años, un poco antes de la Navidad, comencé mi habitual "búsqueda del tesoro", hurgando en armarios y cajas buscando los juguetes que sabía que mami había escondido de nosotras. En lugar de juguetes, encontré una bolsa de plástico cerrada con cremallera que no había visto antes. Picada por la curiosidad, la abrí y miré lo que contenía: una billetera de hombre, de piel negra y la portada de un periódico que traía un artículo sobre la muerte de papi. Hasta ese momento, no tenía ni la menor idea de que su muerte hubiese sido cubierta por la prensa local. Continué leyendo hasta que mis ojos fueron a dar con una foto explícita del accidente: un tractor volcado y un hombre que llevaban en una camilla. En ese instante, mami entró en la habitación y me arrancó de las manos el recorte de periódico. "¡Qué haces!", exclamó, pasmada al ver que yo sostenía la verdad en mis manos de niña. Me había quedado muda y no pude formular ninguna pregunta. Mami devolvió la billetera y el recorte de periódico a la bolsa de plástico y salió de la habitación.

Nunca he entendido las razones de tanto misterio alrededor de la muerte de mi padre: imagino que es por lo penoso que resulta para mi madre. Cada vez que trataba de tocar el tema, ella hábilmente cambiaba la conversación, haciéndome entender claramente que prefería no adentrarse en ese tema. Resultaba increíblemente frustrante en aquella época, pero luego de haber transitado por mis propias montañas rusas emocionales en la adultez, lo entiendo —y también la comprendo a ella—. Había sufrido una experiencia profundamente traumática, de la que aún cuarenta y tantos años más tarde le era difícil hablar. Puedo escuchar el vacío de su voz cada vez que lo intenta, siento su incomodidad y veo la tristeza en sus ojos y en su corazón. Mami siempre ha resguardado cautelosamente sus emociones, y mantiene sus sentimientos escondidos en lo más profundo de su corazón.

Y, como la muerte de mi padre ha estado siempre envuelta en un velo de silencio incómodo, siempre quise poder conectarme con él a través de un médium psíquico. A pesar de que no tengo recuerdos de papi, sino apenas algunas fotos y unas cuantas historias preciadas, creo de todo corazón que su presencia me ha acompañado desde el día mismo de su muerte. Y lo sentí más que nunca el día de mi boda. Mientras se proyectaba sobre la pared del fondo durante mi primer baile un video en el que mami y papi bailaban su primer baile como esposo y esposa en su boda, mi padre no solo bailaba al unísono conmigo, sino que podía sentir su presencia justo a mi lado.

También pude conectarme con su espíritu a través de medios más tangibles.

Unos días antes día de Navidad de 2016, mientras mami, Jessica, tío Rafael, mi sobrina y mi sobrino nos visitaban a Nick y a mí en Nueva York, recibí el mejor regalo de Navidad del mundo. Una querida amiga me había invitado a un evento privado con Theresa Caputo, estrella del *reality show* de televisión *Long Island Medium*. A medida que la fecha del evento —el 5 enero de 2017— se aproximaba, yo rezaba continuamente "Papi, por favor, comunícate conmigo".

Mami y Jessica eran extremadamente escépticas e inflexiblemente incrédulas con respecto a la comunicación con los muertos, pero antes de salir de la casa esa tarde, le pregunté a mami: "Si tuvieras la oportunidad de hacerle una pregunta, ¿cuál sería?". Sin pensarlo ni un instante, su respuesta fue: "Quiero saber si sufrió".

La lectura tuvo lugar en una sala de conferencias de la casa editorial de Theresa. Theresa tomó las riendas de la sala, con su enorme personalidad, su famoso pelo rubio esponjado y su marcado acento de Long Island. Después de unas palabras de introducción para poner a tono a la concurrencia, dijo: "Creo que mejor me callo, porque tengo todos estos espíritus a mi alrededor, disturbándome y hablándome todos al mismo tiempo". El salón permanecía en silencio.

"¿Quién entre ustedes tiene a un padre muerto?", preguntó, y se me paró el corazón. Tres personas levantamos las manos, dos un poco avergonzadas y yo sin ninguna timidez. Su atención giró inmediatamente hacia una mujer de la concurrencia, a quien le hizo la primera lectura. Yo estaba perpleja por el diálogo entre ellas. Entonces se volvió hacia mí y se me plantó delante. "Él está haciendo ruido con algo en sus bolsillos", dijo, llevándose las manos a sus propios bolsillos para ilustrar tanto el movimiento como el sonido. "Es un sonido similar al de monedas sueltas, o al de un llavero". Un escalofrío descendió por mi espalda. De las pocas anécdotas que mami me había contado mientras crecía, una describía cómo papi, de regreso a casa del trabajo y aún antes de abrir la puerta, agitaba el llavero al entrar. En aquellas ocasiones yo me ponía muy contenta, porque era la señal de que él había llegado. Entonces, él dejaba caer las llaves en mis manos para que yo jugara con ellas. Era una costumbre muy singular. Pero yo quería que papi me dijera algo más.

"Me está mostrando que se golpeó en la cabeza, se asfixia

o no puede respirar, algo muy trágico... ¿tuvo un accidente automovilístico?".

Asentí, y dije que mi padre había muerto en un accidente desafortunado.

"Pero me dice que no sufrió tanto como ustedes creen. No supo lo que le estaba sucediendo hasta que se golpeó la cabeza, sintió que no podía respirar y falleció". Yo, aturdida, miraba a Theresa. Papi acababa de responder la pregunta de mami, precisamente aquello que ella había deseado saber durante los últimos cuarenta y tres años.

"¿Cómo te puedes relacionar con una billetera negra?", me preguntó entonces Theresa, y añadió que los contenidos de esa billetera se estaban desintegrando, que la foto de la licencia de conducir se estaba convirtiendo en polvo y que había billetes arrugados como si estuvieran quemados. Y agregó que todo ello estaba dentro de una bolsa de plástico.

Las lágrimas comenzaron a rodar por mis mejillas mientras recordaba cómo, de niña, había encontrado la billetera de mi padre. Pensé en su licencia de conducir, desteñida y con el laminado deshaciéndose, la foto descolorida de mi madre cuando tenía dieciséis años y los billetes de un dólar deteriorados. Cuando el tractor cayó sobre el cuerpo de mi padre, el diésel se derramó, empapándolo todo. Había bañado la billetera que llevaba en el bolsillo, pudriendo su contenido. Nadie, excepto nosotros en la familia, sabía de esto sobre el diésel.

Theresa continuó hablando, y me preguntó acerca de mis conexiones con el mundo del arte. En 2015 yo había creado una fundación sin fines de lucro cuyo concepto central de recaudación de fondos radica en subastar obras de arte donadas por artistas, especialmente hispanos. Después de una breve pausa, Theresa continuó: "Me está indicando el mes de agosto y el número cuatro". A lo que respondí, casi sin palabras: "El cuatro de agosto es el cumpleaños de mami". Theresa dijo: "Me está diciendo que le obsequiaba un ramo de rosas rojas cada año por su cumpleaños, como símbolo de su amor por ella". Después agregó: "Me está mostrando una foto suya. Está sentado en un sofá. Dice que tiene puesta su camisa favorita".

Conozco esa foto. Fue tomada a fines de los años sesenta, durante una de las visitas de mi papá a su hermana, que residía en el Bronx, y siempre me ha encantado. De hecho, siempre he sentido estar destinada a vivir en Nueva York por esa foto. Nueva York es una ciudad que mi padre amaba con todo el corazón, y estoy segura de que cada día que recorro las calles de esta ciudad, que ahora es mi hogar, él está conmigo. Puedo sentir su presencia todo el tiempo.

Theresa me aseguró que mi padre permanecía involucrado en mi vida a cada paso del camino, guiándome y protegiendo mi fundación. Agregó que él quería que yo supiera que él "había temido que tú no lo recordaras y lo honraras, ya que realmente no lo conociste, y por eso quiere agradecerte que durante todos estos años lo hayas hecho parte de tu vida".

Theresa no podía entender ese mensaje, ¡pero yo sí! No eran palabras simples las que me había dicho, encerraban un sentido más profundo. En el transcurso de la lectura sentí toda clase de emociones —alegría, tristeza, soledad, comprensión, paz, dolor— brotando dentro de mí. Ahora tenía las certezas, pruebas concretas de que mi padre me protegía. Era lo que había añorado, imaginado, creído, sentido y esperado toda mi vida.

Y por primera vez experimenté una sensación de cierre, de

punto de llegada, combinada con una ola abrumadora en mi mente y en mi corazón —un sentimiento que no había sentido antes—. Después de dos décadas de intentar que un médium psíquico me conectara con papi, al fin lo había conseguido. Fue una experiencia que me cambió la vida.

Pero algo más había pasado esa noche. Mientras Theresa les hacía lecturas a los otros miembros de la concurrencia antes de llegar a mí, comencé a oír las mismas cosas que ella estaba oyendo y transmitiendo a los otros. Sentí que estaba conectada a los mismos espíritus. Es más, podía saber lo que estaba por decir antes de que lo expresara. Sentí que Theresa y yo éramos una sola: dos personas distintas en el plano físico, pero de alguna manera conectadas con el mismo espíritu. Uno de los momentos más impresionantes fue la lectura destinada a la nana de un bebé a quien su propia madre había trágicamente ahogado en la bañera. El niño le mostraba a Theresa cómo su hermanito jugaba con trenes de juguete en su habitación. Un momento antes de que Theresa lo mencionara, la imagen de un tren de juguete apareció en mi mente. En ese instante lo supe: también yo era un médium psíquico, como Theresa.

La experiencia de aquella noche me hizo descubrir que mi vida estaba a punto de alcanzar un significado completamente nuevo. No solo había alcanzado la validación de papi, sino la evidencia de mi propio don.

En mi camino de regreso a casa, me sentía eufórica. Dejé que mis emociones me llevaran adonde quisieran sin tratar de controlarlas, como siempre hacía. Mi corazón danzaba al sonido de la canción *"Fly Me to the Moon"*, y al mismo tiempo cantaba una de mis arias operáticas favoritas, "Celeste Aida", de Verdi. Recuerdo estar asomada a la ventana del Uber y susurrarme a mí misma: "¡Gracias, Dios mío, por permitir que papi se comunicara!". También esa noche aprendí algo sobre mí misma que mantendría en secreto por el momento. Sabía que me había conectado con el reino de los espíritus, pero ¿dónde y cómo podría aprender más sobre mediumnidad? ¿Por dónde empezar? Haberme conectado con mi padre fue la señal que necesitaba para empezar a pensar seriamente en cómo servir a los demás.

Esa noche, antes de retirarme a dormir, me acerqué a mami y le pregunté:

—¿Papi te daba algún regalo en las ocasiones especiales? ¿Había algo específico que él hiciera para expresar su amor?

—Siempre me regalaba rosas rojas —respondió de inmediato.

Se me paró mi corazón, una vez más.

Aun cuando continúe preguntándome cómo se siente tener un padre en el mundo físico, nunca más tendré que cuestionar su presencia en mi vida o su influencia en mis sueños, e incluso en este libro.

La lectura de Theresa me permitió comprender que los espíritus siempre han sido parte de mi vida desde que tengo memoria. Todos los médiums nacen siendo médiums. Este don pasa de una generación a otra, usualmente por el lado materno. Con frecuencia yo veía siluetas, sombras o signos, escuchaba ruidos, y muchas veces hablaba con "personas" que no podía ver ni tampoco tocar. Esa había sido siempre una parte de mi ser que durante cuarenta y cinco años he mantenido en secreto, incluso ocultándola de mi madre, de mi hermana y hasta de amistades de la infancia que creían conocerme bien. He tenido premoniciones, como la certeza de que me vería involucrada en un accidente automovilístico —aquella vez oprimí el freno y fui testigo de un accidente que ocurrió a menos de cincuenta yardas de mí—. Siento la energía de otras personas, y en algunos momentos he podido sentir e incluso oler enfermedades. Familiares y amistades cercanos que han muerto me han visitado en sueños. Cuando vivía en Sultana, una urbanización en Mayagüez, nuestra casa se encontraba situada a quinientas yardas de un cementerio. A veces cuando íbamos a la bolera, pasábamos por el cementerio y las sensaciones me abrumaban. Mientras crecía, no me gustaba visitar la tumba de mi padre —no porque no quisiera visitarlo o por faltarle el respeto a su memoria, sino porque tenía miedo de lo que pudiera sentir allí—. He batallado con la ansiedad durante toda mi vida a causa de haber reprimido mi don por temor al rechazo o a ser ridiculizada. Después de todo, ¿quién quiere ser conocida como la niña que oye voces y ve a los muertos?

Estuve a punto de morir el día que nací. Nací nuevamente cuando me conecté con uno que había muerto.

3

Vientos de cambio

No podrás nadar hacia nuevos horizontes
si no tienes el valor de perder de vista la costa.
—WILLIAM FAULKNER

La segunda casa de la derecha, al final de un callejón sin salida en la calle Marginal, que da a la transitada carretera Número Dos, es la primera casa en la que recuerdo haber vivido. Mami la compró un año después de que murió papi. Como su muerte fue consecuencia de un accidente laboral, mami recibió una compensación financiera que le permitió poner el depósito para comprar una casa y así poner un techo sobre nuestras cabezas en una de las urbanizaciones más cotizadas de la cuidad, llamada Sultana. No puedo recordar el día que nos mudamos allí, pero sí la encantadora casa color pastel que sigue siendo uno de los lugares más importantes de mi vida. Tenía una sala grande, un *family room*, un comedor, tres habitaciones, dos baños y una brillante alfombra roja que odiábamos tanto que aún puedo verla frente a mí. La casa había sido construida recientemente en una exclusiva zona residencial —lo cual representó una mejoría a nuestro estatus de vida— pero lo que la hacía realmente especial era su enorme patio. El mismo nos regaló, a mi hermana y a mí, incontables horas de entretenimiento, solas o en compañía de nuestros amiguitos, pues tenía un columpio, una hamaca, un tiovivo y mucho espacio. ¡Teníamos una piscina, de esas que van encima del suelo, de Sears! Nos encantaba pasar el tiempo en la marquesina, donde jugábamos al bingo, y en la calle sin salida donde patinábamos. De alguna manera, nuestra casa era el corazón de la urbanización, debido a que siempre estábamos rodeadas de amigos, muchos de los cuales todavía conservamos. Nunca nos sentimos solas. Cuando pienso en aquellos años en Sultana, recuerdo nuestro hogar como el sitio más feliz del mundo, lleno de amiguitos alegres, voces gritando y risas.

Mi hermana y yo tuvimos, pues, una infancia feliz: mami se aseguró de que así fuera. La trágica muerte de papi no implicó que nuestra vida se volviera miserable y triste. Si la vida le daba limones, mi madre hacía galones de limonada para todas nosotras —¡y para la isla completa!—. No era de las que se amedrentaban ante las dificultades, y sobrellevó la vida sin su esposo con determinación y fuerza, además de alentarnos a hacer lo mismo. Vivíamos cómodas y teníamos, además, las cosas más importantes: amor, comida en la mesa y una educación sólida. Pasar unas vacaciones en Europa o ir a un campamento de verano a los Estados Unidos, como era el caso de otros chicos de la escuela, estaba fuera de nuestro alcance. Sin embargo, no hubo en nuestro hogar angustia ni sufrimiento, tampoco lágrimas de duelo ni sensación de impotencia.

Así continuó nuestra vida hasta que, en el año 1978, mami decidió que nos mudáramos. Yo tenía cinco años. Y no podía comprender la envergadura de en lo que estábamos a punto de embarcarnos.

"A empacarlo todo, que nos vamos a Los Ángeles… ¡y tío Rafael viene con nosotras!", exclamó mi madre, convencida.

Era demasiado joven para que consultaran el asunto conmigo, pero tampoco ella acostumbraba discutir ese tipo de cosas. Supongo que su deseo de partir tenía que ver con su audacia y su inclinación a arriesgarse por el bien de sus hijas y el suyo propio. Pienso que quería mucho más de la vida de lo que Mayagüez podía ofrecerle, y que esa convicción la empujó a salir de allí a explorar el mundo. No solo era muy joven en aquel momento, sino que sabía, desde el nacimiento de sus hijas, que necesitaba un cambio de paisaje, ¿y qué mejor lugar para reinventarse que la soleada ciudad de Los Ángeles?

Tío Rafael es mi fabuloso tío abiertamente gay, el mejor tío del mundo. Ha sido también un modelo a seguir, al convertirme en tía de mi sobrino y mi sobrina. Ahora anda por sus sesenta y pico, pero emigró de Puerto Rico al Bronx a principios de los años sesentas en busca del sueño americano. Este es un fenómeno bien conocido en la historia puertorriqueña: el éxodo masivo de los 1950s hacia Nueva York. Él es solo cuatro años mayor que mami, y tiene la piel oscura como mi abuelo Santiago. Pasó veintiocho años trabajando en Wall Street y ha vivido siempre en el mismo apartamento en el Bronx, por lo que ha repetido su recorrido todos los días en el tren 6 en medio del frío invernal y de las olas de calor del verano. Pero cuando papi murió y mami lo necesitó, dejó temporalmente a un lado su prometedora carrera en las finanzas y su atractiva vida social en Nueva York, y lo hizo por nosotras. Tío Rafael abandonó su pintoresco mundo del Bronx para unirse a nosotras en Puerto Rico y darle una mano a mami con nuestra crianza.

Mientras crecía nadie nos dijo nunca que tío Rafael era gay. Esa información se mantenía en silencio. En aquella época aún existía un profundo estigma asociado a la homosexualidad, aunque tuve mis sospechas cuando trajo a un tal míster

Jones, su *roommate* galés, a pasar unas vacaciones en nuestra casa.

Todos en la familia saben que existen lazos muy fuertes entre mami y mi tío —a diferencia de la relación con sus otros hermanos—. Tío Rafael siempre nos ha guiado a nosotras, celebró cada uno de nuestros logros y grandes momentos y secó nuestras lágrimas siempre que una mano firme era necesaria.

A mi tío Rafael le corresponde el título de la figura masculina más estable en mi vida. Siempre ha estado presente, sin importar la distancia, para apoyarnos a mami y a nosotras con cuanto necesitáramos. Aunque nunca se mencionara de manera oficial, él ha ocupado el rol de figura de padre en nuestra familia. De hecho, muchos años más tarde supe que su ayuda también permitió financiar nuestra educación en escuelas católicas privadas. Y tras su regreso a Nueva York a fin de retomar su carrera y seguir sus sueños, tampoco tío Rafael dejó de atendernos.

De adolescente, al hojear las revistas *Vogue* y *Teen Beat* y soñar con la ropa de moda de diseñadores a la venta en las tiendas por departamentos de Nueva York, arrancaba las páginas y dibujaba un círculo alrededor de los vestidos que hacían a mi corazón desvanecerse. Le enviaba a mi tío Rafael las páginas marcadas y de seguro unas semanas más tarde uno de los vestidos me llegaba por correo. Siempre he sentido una gran atracción por la moda, aunque no desde una perspectiva materialista, sino como un medio de expresión personal y una manera de distinguirme entre la multitud —en realidad, como una forma de expresarme, como una obra de arte—. Aquellos vestidos no servían tanto para satisfacer mis caprichos juveniles como para procurarme un estilo que me distinguiera de los demás. Yo era diferente y quería que todos lo supieran.

Nunca imité a nadie. Sé que, si le hubiese pedido la luna en una cuerda tío Rafael me habría dicho sin dudar: "¡Espera un momento, enseguida vuelvo!".

Así que, desde el momento en que mami mencionó su idea loca de mudarnos a Los Ángeles, mi tío Rafael supo no tendría otra opción que unirse a nosotras. Fue así como partimos hacia un lugar donde no conocíamos a nadie, pero en el que sentíamos la promesa de un nuevo comienzo.

El día que aterrizamos en el aeropuerto LAX, sentí como si hubiéramos llegado a otro planeta. Tenía cinco años y era mi primera vez fuera de Puerto Rico. ¡Qué digo! ¡Era mi primer viaje en avión, y la primera vez que estaba en un lugar donde todo el mundo hablaba otro idioma! Niña al fin, de inmediato me atrajeron las sensaciones de novedad y aventura. Hasta el día de hoy, es una de las cosas que más me gustan de viajar. Esa especie de intoxicación que me produce visitar un lugar por primera vez y explorar diferentes culturas, idiomas y comidas. Es la razón por la que viajar a nuevos lugares está en el tope de la lista de vida que Nick y yo compilamos aquella noche en el restaurante Dylan Prime de Tribeca.

Mientras salíamos del aeropuerto en el taxi que nos conduciría a nuestra residencia temporal en un Holiday Inn, yo era la niña con la cabeza fuera de la ventana del carro, absorbiendo el paisaje, que incluía los *freeways* entrelazados y el tráfico interminable. Recuerdo que pasó mucho tiempo antes de que llegáramos a nuestro hotel, pero en cada semáforo rojo miraba por la ventana para mirarlo todo: el cielo azul prístino, las calles anchas, las aceras limpias y, por supuesto, los famosos arcos dorados: McDonald's. Mientras atravesaba la Ciudad de Ángeles, estaba hipnotizada por lo absolutamente nuevo y limpio que lucía todo —exactamente como en las películas—. ¿Qué fue lo que más me impresionó? Que todo el mundo tenía carros nuevos, algo muy diferente de Puerto Rico.

A los pocos días de llegar, mami y tío Rafael se dieron a la tarea de encontrar un lugar permanente donde vivir. Pero cada vez que llenaban solicitudes de alquiler en los barrios donde queríamos vivir —Los Feliz y Hollywood— las aplicaciones eran rechazadas. Aparentemente, los dueños de apartamentos no querían niños menores de cinco años en sus complejos de apartamentos.

Sin embargo, tuve la impresión de que la verdadera razón era que no deseaban tener a hispanos como inquilinos. Tío Rafael hablaba inglés con fluidez, pero nosotras no. Después de varios intentos, mami decidió que Los Ángeles no era para nosotros, y puso los ojos en otra ciudad: San Francisco. A diferencia de Los Ángeles, mami conocía a alguien en San Francisco, la amiga de un amigo. Casi en cuanto llegamos, mami se dio cuenta de que tampoco era aquel lugar lo que tenía en mente para nosotros. En tal coyuntura, cualquier otra persona hubiera empacado nuevamente y regresado a casa, resignada a que las cosas no habían salido bien y que quizás no era nuestro destino… pero no mami. Ella estaba decidida. Siguió intentándolo, sin darse por vencida. Se comunicó por teléfono con Teresa, una de sus mejores amigas de la infancia, que vivía en San Antonio, Texas, buscando escuchar al menos una voz conocida y alguien que la aconsejara. Teresa animó a mami para que nos mudáramos a San Antonio.

Dos meses después de intentar establecernos en California, los cuatro nos mudamos a Texas. Tras una breve estadía en un hotel de la zona de River Walk, mami consiguió alquilar un apartamento en el mismo edificio de Teresa. Se ocupó de amueblarlo y nos inscribió en la escuela: así comenzó nuestra aventura tejana.

Yo había crecido en una comunidad puertorriqueña muy unida. Tanto mi familia como mis vecinos y amigos eran puertorriqueños. En Los Ángeles, no pude dejar de notar la diversidad. Nunca había conocido a un asiático, por ejemplo, y en nuestros recorridos en auto por la ciudad, empecé a notar a personas que lucían diferente, y eso me fascinó. San Antonio también era muy diferente, con su gran población mexicana y su cultura impregnada en todo. De hecho, ¡Texas había sido parte de México!

Nuestro apartamento en San Antonio estaba en un complejo de viviendas para familias de ingresos medios, que contaba con numerosas comodidades de las que no teníamos en Puerto Rico: calefacción y aire acondicionado centrales, un gimnasio, jardines bien cuidados y una enorme piscina. ¡Perfecto!

Niñas al fin, frecuentábamos la piscina casi a diario, pero cada vez que me acercaba al borde de la parte más honda, a punto de saltar y jugar con mis nuevos amigos del complejo, mami me llevaba de vuelta a la parte menos profunda y me prohibía intentarlo de nuevo, pues todavía no sabía nadar. Era eso lo que necesitaba para que mi determinación tomara el control, y hasta el día de hoy, si alguien me dice que no puedo hacer algo, lo asumo como un reto que me permita probarle que se equivoca.

Así, la primera muestra de mi personalidad intrépida apareció en escena unas semanas más tarde, en una tarde soleada y calurosa, mientras mi madre estaba absorta conversando con uno de nuestros vecinos. Era mi oportunidad de finalmente nadar hasta la parte honda de la piscina como el resto de mis amigos. Corrí rápidamente hasta el borde de la parte honda, miré hacia atrás y me di cuenta de que mi escapada había sido exitosa. Mi madre todavía conversaba animadamente y mi ausencia había pasado desapercibida. Nadie me vio hacerlo, solo lo notaron al escuchar el ruido que hice al caer al agua. Por fin había conseguido la oportunidad que había esperado durante meses.

Y claro, el sentimiento de triunfo fue de inmediato borrado por el momento que le amenazó mi vida. Lo primero que recuerdo es el rastro de burbujas que producía al tratar de respirar. En lugar de conseguirlo, inhalaba agua. Me hundía cada vez más al fondo de la piscina. Entonces, igual de rápido vi que alguien saltaba al agua justo detrás de mí. Era mami, chapoteando desesperadamente y tratando de salvarme, solo que, en lugar de sacarme, me sumergía cada vez más: ¡ella tampoco sabía nadar! Entonces, cuando ya comenzaba a sentir pánico, vi que una *tercera* persona se lanzaba al agua y nos rescataba a ambas en cuestión de segundos. Resultó ser Wayne, nuestro vecino; nunca he olvidado su nombre ni su rostro. Era un Navy SEAL, alto y fuerte. Nuestro salvador.

Mi recuerdo siguiente consiste en estar escupiendo agua mientras Wayne me comprimía el abdomen y sonaba la sirena de una ambulancia amortiguada que se acercaba. Al llegar, los paramédicos nos sometieron a una revisión. No nos había pasado nada, pero habíamos aprendido la lección: necesitábamos clases de natación *pronto*.

Rememorando ese episodio, me doy cuenta de que era una niña audaz. ¿Cómo me había atrevido a saltar? Podría jurar que había escuchado una voz ordenándome hacerlo. Era mi segundo roce con la muerte. Entendí que mi destino era estar en este mundo, que no era mi momento de partir y que lo mejor sería aprender a nadar de inmediato.

Poco después, nuestros días en el estado de la estrella so-
litaria también llegaron a su fin. A solo siete meses de haber
dejado atrás nuestra "Isla del Encanto", mi madre decidió regresar a Puerto Rico. Después de todo, teníamos una familia y
una vida allí, así que vendió todos los muebles que pudo, em-
pacó el resto de nuestras pertenencias y rompió el contrato de
arrendamiento. Nuestra vida en Norteamérica llegaba a su fin.

De regreso a Mayagüez, no empezamos precisamente en el
punto del que habíamos partido. Mi tío Rafael quería permanecer en los Estados Unidos, de manera que nos despedimos
en el aeropuerto de San Antonio y él regresó a su vida neoyorquina. Como mami había alquilado nuestra casa en Sultana
al mudarnos a California, tuvimos que alquilar otra. Escogió
una casa de dos plantas con piso de azulejos y sin alfombras
rojas. Estaba situada al otro lado de una finca de caña de azú-
car, en el barrio de Ballajá, en Cabo Rojo, una ciudad cercana
a Mayagüez. Allí pasamos un año, y cuando ya tenía ocho, el
contrato con nuestros inquilinos expiró y nos mudamos de
vuelta a nuestra casa de Sultana.

Antes de irnos a Los Ángeles, mami me había matricu-
lado en un prekínder del Colegio Presbiteriano. Al llegar al
kindergarten, mi maestra le advirtió a mi mamá que yo tendía
a aburrirme y comenzaba a chacharear. O sea, o necesitaba
más estímulos, o estaba destinada a ser una cotorra. O, como
comprendí a partir de ese momento, ¡un poco de ambas cosas!
Entonces me hicieron varios exámenes de inteligencia y comportamiento para determinar cómo podía ser manejado mi caso.

Mientras la mayoría de los niños de mi clase todavía
aprendía a leer y a escribir, yo era ya capaz de hacer ambas

cosas. Recuerdo vívidamente al psicólogo que realizó la evaluación: me hizo sentar en una mesa cuadrada de madera
rodeada de sillas pequeñas, con un ábaco y otros juguetes de
colores brillantes. También había naipes y juegos mnemotéc-
nicos. Recuerdo haberle dicho al psicólogo que sus preguntas
eran muy aburridas. Los evaluadores concluyeron que mis
habilidades sociales, organizativas y emocionales, así como mi
coeficiente de inteligencia, merecían que pasara directamente
a primer grado.

Mami tenía la última palabra, y estuvo de acuerdo.

Al finalizar el primer semestre de primer grado, un admi-
nistrador escolar sugirió que me pasaran a segundo grado,
pero mi madre decidió que saltarse un grado era suficiente,
pues no quería ponerme en la situación de ser mucho más
pequeña que el resto de mis compañeros, lo cual haría que me
sintiera incómoda o inadecuada entre ellos. Implicaría estar
creciendo demasiado a prisa. También la preocupaba que el
salto a otro grado me hiciera fallar, pues deseaba que yo fuera
una persona exitosa. No obstante, a través de toda la primaria
y la superior continué siendo siempre la más joven de la clase.

Antes de partir a nuestra aventura en el continente norteamericano, mi madre había comenzado a salir con un caballero
llamado Fidel que, junto a mi tío, ha sido una figura de padre
masculina de gran importancia en mi vida. Fidel es una persona poco convencional, abogado criminalista y de familia, un
socialista que vive frugalmente a pesar de sus ganancias como
hombre profesional. Es un lector voraz, dotado de una mente
inquisitiva y excepcional. Es muy generoso, y siempre me ha
proporcionado consejos y consuelo cuando los he necesitado.
En pocas palabras, sería difícil clasificarlo bajo un estereotipo
social.

Pasar tiempo en la casa de campo que Fidel tenía en una zona montañosa de Mayagüez, rodeada de treinta y seis acres de terreno, a veinte minutos de Sultana por carreteras llenas de curvas fue una parte importante de mi educación. Disfruté de la interacción directa con la naturaleza, con los animales —vacas, gallinas, pollos y caballos— y de la comida orgánica real, extraída directamente de la tierra. Tengo que confesar que nunca he sido una gran amante de los animales: podía darle palmaditas en el lomo a un caballo, pero ordeñar una vaca... ¡jamás! Sin embargo, a mi hermana le fascinaba aquel ambiente. Algunos de mis recuerdos favoritos son los de mi familia recogiendo *chinas* (como les decimos los boricuas a las naranjas) y plátanos directamente de los árboles y desenterrando papas, yuca, ñames y yautías.

Después de pasar todo el día en el campo, traíamos a casa nuestra cosecha y mami la transformaba en platos deliciosos y saludables. Mami siempre ha sido una magnífica cocinera. Crecí consumiendo comida muy saludable y apoyando un modo de vida sostenible aún antes de que hacerlo se convirtiera en moda —¡ni siquiera éramos conscientes de ello!—.

Fue Fidel quien me inició en el conocimiento de muchas de las más grandes obras de la literatura mundial. Llamarlo un lector voraz sería injusto, porque no solo lee muchísimos libros, sino que, entre todas las personas que conozco, es quien mejor sabe conducir los debates y conversaciones más inteligentes. No ha recorrido el mundo ni le interesa hacerlo, pero conoce profundamente la historia, la cultura y la gente de tantos países sin haberlos visitado. El periódico es más importante para él que la religión o el alimento. En mi adolescencia, solía sentarme con él a hablar de autores como Gabriel García Márquez, Gabriela Mistral, Julia de Burgos, Miguel de

Cervantes, Mario Vargas Llosa, Isabel Allende, Pablo Neruda y Mario Benedetti, por solo mencionar a unos pocos. Discutíamos los libros, leíamos nuestros pasajes favoritos y hablábamos de lo que cada uno creía que el autor había tratado de expresar. Fidel sabía cómo guiarme en la discusión: hacía todas las preguntas correctas, pero nunca me hizo sentir que estaba *enseñándome*. Me permitía explorar mis propias ideas en libertad, sin importar si eran "correctas" o "equivocadas". Hoy comprendo que me hacía leer esos libros con el propósito de hacer de mí una dama joven bien educada.

Aunque Fidel vive aún en Puerto Rico y no nos hemos visto desde 2013, nos mantenemos en contacto. Después de conseguir el contrato de mi libro, la persona a quien llamé primero fue a Fidel. Nunca lo he visto llorar, pero sospecho que, una vez que colgó el teléfono, derramó lágrimas de felicidad por mí.

Cada vez que recibo una carta suya —siempre en momentos decisivos de mi vida—, me he emocionado, porque sus palabras son poesía. Las conservo siempre en mi mesa de noche y las leo a menudo para recordarlo a él.

∽∿∾

Antes de que terminara mi sexto grado, mami decidió que había llegado el momento de mudarnos nuevamente, y en esta ocasión no se trataba de un capricho: ahora tenía un plan de dos años, cuyo objetivo era que Jessica y yo realmente aprendiéramos inglés. Quería que lo estudiáramos para que domináramos todos los aspectos de la vida en los Estados Unidos antes de ingresar en la universidad. Se trataba de otra herramienta para un futuro mejor —y tenía razón—. No puedo imaginar lo que hubiera sido mi vida sin esos años en los que se hizo sólido mi dominio del idioma inglés y de la cultura norteamericana. Solo que esa vez no regresamos a la soleada California ni a la encantadora Texas, sino a Jersey City. No se trataba de una decisión casual: habíamos viajado a Nueva York durante los dos veranos previos para visitar a mis tíos y tías. Mi madre estaba encantada con la idea de estar cerca de sus hermanos y hermanas, y Jersey City estaba tan solo a pocos minutos en *ferry* de Manhattan.

Para esa época, mi abuela Esperanza, su madre, vivía una mitad del año en Puerto Rico y la otra en el Bronx. Su esposo, abuelo Santiago, había sufrido un ataque al corazón casi veinte años antes y mi abuela, que había cuidado de él desde el día en que se casaron, se encontró repentinamente sola cuando abuelo Santiago murió en 1982, de un infarto. Fue entonces que abuela Esperanza se mudó al Bronx con Gabriela, mi tía, la hermana mayor de mami. Al igual que mi madre, abuela no permitió que la muerte de su esposo la derrotara: se enfrentó a la vida con fuerzas renovadas y empezó a florecer como nunca la habíamos visto. Comenzó a vivir su vida bajo sus propios términos, yendo y viniendo a su antojo sin tener que ocuparse de nadie; pero todavía necesitaba a alguien que se ocupara de ella, de manera que cuando decidimos mudarnos a Jersey City en 1984, fue natural que viniera a vivir con nosotros y le diera un respiro necesario a Gabriela, quien la cuidaba.

Para muchas familias norteamericanas podría parecer una pesadilla tener que convivir con su abuela, pero en la cultura latina es algo absolutamente normal y, además, un motivo de gran alegría: las abuelas participan en la vida de sus nietos y ayudan a cuidar de ellos. Son las matriarcas de la familia. Para mí fue un maravilloso regalo crecer con tres generaciones viviendo bajo el mismo techo.

Julio, medio hermano de mi madre —el abuelo Santiago tuvo cuatro hijos de su primer matrimonio— trabajaba como superintendente de un edificio de doscientos apartamentos al estilo Tudor en la avenida Fairview, entre la avenida Bergen y el bulevar John F. Kennedy, y nos consiguió un apartamento para rentar allí por un precio razonable. Mami nos matriculó en Saint Aloysius Elementary Academy, una escuela católica situada a pocas cuadras de donde vivíamos.

La experiencia inicial en nuestro nuevo entorno fue muy diferente de lo que esperábamos. Durante el verano anterior al comienzo del curso, pasábamos tiempo en el vecindario con nuestros primos, que nos presentaron a sus amigos. Aunque mi hermana y yo ya hablábamos algo de inglés, aquel verano aprendimos el idioma que realmente necesitaríamos para sobrevivir en nuestra nueva vida: el inglés de la calle. Tuvimos que aprender el dialecto local, en el que *Guido* identificaba a un ítalo-americano, *Chicano* a un mexicanoamericano, *exit* no era una salida a alguna parte, sino el lugar donde vivías, y *the shore* era la playa. Sentíamos que nuestra adaptación marchaba perfectamente, pero la verdadera sorpresa llegó el primer día de clase en Saint Aloysius. En Mayagüez, me enorgullecía de ser una estudiante sobresaliente, así que cuando comencé el séptimo grado como estudiante de inglés como segunda lengua en un sistema que me era profundamente desconocido, me sentí "disminuida". Acostumbrada a estar tres pasos por delante de los demás, ahora había sido relegada al grupo de ESL, compuesto exclusivamente por estudiantes que no podían comunicarse en inglés. A pesar del hecho de que pensaba que ya hablaba inglés, la evaluación de mi profesora fue que me faltaba para hablarlo con fluidez. De estar en el tope de mi clase fui a dar a lo más bajo del escalafón escolar, y no estaba dispuesta a tolerarlo. Molesta y un poco perdida, me tomó algún tiempo encontrar mi lugar en aquel nuevo mundo. Fiel a mí misma, nunca dejé que me afectara; por el contrario, me empeñé en demostrarle a todo el mundo en mi nueva escuela —y también a mí misma— que mis habilidades académicas todavía eran excelentes. Nada impediría que yo fuera el tipo de estudiante que había sido en mi país.

Nunca olvidaré uno de aquellos primeros días en clase, cuando mi maestra de inglés, con su pelo largo y rubio y su marcado acento de Jersey, preguntó "¿Quién quiere leer esta oración?". Acostumbrada a participar en clase y extrovertida como era, levanté la mano y de pronto me sentí extremadamente cohibida ante la reacción de mis compañeros de clase, que se volvieron hacia mí desconcertados y comenzaron a intercambiar miradas de burla, como si yo fuera una extraterrestre completamente incapaz de leer. No obstante, apenas comencé, se maravillaron al ver que, aunque con acento marcado, yo podía efectivamente leer y hablar inglés. Y aunque fueran ellos los equivocados, por alguna razón me sentí muy avergonzada: nunca se me había ocurrido que otros niños me vieran como a alguien inferior. Varios de mis compañeros se me acercaron después de clase para decirme que no sabían que yo hablaba inglés, y a partir de ese momento comencé a hacer amigos. Les había demostrado su error de juzgarme, pero de todas maneras aquel fue un choque con la realidad. En los años venideros en la escuela, muchas veces fui una de solo un puñado de hispanos entre mis compañeros de clase. Sí, era diferente, y aún no era capaz de conversar con tanta fluidez como ellos, pero nunca dejé que ello me impidiera ser yo misma, o que me obligara a retroceder o esconderme. De hecho, más bien tuvo el efecto contrario: mientras menos la gente esperaba de mí, más deseaba yo demostrarles su equivocación. Es un sentimiento que me ha acompañado toda la vida.

Si el séptimo grado fue el año en que tuve que hacer nuevos amigos y adaptarme a la vida en los Estados Unidos, el octavo grado fue cuando me convertí en una plena adolescente americana. Ya graduada del grupo de ESL, ese mismo año pasé a formar parte del equipo de pista y campo, comencé a sacar buenas notas, encontré un grupo de amistades y experimenté mi primer *puppy love story*. Sí, Jersey City fue la escena de mi primer beso. El chico tenía ojos y pelo marrón, y piel de tono oliva. Era ítaloamericano, y su nombre (¡por supuesto!) era Tony. Parecíamos haber salido directamente de la película *West Side Story*. Tony asistía a la escuela pública local con mi prima Zelda. Una o dos veces por semanas nos encontrábamos en el callejón que estaba detrás de la escuela para besuquearnos. ¡Todo lo que hacíamos era besarnos! Y desde luego, mi madre no tenía ni la menor idea de los chanchullos en los que yo andaba.

¡Es increíble lo que la confianza y la autoestima pueden lograr! Pasé de la aprehensión de vivir en Jersey a adorar mi escuela. Jersey City comenzó a ser el hogar y el puerto seguro para nosotras, pero mi corazón no estaba allí: en esos años fue cuando me enamoré perdidamente de Manhattan.

Mi hermana, mi madre y yo íbamos a menudo a la ciudad para descubrirla y disfrutar todas las cosas que Manhattan podía ofrecer. Nunca olvidaré la primera vez que asistí a un concierto en vivo sin supervisión. Mi hermana, mi prima Zelda y yo compramos boletos para ver a Menudo, la banda juvenil puertorriqueña que arrasaba en esos momentos. Como cualquier otra adolescente de la época, adoraba a Menudo. Mi cuarto estaba lleno de posters de *Teen Pop* y objetos de interés de Menudo. Lo mejor de aquella noche fue que, además, nos habían dado permiso para ir solas a la ciudad: ¡me sentía como una persona adulta! Tomamos el PATH (Port Authority Trans-Hudson) desde Journal Square hasta Manhattan. En la calle 34 tomamos el metro *uptown* hasta Radio City Music Hall. Estaba lloviendo ese día. Recuerdo vívidamente salir de la estación en el *rush hour* de las calles atestadas de Manhattan, zigzagueando en medio de la gente y buscando refugio bajo los paraguas ajenos. Rodeada de un mar de gente de todas las edades, clases sociales y apariencias —hombres de traje y zapatos resplandecientes, mujeres en faldas y abrigos con tenis, corriendo para llegar a alguna parte— realmente no me cansé de ello. No pude evitar absorber toda aquella energía vibrante, aquella avalancha de adrenalina. Estaba deslumbrada por todo lo que veía con mis ojos, sin sospechar que solo dos décadas más tarde esa ciudad sería mi hogar permanente. Siempre me visualicé en Manhattan, porque en muchos sentidos es el centro del mundo: un crisol de culturas y pueblos. Todavía vivía en Puerto Rico cuando me di cuenta de que era una chica de ciudad. Después de todo, Mayagüez es una ciudad y me había permitido saborear la vida urbana.

Nuestra vida en Jersey City fue muy feliz, rodeada por mi abuela materna, tíos, tías, primos y muchos amigos. A mediados de mi octavo grado, después de los exámenes parciales, mami nos sentó a mi hermana y a mí después de cenar para anunciar que al finalizar del año escolar regresaríamos a Puerto Rico. Pensé que ella se había olvidado de eso, o que, considerando que éramos tan felices allí y que teníamos a la familia cerca, cambiaría de parecer. Aunque siempre supimos que su plan era permanecer allí solo dos años, estábamos en estado de conmoción cuando mami nos dio la noticia. Adaptarnos a la vida en Jersey City no había sido un paseo y, sin embargo, nos habíamos acostumbrado a la escuela, a nuestros compañeros, a las actividades extracurriculares... ¿Ahora debíamos dejarlo todo y partir de nuevo? ¡Estábamos echando chispas! "Les dije que serían dos años", nos dijo mami. "No quiero que vayan a *high school* aquí".

Creo que una de las verdaderas razones para aquella súbita partida era que mami se había escandalizado cuando la escuela les informó a los padres de los estudiantes de octavo grado que Lauren, mi compañera de catorce años, estaba embarazada. A mis compañeras también nos sorprendió, pero no le dimos demasiada importancia. Mami, sin embargo, tenía sus prioridades muy claras, y un embarazo a los catorce años no era en absoluto lo que tenía en mente para sus hijas. En nuestras tradicionalistas culturas hispanas, las chicas no deben tener sexo antes del matrimonio, muchísimo menos embarazarse. Dios las castigaría. Mami temía que frecuentáramos a personas sin valores sólidos, que nos perdiéramos. Aun cuando en Puerto Rico bien podían existir situaciones o riesgos similares, imagino que, de cierta manera, ella pensaba que estando allá podría enfrentar lo que pasara al encontrarse en un modo de vida que conocía bien.

Algo que mami probablemente no supo, pero que sospechaba, fue que en ese año también estuve expuesta por primera vez a las drogas. No usé drogas, pero por primera vez era consciente de su existencia y sabía que algunos en mi escuela las usaban. Mi madre nos había enviado a una escuela católica porque le parecía bien que allí nos inculcaran reglas morales y disciplina estricta, pero no podía imaginar que todo aquello de lo cual quería protegernos estaba pasando justo debajo de sus narices.

Por mucho que le rogué que nos permitiera quedarnos en

Jersey City, su decisión era inapelable (como todas las suyas): regresaríamos a casa. Una vez que resolvía hacer algo, no había vuelta atrás. Empacamos a regañadientes, nos despedimos de nuestros amigos en los Estados Unidos, y volamos de vuelta a Puerto Rico para tratar, una vez más, de readaptarnos a la vida que habíamos dejado atrás.

Yo tenía trece años en ese momento, y estaba a punto de cumplir catorce, era toda una adolescente a punto de entrar a la escuela superior. A esa edad es todo en extremos: las cosas son maravillosas y fantásticas, o son lo peor y la vida es horrible. Mis sentimientos de entonces no eran una excepción, así que la transición a Puerto Rico significó una tortura para mí. Era infeliz y, al contrario de lo que sentía en Jersey City, donde me encantaba ir a la escuela y participar en clase y en las actividades sociales y extracurriculares, en la escuela de Cabo Rojo solo sentía aprehensión y nerviosismo. Las instalaciones de la escuela no eran tan bonitas como las de Saint Aloysius, y los uniformes eran horripilantes, de color Pepto-Bismol. De hecho, todo el mundo en la isla conocía los horrorosos uniformes Pepto —sacos sin mangas hasta la cadera, feas y desfavorecedoras faldas acampanadas de poliéster— que llevaban las niñas de Cabo Rojo. También debía renunciar a mis planes de entrar a alguna de las mejores universidades de los Estados Unidos. Para mí, implicó dar tres pasos atrás y regresar a una caja. No podía evitar tener ideas preconcebidas acerca de mis nuevos compañeros de clase: se trataría de niños ricos, malcriados y arrogantes de las familias más pudientes de Cabo Rojo según lo que había escuchado. Sin embargo, antes de que pasaran dos meses ya había hecho algunos amigos. Traté de acomodarme a la nueva situación pues, a decir verdad, no tenía otra opción. Mi madre había elegido por mí, como la mayoría de los padres.

Ella era la autoridad en nuestras vidas, así que tuve que arreglármelas para que las cosas funcionaran sin cuestionarla.

Aun cuando a veces resultaba difícil aquel constante vaivén de un sitio a otro, haberme movido tanto me enseñó a adaptarme a diferentes ambientes, a separarme de los seres queridos, a sobrevivir a los cambios inesperados, a hacer nuevos amigos y a perseverar ante cualquier circunstancia adversa. Las experiencias en Los Ángeles, San Antonio, Jersey City, Mayagüez y Cabo Rojo me enseñaron algo importante: admirar el coraje de mi madre y su convicción de hacer lo correcto por sus hijas. Esos rasgos que también poseo.

En ese período comencé a aventurarme en mi condición de mujer y a observar a mi madre como un modelo a seguir. Es una mujer bella que hacía virar cabezas por donde pasara. De hecho, era tan atractiva que mis compañeros de escuela elementaria y superior no dejaban escapar las oportunidades de mirarla. Los muchachos de mis clases de secundaria le decían: "¡Hola, Doña Paola!", con mucho respeto, pero admirándola de pies a cabeza.

De hecho, mami se enorgullece de su apariencia: se viste bien y me enseñó la importancia de lucir bien siempre, de llevar accesorios, de nunca salir de casa sin maquillaje y de lavarse la cara todas las noches. Uso crema para los ojos desde que tengo dieciséis años. De adolescente, tenía la misma talla de zapatos que mami, así que el primer par de tacones que calcé para una fiesta de la escuela era suyo: un par de zapatos negros de charol de Charles Jourdan comprados en La Favorita, una tienda famosa por importar los mejores estilos de diseñadores parisinos y españoles. Deslizar mis pies en aquellos tacones me marcó para siempre.

En las revistas *Vanidades* y *¡Hola!* que mi madre leía no solo aprendí todo lo que hay que saber acerca de la realeza europea, sino que descubrí a Oscar de la Renta, uno de sus diseñadores favoritos. Lentamente, fui encontrando mi propio estilo y a mis diseñadores favoritos, como los icónicos Karl Lagerfeld y Chanel. Realmente seguía el ejemplo de mi madre a la hora de vestirme elegantemente. Aprendí cómo lucir bien, cómo arreglarme, personalizar mi *look* y también a disfrutar el proceso del buen vestir. Al día de hoy, cuando me visita, si me sorprende saliendo de mi apartamento en ropa deportiva, sin maquillaje y con el pelo recogido en un moño, se espanta. "Por lo menos ponte un poco de polvo, nena, y ya de paso delinéate esos ojos. Y las cejas, ¡así no puedes salir a la calle!". Cuando sabe que tengo una cita con el doctor, su primera pregunta no es cómo me siento o si estoy nerviosa o qué tipo de prueba me van a hacer. No. Su primera pregunta es: "¿Llevas ropa interior nueva?". Y si por cualquier motivo debo ir al hospital, insiste en que lleve pijamas nuevos de paquete. Una parte considerable de la cultura hispana tiene que ver con mantener las apariencias sin importar cuán mal uno se sienta. La belleza exterior con frecuencia es considerada como una señal de la salud interior, del bienestar y de la moral. Y mientras en otras culturas esto puede parecer frívolo o superfluo, la vida me ha enseñado que hay mucho de cierto en ello. La insistencia de mi madre en lucir siempre bien, en poner siempre buena cara, tiene mucho que ver con la manera en que uno enfrenta los retos que la vida nos impone. Cuando sabes que luces bien, te sientes segura. Y la seguridad es la cualidad más importante cuando se trata de enfrentar cualquier situación en la que una pueda encontrarse.

⤳

A los diecisiete años me matriculé en la Universidad de Puerto Rico, Recinto Universitario de Mayagüez. Curiosamente, decidí especializarme en Biología, más específicamente cumplir mi sueño de ser doctora: más específicamente quería ser patóloga, ¡la persona que hace autopsias! Teniendo en cuenta lo que ahora conozco acerca de mi propia salud y de las diferentes enfermedades que he padecido a lo largo de mi vida, quién sabe lo que habría sido de mí si hubiese estudiado para hacerme doctora. Sin embargo, de ser una estudiante con notas brillantes pasé a sacar muy bajas calificaciones en mi primer semestre. ¡Incluso no pasé mi clase de Cálculo! La repentina abundancia de opciones y la libertad de elección que se presentaban ante mí me sacaron de paso. Era una novata de diecisiete años, que pasó de la rutina de un sistema católico con gran énfasis en la disciplina, las reglas y las más estrictas normas, a otro en el que, por primera vez en mi vida, podía hacer lo que quisiera: ¡era como una niña en una juguetería! Para ser sincera, creo que lo disfruté más de lo aconsejable, y algunas de mis notas así lo reflejaron.

Cuando mami supo que había desaprobado Cálculo, me miró fijamente a los ojos y dijo: "Te ayudaré con los gastos del próximo semestre, pero después vas a arreglártelas sola". No pensaba continuar sacrificándose para financiar mis fiestas en la sororidad Mu Alpha Phi de la universidad. Consciente de que ella cumpliría su palabra, recapacité y así encontré mi primer empleo en Novus, la nueva tienda de zapatos a la moda en la ciudad, perteneciente a la familia Castellón, que también eran los dueños de La Favorita. Mi razonamiento era que lo mejor era dedicarme a trabajar con productos que adoraba.

El descenso en mis notas no había sido, en realidad, solo a causa de haberme divertido. Lo cierto era que la especialidad que elegí no me atraía tanto como había imaginado. Me encontraba perdida. Nadie se había sentado conmigo a pensar en lo que realmente quería hacer con mi carrera y qué podía ser aquello para lo que pudiera ser buena. Mis únicos recursos eran mis sueños y esperanzas, no la realidad de *quién era yo* en verdad. Mientras buscaba en mi corazón cual sería mi nueva especialización me di cuenta de que siempre había tenido un fuerte interés por las leyes, de manera que cambié mi especialidad a Ciencias Políticas. Mi verdadera vocación no llegaría hasta muchos años más tarde, cuando tuve que batirme sola en el mundo real.

Durante mi segundo curso en la universidad, a los dieciocho años, tuve mi primer novio serio, Pablo. Nos conocimos en la universidad. Era cuatro años mayor que yo y se estaba tomando un poco más tiempo de lo acostumbrado para graduarse. Pablo me enseñó la pasión del primer amor y fue el primero en romperme el corazón. La relación terminó dos años más tarde cuando me dejó por otra, una chica mayor que yo. Aunque nunca lo mencionó, yo sabía que no haber accedido a tener sexo con él había sido la verdadera razón de nuestra ruptura. Es importante recordar aquí que fui criada como católica, y consecuentemente inculcada por ese sentimiento de culpa del catolicismo. Me enseñaron que el sexo premarital inducía el castigo de Dios, así como un camino directo al infierno. El temor de Dios estaba en mí. No importaba cuánto me gustara Pablo: no estaba lista para enfrentar la ira divina solo por complacer a mi novio. Era ingenua, y no comprendía aún que el sexo era un factor importante en la búsqueda del amor.

Por supuesto, quedé devastada. También mi familia estaba disgustada porque apreciaban a Pablo, que había pasado las Navidades con mi familia. Sus padres visitaban mi casa ocasionalmente y mi familia confiaba en él. Incluso mi madre le tenía confianza como para permitirnos salir solos y regresar a medianoche. Como vivía en la casa de mami, ella podía monitorear todos mis movimientos. ¡Tenía que estar de regreso antes de la medianoche o me convertiría en una calabaza! Aun siendo la cuarta ciudad más grande de Puerto Rico, Mayagüez es un lugar relativamente pequeño. Una de las consecuencias más duras de nuestra ruptura fue encontrármelo en conciertos, eventos de la universidad y también en la calle, con la muchacha por la que me había dejado.

Sin embargo, con el paso del tiempo mi herida comenzó a sanar, y una vez, muchos meses más tarde, Pablo me invitó a almorzar —un almuerzo que terminó en su casa y en su cama—. Tenía diecinueve años, a dos semanas de cumplir los veinte, y perdí así mi virginidad con mi primer amor. De alguna manera, sabía que él sería la primera persona con la que conocería la intimidad; había sido parte importante de mi vida durante dos años. Pero, al tiempo que salía de su casa, supe que no quería volver con él, que aquel había sido el cierre de un capítulo. Y, sin embargo, me sentía destrozada por la culpa católica. ¿Podía leerse en mi rostro lo que acababa de hacer? ¿Lo notaría mi madre? Quería salir corriendo a buscar mi diario y escribirlo todo allí, pero tuve miedo de que alguien pudiera leerlo. Era un riesgo que no me atrevía a correr. Si mami llegaba a saberlo, ¡mataría a Pablo primero, y después me mataría a mí!

Una de las pocas personas en quien confiaba era Rosa, una de mis mejores amigas, a quien había conocido en noveno grado. Rosa se había mudado a California con su familia después de terminar ese año, y aunque no volvimos a vernos, nos escribíamos cartas y nos hablábamos por teléfono. En el verano de 1994, Rosa me visitó en Puerto Rico y me dio mucho gusto volver a verla. Sabiendo que no había tenido otro novio después de Pablo, me miró con una sonrisita en los labios y me dijo: "¿Por qué no vienes conmigo a California este verano? Necesitas un cambio de aires... y de hombres. ¡Yo te compro el boleto!". En un inicio pensé que de ninguna manera podía aceptar su invitación; pero mientras más pensaba en ello, más me atraía la idea. ¿Pasar un verano en California, lejos de la familia y en compañía de una de mis mejores amigas? ¿A quién le amarga un dulce?

Y así fue. Rosa y yo pasamos ese mes de agosto en California, y cuando abordé el avión de regreso a casa, había decidido comenzar a vivir mi vida en mis propios términos.

—Mami, al final del semestre me mudo a California —comuniqué decidida la misma tarde de mi retorno. Estábamos sentadas en la mesa del comedor después de terminar la cena.

—¡¿Qué?! —mami preguntó enfáticamente—. ¿Te has vuelto loca?

Tenía en la cara una expresión de incredulidad, sus ojos fijos en los míos. Aún antes de que pudiera responder su pregunta, comenzó a bombardearme con todas las razones por las que mi plan era una locura total, enumerando por qué no podía abandonar la universidad, por qué era una terrible idea mudarme sin un diploma, por qué yo era todavía demasiado joven para dejar Puerto Rico. Fidel también intervino para tratar de convencerme, pero yo estaba decidida. Había llegado el momento de encontrar mi propio camino y reclamar mi independencia. Hasta ese momento había vivido bajo el mismo techo con mi madre y hermana y había escuchado y respetado los consejos de mi madre, pero sabía en lo profundo de mi corazón que aquel era el momento. Además, quería aliviar a mi madre de tantos años de sacrificio y cuidados y aprender a valerme por mí misma. Había llegado el momento de extender mis alas y dejar que mi espíritu levantara el vuelo. Había dejado de sentir que aquel era mi lugar; quería más y soñaba con muchísimo más. Debía dejar que mi espíritu corriera libre.

En septiembre, mientras planeaba mi ruta hacia la nueva vida, mi estómago me hizo tremenda emboscada y comencé a tener serios problemas digestivos debilitantes. Lo atribuí al estrés de los exámenes, y decidí que no iba a permitir que el malestar interfiriera con mi decisión de partir antes de que el año llegara a su fin. Entonces los dolores de estómago se agudizaron y las náuseas y vómitos empeoraron, alcanzando cada vez mayor intensidad, hasta llegar al punto de no poder comer. A finales de octubre, mami decidió hacer una cita con mi doctor de cabecera, y lo hizo justo a tiempo: mi vesícula biliar, ese órgano pequeño y hueco donde se almacena la bilis antes de ser liberada en el intestino delgado para que tenga lugar la digestión, tenía una infección grave y estaba llena de cálculos biliares. Necesitaba someterme inmediatamente a una operación, antes de que se rompiera. El diagnóstico me alarmó, pero el médico me tranquilizó al insistir en que no había nada de qué preocuparse. Se trataba de una dolencia bastante común y la solución consistía en extirpar el órgano completo.

Incluso después de recibir el diagnóstico, renuncié a mi empleo en Novus según lo previsto, compré el boleto de avión a California y seguí adelante con mis planes de escapar. Debía volar a California el jueves, 15 de diciembre de 1994. La mera idea de que la operación pudiera descarrilar mis sueños era inconcebible. Recuerdo haber mirado a los ojos al cirujano y decirle: "Puede usted operarme siempre que me garantice que estaré lista para tomar mi vuelo a California. No puedo cambiarlo, me mudo a como dé lugar". Nada me detendría… ni siquiera un obstáculo relacionado con mi salud.

4

Colorear fuera del contorno

Debemos aceptar la decepción finita,
pero nunca perder la esperanza infinita.
—MARTIN LUTHER KING JR.

El 13 de diciembre de 1994, dos días antes de mudarme a Irvine, California, me quitaron los puntos de sutura de la operación de mi vesícula. Como la bilis almacenada en la vesícula biliar cumple la función de ayudar a digerir los alimentos grasos y picantes, como los pimientos, el médico me recomendó que los evitara. Tomé nota, hice todo lo que me recomendaron para acelerar mi recuperación y me encaminé hacia lo que imaginaba como un nuevo y emocionante capítulo de mi vida. Pensaba en la cirugía como un asunto de mínima importancia en los días previos a mi partida.

Estaba desesperada por partir. Dejaba a mi familia, a mis amigos, la comodidad de mi hogar, la comida que preparaba mi madre, todo por la esperanza de un nuevo renacer en California. Honestamente, estaba muy poco preparada para enfrentar aquel futuro. Ni siquiera había investigado sobre las universidades, ni dónde aplicar para un trabajo. Planeaba tan solo llegar al dormitorio de Rosa en la universidad como estaba. De alguna manera todo iba a funcionar.

Ahora me doy cuenta de lo irresponsable que fue esa decisión, pero estaba ansiosa por un cambio. Era lo más importante en mi mente.

La temporada que pasé con Rosa en California me hizo comprender que un futuro en Puerto Rico no era para mí. Estar sola y lejos de mi familia me permitió ver las cosas desde otro punto de vista, hacer una pausa y analizar lo que realmente estaba sucediendo con mi vida y adónde quería dirigirme. Ya no me interesaba terminar mi bachillerato en la Universidad de Puerto Rico, ni seguir el trayecto de muchos de mis amigos y amigas, que ya tenían relaciones estables y planeaban casarse y tener hijos. No podía imaginar que casarme fuera el principal objetivo de mi existencia, y mucho menos a mi edad. Al pensar en las mujeres que conocía, una idea recurrente me asaltaba: *No quiero esa vida para mí. Me sofocaría, no podría ser yo.* Con el paso del tiempo, mi rechazo a todo lo que me rodeaba se volvió casi visceral. Simplemente, *tenía* que volar. Aún no sabía bien lo que quería, pero estaba convencida de que el estereotipo de la latina convencional que me esperaba era demasiado restringido y limitante para mi personalidad. No estaba destinada a casarme, ser ama de casa, luego tener hijos antes de poder extender mis alas, viajar por el mundo, hacer una carrera y encontrar mi propósito. El verano con Rosa me había abierto los ojos al hecho de que la vida es mucho más que el guión habitual del matrimonio y los hijos. Vi un mundo nuevo lleno de posibilidades, nuevos amigos, y ¡pum! —me sorprendió la certeza de que Los Ángeles y Orange County, California, eran mi ostra, y que debía abrirla—. Estoy convencida de que en la vida no existen las coincidencias, y de la misma manera en que confiaba que los astros habían elegido la ciudad de Nueva York para mí, Los

Ángeles fue también una parada importante en mi ruta —una parada que mami me había hecho conocer años atrás y que yo no había olvidado—.

California representaba incalculables oportunidades a mi alcance, y después de pasar algún tiempo allí, supe que lo que deseaba no era encontrar un marido, sino seguir mi propia voz. Si eso implicaba colorear fuera del contorno de las convenciones sociales, ¡pues que así fuera!

Muchos amigos y familiares pensaron que era una locura haber partido así. Me advirtieron que moriría de nostalgia y que incluso regresaría en poco tiempo, lamentando haberme ido. Pero, mientras ellos reían y bromeaban, mi voz interior me decía que mantuviera la calma y siguiera adelante. Me fui sin intenciones de dar marcha atrás. Construiría mi propia leyenda y labraría mi propio destino. Mi vida estaba en mis manos.

Aquel jueves 15 de diciembre de 1994, mi madre y Fidel me llevaron al aeropuerto de Mayagüez, acompañada de mi amiga Linda, que quería pasar con Rosa y conmigo la Navidad. La despedida tuvo un sabor agridulce: mi madre me abrazó muy fuerte y me pidió que me cuidara, mientras yo trataba de ocultar las lágrimas detrás de mis gafas de sol. Sabía que mi madre estaba sufriendo y nunca me lo diría, pero su silencio la delataba. Les dije adiós desde la pista y abordé el avión de motor pequeño, que en treinta y siete minutos llegaría a San Juan. Allí esperé dos horas antes de abordar el vuelo con destino a Los Ángeles.

Ya acomodada en mi asiento, y con el cinturón de seguridad abrochado —teniendo cuidado para no lastimar las incisiones de mi reciente operación— miré por la ventanilla el azul turquesa del mar Caribe y la silueta de El

Morro. Mientras el avión despegaba, una vocecita dentro de mí —llámese instinto o la tan familiar y reconfortante consolación de mis ángeles de la guardia— susurraba: *¡No te preocupes! ¡No temas! Este es tu camino.* Puedo asegurar que nunca miré atrás. Por supuesto, cometí muchos errores y más de una vez me vi en aprietos, pero nunca me he arrepentido de mi decisión, porque me impulsó en la dirección que siempre quería.

Llegué al apartamento de Rosa y sus compañeras de piso, en Irvine, California, con dos maletas y ochocientos dólares en el banco. Dejaba atrás una vida confortable junto a mi madre para vivir en un apartamento de tres habitaciones compartido con cinco mujeres. Por primera vez en mi vida, solo dependía de mí. Había vivido en un hogar hispano tradicional en el que mi madre se encargaba de todo y yo debía ayudarla con los quehaceres, pero sin preocuparme por muchas otras cosas en las que ni siquiera pensaba, como lavar mi ropa. Cuando me mostraron el que sería mi dormitorio, la visión de una única cama colocada en un rincón me condujo a la realidad: tendría que compartirla con una de mis nuevas compañeras hasta que pudiera comprarme mi propio colchón individual. Cuando finalmente lo hice, no era la altura de lujo, pero al menos me permitió reclamar mi propio rincón del cuarto, y lo sentí como reclamar mi pequeño rincón del mundo.

Mis compañeras de piso fueron amables y hospitalarias. A pesar de lo atestado del espacio en que vivíamos, me encantó estar en un ambiente diverso e independiente: era mi primera experiencia de la "vida universitaria". Comparada con mi situación anterior, era como la diferencia entre el día y la noche. Viviendo bajo el mismo techo con aquellas chicas, comprendí que el sexo no tenía por qué ser un tabú. Por el contrario, en mi nuevo ambiente las conversaciones acerca del sexo eran consideradas saludables y se estimulaban.

Mary, una de las compañeras de piso, tenía un cuarto solo para ella, y era tan activa sexualmente que en la habitación podían verse siempre envoltorios de condones dispersos por el suelo. Si mi madre hubiera visto algo así con sus propios ojos, se habría horrorizado, aunque debo admitir que también para mí fue algo muy revelador. Enseguida aprendí que el sexo no era algo para temer; sino para ser disfrutado siempre que se practicara de manera segura.

A medida que el choque cultural se desvanecía, llegó el momento de buscar trabajo. La manera más expedita para mí fue ofrecer mi experiencia previa como asistente de ventas. Encontré dos trabajos, uno en una tienda de ropa de mujer, el otro, en una tienda de ropa para ambos sexos. Con el dinero que ganaba de estos dos trabajos pude pagar el alquiler y mis otros gastos. Como aún no me alcanzaba para comprar un carro, Rosa o alguna de mis colegas del trabajo me daban *pon*, pero la mayor parte de las veces usaba el transporte público y mis dos piernas —o, más específicamente, dos guaguas y una caminata de diez minutos de ida y vuelta a la parada—. El trayecto me exigía salir de la casa dos horas antes de comenzar a trabajar para evitar llegar tarde, pero no me importaba. Estaba dispuesta a hacer lo que fuera necesario con tal de que mi nueva vida funcionara. Muchas veces soñaba con la vida que quería para mí y con todas las cosas que planeaba realizar. Deseaba viajar, ver los museos de Florencia, los cafés de París, la ópera de Nueva York. Lo había escrito todo en mis diarios. Aquellos planes e ilusiones me ayudaron a soportar varias dificultades, incluso en momentos en que ni siquiera podía sospechar lo que vendría.

Finalmente, Rosa y yo conseguimos mudarnos del apartamento abarrotado a otro de un cuarto frente a South Coast Plaza en Costa Mesa. Una habitación y dos camas individuales fueron un lujo luego de mi curso intensivo de vida con otras cinco compañeras de piso. Tenía veintidós años y un lugar para vivir, aunque tuviera que compartirlo con Rosa; tenía también un trabajo estable que me permitía pagar mis cuentas mensuales. Todavía estaba adaptándome a mi nueva vida y descubriendo el camino que finalmente seguiría.

Era joven, y estaba ansiosa por explorar la emoción de Los Ángeles. A Rosa y a mí nos encantaba bailar y debo decir que ¡sé cómo mover las caderas! A menudo Nick me hace recordar la ocasión en que bailé con el cantante Sting en el escenario de una cena benéfica para la Breast Cancer Research Foundation en el hotel Waldorf Astoria de Nueva York. Rosa y yo exploramos el ambiente de los clubes nocturnos angelinos. Manejábamos a LA después del trabajo para bailar *house* y hip-hop, y los grandes éxitos del pop de los 90 en los clubes americanos, y luego los fines de semana hip-hop latino en los clubes hispanos de Los Ángeles y Orange County.

En una de nuestras salidas nocturnas, conocimos a dos chicos latinos en un club local latino llamado J.C. Fandango. Eran amigos y dueños de sus propios negocios. Me sentí instantáneamente atraída por Pepito, un cubano tres años mayor que yo. Aunque no era guapísimo, era algo atractivo, y me fascinó su personalidad y su pícaro sentido del humor. Fuimos amigos antes de que surgiera una relación romántica. A los cuatro nos encantaba andar juntos y disfutábamos la compañía.

Pepito era dueño de una panadería. Una vez me invitó al negocio para enseñarme a hornear pan. Observándolo trabajar, se me reveló un aspecto menos evidente de su personalidad. Allí iba vestido con *jeans* viejos y una camiseta rasgada, con harina hasta los codos, enseñándome a cómo hacer mi primera barra de pan.

"El secreto está en cuánto lo amasas", me dijo con una sonrisa.

¡Estaba enganchada! Pepito vestía como un pordiosero en el trabajo, pero fuera de la panadería le gustaba acicalarse, y los trajes de Armani eran su sello de elegancia. Le gustaba fiestear y comer fuera, y por primera vez en mi vida me dejé consentir por otra persona. Hasta ese momento solo había tenido un novio, pero mi relación con Pablo había sido muy diferente: yo vivía con mi madre, ambos éramos estudiantes y no podíamos permitirnos más que las cosas más simples. Pepito y yo, en cambio, éramos una pareja atractiva que arribaba a los restaurantes en su Lexus ES 300 y fuimos escoltados a las exclusivas áreas VIP de los clubes.

Nunca quise ser la posesión de nadie, especialmente de un hombre. Quería forjar mi propia vida a mi manera, pero con Pepito me sentía protegida, y era muy agradable sentirse así. Me deslumbró planificando un fin de semana romántico para esquiar en Tahoe, y después nos fuimos de fiesta con sus amigos a Las Vegas. Nunca antes había vivido así, y me sentía bien estar rodeada de atenciones. Me sorprendí varias veces preguntándome si Pepito sería el hombre de mi vida.

Nunca hablamos de matrimonio, sin embargo, su mamá y su hermana —a quienes yo adoraba— sí lo tenían en mente. Yo esquivaba sus comentarios, diciéndoles que era demasiado de joven para casarme. No habría sabido explicarles que una voz interior me decía que quizás Pepito no era "el hombre", y que todavía me quedaba mucho por hacer.

Había pasado de los toques de queda a medianoche en Puerto Rico a la glamurosa vida social hollywoodense y disfrutando los fines de semana glamurosos. Por primera vez en mi vida experimentaba la vida y el amor en libertad, sin guías, ni reglas, y sin que nadie me velara por encima del hombro; sin vecinos chismosos, sin padres que me vigilaran. Estaba descubriéndome de una manera nueva y fascinante.

Pero, tan pronto como comencé a disfrutar ese nuevo mundo encantador, todo se vino abajo.

Había persuadido a Pepito de que viajáramos a Puerto Rico para que conociera a mami, a mis amigos y al resto de la familia. Era mi primer regreso a Puerto Rico después de mucho tiempo y fue una visita muy emotiva. Mami estaba contentísima de verme y yo lloraba de alegría al abrazarla. Pepito le cayó bien a todo el mundo, y varias de mis amigas me preguntaban: "¿Será este el amor de tu vida?".

No estaba segura de cómo responderles, incluso si estuviera atada a una máquina de polígrafo y me hubieran pedido que dijera la verdad, no sé lo que habría contestado. Los diez días que pasamos en Puerto Rico fueron maravillosos, pero también reveladores. Si me hubiera tenido alguna duda con respecto a mi decisión de irme, se disiparon durante esos diez días. Pasar tiempo con mis amigas y amigos de la infancia fue maravilloso; compartimos historias, cantamos, reímos y lloramos. Pero me di cuenta de que nada en sus vidas había cambiado, mientras que yo sí había cambiado. Mi vida era muy diferente, y estaba conociendo muchas de las cosas que siempre había querido experimentar. Al despedirme nuevamente de mami, creo que también ella percibió ese cambio en mí, de manera que evitó hacer el más mínimo esfuerzo para persuadirme de que me quedara.

De vuelta a Los Ángeles, Pepito debía regresar directamente a la panadería y me pidió que lo dejara allí y siguiera hasta mi apartamento en Costa Mesa, donde él recogería el carro más tarde.

En camino a Costa Mesa, un gato se me atravesó en el camino, e instintivamente oprimí el freno. El carro se detuvo bruscamente y muchas cosas apiladas en el asiento trasero se cayeron por el efecto de la inercia. Al llegar a mi apartamento, me dispuse a recoger lo que había caído en el piso del carro y allí estaba la agenda negra de Pepito que, al tener abierta la cremallera, había también dejado caer todo lo que había en su interior. Entonces encontré una foto Polaroid en la que aparecían cuatro personas: Pepito, uno de sus mejores amigos angelinos y dos chicas, una de las cuales no reconocí. Al observarla más detenidamente, vi que un brazo de Pepito rodeaba a una de ellas. No pude contenerme: comencé a registrar el resto de los papeles y encontré recibos de un hotel y un restaurante en Los Ángeles con fecha de un mes atrás. Pepito había pasado aquel fin de semana en Los Ángeles, supuestamente en el apartamento de un amigo con el que debía ponerse al día en ciertos asuntos. Entonces, ¿por qué había un recibo de un hotel y de un restaurante para cuatro personas? En ese momento lo supe: Pepito me engañaba.

Cuando lo confronté esa misma noche, admitió que me había engañado y me dijo que lo que había hecho no significaba nada, que no había sido más que la aventura de una noche. Una noche o un fin de semana —poco me importó: nuestra relación terminó ese mismo día. Me rompieron el corazón —¡una vez más! No podía entender que, apenas veinticuatro horas antes, Pepito había estado conversando y riéndose con mi familia a sabiendas de que me engañaba con otra. Había tenido dos relaciones largas serias, ambas con hombres latinos, y habían terminado en infidelidades. Tal vez los hombres latinos no eran para mí. Yo quería encontrar un amor que fuera emocionante y estremecedor, pero también fuerte y estable. Supe entonces que probablemente me tomaría algún tiempo hallar lo que buscaba.

Aquellas dos relaciones me habían dado valiosas lecciones en cuanto al amor, así que seguiría buscando. Reconozco que, a partir de entonces, con cada relación que tuve aprendí un poco más acerca de lo que realmente buscaba en una pareja.

Al mes siguiente había regresado a mi rutina, trabajando en la tienda los fines de semana en vez de salir de fiesta, quedándome en casa para leer y pensar. Ya era 1996, y se aproximaba el segundo aniversario de mi llegada a California. La experiencia había sido una montaña rusa de emociones, y estaba segura de haber crecido en muchos sentidos, pero tuve por primera vez un parpadeo de dudas sobre mí misma. ¿Estaba realmente en el camino correcto? Trabajar en una tienda ciertamente no era uno de mis planes a largo plazo, y la vida era mucho más que salir de fiesta todas las noches. Necesitaba decidirme por una carrera y encontrar otro trabajo que me permitiera regresar a la universidad y terminar mis estudios. Mientras consideraba esos asuntos, apareció otra distracción que me desvió temporalmente.

Cuando rompí con Pepito, encontré en Rosa a una amiga lista a escucharme y a entenderme. Sin embargo, después de dos semanas de "luto", como ella las llamó, era hora de salir nuevamente, y Rosa y sus amigas me llevaron a un famoso club de celebridades en el bulevar La Ciénega llamado The Gate, uno de esos sitios al que solo entran personas seleccionadas en la entrada. Este era un mundo diferente una vez más.

Aquella noche en The Gate era lo que necesitaba: el viejo refrán de volver a montarse en el caballo después de que te tiran era ciertamente cierto. Nuestras visitas a The Gate se convirtieron en eventos regulares de fin de semana. Nos hicimos amigas de los promotores del club y éramos invitadas a la zona VIP, donde fiestabamos y en una ocasión compartimos cócteles con Madonna, y bailamos con Luis Miguel, que estaba en Los Ángeles como parte de El Concierto, su gira de aquel año.

Soy amante de la música y admiro a muchos cantantes latinos, la mayoría de los cuales incluían a Los Ángeles en sus giras. Maná era una de mis bandas favoritas de rock latino durante mi adolescencia y en la universidad. Cuando supimos que tocarían en Los Ángeles, Rosa y yo decidimos que teníamos que conseguir boletos, y apenas salieron a la venta compramos dos en primera fila. Elegantísimas y dispuestas a cantar el repertorio entero de Maná, esperábamos impacientes por el comienzo del concierto. Un momento antes de que las luces se apagaran, un caballero se nos acercó, dijo que obviamente éramos fanáticas de Maná, y nos preguntó si deseábamos visitar a la banda tras bastidores después del concierto. El hombre resultó ser el mánager y el promotor de Maná. ¡Por supuesto que aceptamos! No solo salimos con ellos esa noche, sino que nos invitaron a encontrarnos con ellos en cada uno de los conciertos durante la gira en la costa oeste. Llegamos a tutearnos con los miembros de la banda y salíamos con ellos después de los conciertos. Aquella fue otra experiencia completamente nueva para mí, otro mundo que nunca había visto. Había oído hablar de las *groupies*, las chicas fanáticas de artistas y grupos musicales, y de lo que solía pasar en las habitaciones de los hoteles al finalizar los conciertos con estrellas de rock, pero los chicos de Maná eran caballeros perfectos con nosotras.

Un domingo recibí una llamada del promotor para comunicarnos que también estaba a cargo de la gira de Enrique Iglesias, y nos invitó al concierto en San Diego. Por supuesto, conocimos a Enrique tras bastidores, y dos semanas más tarde fuimos invitadas a otro de sus conciertos en San José. Era un mundo embriagador y agotador, pero yo necesitaba enfocarme en encontrar mi camino en la vida.

Lo que necesitaba era una posición permanente en una compañía que me permitiera crecer. En las páginas de anuncios de empleo del periódico encontré un trabajo temporal en la industria automotriz, trabajando en el departamento legal de una de las principales compañías fabricantes de automoviles. Nunca había pensado trabajar en la industria automotriz ni en el departamento legal de ninguna empresa, pero necesitaba comenzar. Estaba lejos de imaginar que aquel empleo temporero sería la puerta de entrada a mi vida de mujer profesional.

Comencé a trabajar en noviembre de 1996 como empleada temporera. Después de ocho meses, la compañía me ofreció un puesto permanente. ¡Magnífico! Ahora tenía seguro médico, lo cual me quitó una gran preocupación de los hombros. Tenía un plan de pensiones. Ese fue mi primer trabajo de verdad, por decir así.

Durante el primer año me apreté el cinturón, trabajé duro y disfruté de la seguridad de tener un empleo a tiempo completo. Tenía muchas expectativas relacionadas con mi futuro y lo que deseaba conseguir. ¡Lo único que no esperaba encontrar allí era amor!

Trabajaba en uno de los muchos casos legales de los que me ocupaba en la empresa financiera de la compañía automotriz, pero había llegado a un callejón sin salida en ese caso particular. Una señora había dejado de pagar las mensualidades de su auto y había desaparecido con él. Después de muchos esfuerzos, Juliana, mi jefa, me sugirió que le consultara el caso a Jonathan Stone, un alto ejecutivo de la empresa, para que me ayudara. Su equipo se ocupaba de buscar los documentos de la garantía y los registros de mantenimiento, con lo cual quizás yo podría obtener información acerca del carro, y, por tanto, del paradero de la mujer. Estaba un poco aprensiva de contactar a Jonathan, pero su secretaria me concretó una reunión cara a cara durante aquella misma semana.

Apenas entré a la oficina de Jonathan, mi voz interior me susurró *¡Vas a salir con él!*, pero empujé a la voz a la parte de atrás de mi mente. Estaba allí para resolver un problema legal urgente. Solo que, cuando Jonathan se incorporó, me encontré en presencia de un hombre maduro y apuesto, un galán de más de seis pies de estatura. Me extendió la mano y sonrió. Y yo me derretí.

Le presenté el caso, y aunque normalmente soy una persona segura, comencé a tartamudear, alzando la mirada de los documentos para fijarla en sus ojos, de un azul profundo, y comenzando a sentir que me sonrojaba. ¿Qué me estaba sucediendo?

¿Era su comportamiento? ¿Era su presencia que llenaba completamente el despacho, o la seguridad y la elegancia que emanaban de su persona? Mientras más hablábamos, más me parecía que también él sentía curiosidad sobre mí. No obstante, y convencida de que nuestro intercambio sería estrictamente profesional, le di las gracias por su ayuda y salí de su oficina sin la expectativa de volver a verlo.

Al día siguiente, Jonathan pasó por mi cubículo para comunicarme algo acerca del caso que había olvidado en nuestra reunión. Durante las dos semanas siguientes trabajó conmigo en la solución del caso. Éramos como Mulder y Scully, los personajes del programa *The X Files*, siguiendo pistas e intentando ignorar la química que existía entre nosotros. Durante una conversación sobre el caso, me dijo: "Si logramos recobrar este vehículo, deberíamos celebrar. El almuerzo corre por mi cuenta".

No supe qué pensar. Jonathan era un exitoso ejecutivo en la compañía, veinticinco años mayor que yo. Era una situación muy extraña, intimidante e inesperada, que no yo no sabía cómo manejar. Un par de semanas más tarde por fin solucionamos el caso y, fiel a su palabra, Jonathan me invitó a un almuerzo de celebración. Como no estaba segura de si debía o no aceptar la invitación, lo consulté con Juliana. Ella levantó una ceja cuando se lo conté, pero después sonrió y me dijo que disfrutara el almuerzo.

Jonathan y yo no podíamos provenir de mundos más opuestos. Yo era una joven latina en mi segunda década de vida, comenzando una carrera, mientras que él era un hombre muy exitoso, recién divorciado después de veinte años de matrimonio y con dos hijos adolescentes.

Pero cuando nos sentamos a la mesa para almorzar, mi nerviosismo cedió el paso a la innegable química que nos acercaba. Las chispas que ese día comenzaron a volar encendieron el fuego de lo que vendría a ser una relación profunda y significativa que continuaría, con intervalos, durante seis años. Una vez que comenzamos oficialmente a salir, cumplimos con el protocolo de la compañía e informamos a nuestros jefes de la relación —en mi caso, Juliana, y en el suyo, el CEO de la empresa—.

Jonathan era un hombre muy listo que disfrutaba compartir conmigo su riqueza de conocimientos y las experiencias acumuladas durante una carrera exitosa en la industria automotriz. Me enseñó cómo operaba un concesionario de carros, quiénes y cómo eran los mejores vendedores y me permitió asistir a reuniones con directivos de diversas compañías de la industria. Estando juntos, la revista *Automotive News* lo nombró como uno de los más altos ejecutivos de la industria automovilística, un honor que me llenó de orgullo. Yo observaba sus habilidades de liderazgo cautelosamente y aprendí todo cuanto pude de la forma en que manejaba los casos difíciles mientras funcionaba como mentor para su equipo. Si bien yo era una esponja que absorbía cada gota de información y cada consejo profesional que Jonathan tenía para ofrecer, también sentía que hacíamos pareja en mente y espíritu, y que también yo fui capaz de devolverle y ayudarlo. Aunque increíblemente adepto en la oficina y un muy hábil jefe de empleados, su relación con sus hijos fue una lucha, exacerbado por el divorcio. Lo ayudé a romper esa brecha, y en el proceso me acerqué mucho a sus hijos. Jonathan me animó a completar mis estudios y me ayudó a matricularme en clases nocturnas para obtener un título acelerado en Administración de Empresas. Con él como mentor, con el regreso a los estudios y con las nuevas experiencias que estaba adquiriendo, no solo supe que estaba destinada al mundo corporativo norteamericano, sino que sobresaldría en él. Fue la primera vez que me di cuenta de que yo también podía llegar a ser una alta ejecutiva.

Fuera de la oficina, Jonathan y yo disfrutábamos de la vida en grande. Antes de conocerlo, nunca había salido de los Estados Unidos. Mi sueño siempre había sido viajar, visitar las maravillosas capitales europeas y absorber las culturas de las que solo había leído en revistas o visto en la televisión. En el otoño de 1998, dieciocho meses después de haber comenzado nuestra relación, viajamos a Europa: Milán, Londres y París —los lugares que mi voz interior siempre me había dicho que visitara—.

No obstante, con el tiempo, nuestra relación llegó a un punto muerto. El puesto de Jonathan lo obligaba a viajar a menudo a Asia, Europa y alrededor de los Estados Unidos. Cuando regresaba de sus viajes, lo único que deseaba era quedarse en casa y no salir a ningún lado. Aunque tenía derroche de todas las buenas cualidades que yo deseaba en un hombre, nuestra vida en común comenzó a hacerse monótona y me atrevo a decir que hasta aburrida. Jonathan era introvertido, prefería quedarse en casa y era muy empecinado; yo, por otro lado, era una extrovertida total y añoraba tener un compañero con sentido de aventuras. También me di cuenta de que una diferencia de edad de veinticinco años se convertiría con el tiempo en un problema mayor para mí.

Jonathan ya había viajado el mundo, cometido errores, tenido éxito y cumplido sus sueños de tener hijos, mientras que yo todavía era una obra en construcción. Por entonces, comencé a imaginarme casada y con hijos, pero Jonathan no quería saber nada de eso. No estaba interesado en comenzar de nuevo a esas alturas de su vida, aunque al inicio de nuestra relación estuviera abierto a esa posibilidad. Pensé que podría hacerlo cambiar de idea, pero no lo conseguí. Aunque amaba y admiraba a Jonathan, ese asunto se convirtió en el factor decisivo que causaría el lento y constante deterioro de nuestra relación.

Poner fin a mi relación con él fue extremadamente difícil. No me era posible romper sin mirar atrás, como había hecho antes con Pablo y Pepito. Jonathan no me había engañado, no había hecho nada para lastimarme. Simplemente, me di cuenta de que nuestra relación era algo para el presente, y que cualquier conversación acerca del futuro lo incomodaba, mientras que yo tenía toda la vida por delante. Me di cuenta de que lo más importante era encontrar alguien con quien poder construir un futuro, no solo un presente. Aunque mi voz interior me decía que estaba haciendo lo correcto, sentía miedo de dejarlo y volví con él en cuatro o cinco ocasiones. Al final, ambos nos dimos cuenta de que nuestra relación había terminado su curso. Finalmente en el verano de 2003 nos separamos definitivamente. Aunque aún pienso en Jonathan con cariño, no hemos vuelto a vernos desde entonces.

Construir y visualizar el futuro ha sido la constante de mi vida, aun cuando el futuro haya pendido de un hilo.

5

Un huracán en la crisis de la mediana edad

¡Sé tú el arcoíris en las tormentas de la vida!
¡El destello en la noche que sonríe a las nubes lejos
y tiñe el mañana con rayo profético!
—LORD BYRON

Para comienzos del nuevo milenio, ya había encontrado mi paso. Mi vida como veinteañera llegaba a su fin con muchas lecciones amorosas importantes, aunque difíciles, en mi haber. Un evento traumático en el trabajo seguido de una oportunidad inesperada habían lanzado mi carrera en el mundo hispano de la publicidad y la mercadotecnia. Estaba haciendo algo por lo que sentía pasión. Ya me encontraba viajando por el mundo, haciendo nuevas amistades, y aprovechaba cada nueva oportunidad. Jamás sospeché que me encontraba en el ojo de una tormenta. Pero me estoy adelantando.

Navegué el principio de mis veinte años con buena salud, pero a finales de los noventa comencé a experimentar un desagradable anticipo de lo que serían los próximos diez años. Era 1999, y recién había cumplido veintiseis años cuando, sin previo aviso, mi cuerpo comenzó a tener problemas. Tenía intensos ataques de dolor en la región pélvica que sobrepasaban en intensidad los dolores menstruales comunes; eran a otro nivel. Cuando le mencioné este problema a la ginecóloga durante mi chequeo anual, ella sospechó que podía tratarse de una endometriosis, por lo que decidió hacer una laparoscopía exploratoria para llegar al fondo de mi incomodidad.

La cirugía reveló que sus sospechas estaban equivocadas. En lugar de la endometriosis, descubrió fibromas, unos tumores no cancerosos en el útero que generalmente aparecen durante los años fértiles. Si bien no había nada que hacer al respecto, aparte de estar atentos a mi cuerpo, la doctora me comunicó algunas noticias inesperadas: había descubierto que mi útero presentaba una deformación, lo que significaba que llevar a una criatura hasta el término del embarazo podía ser difícil.

Me quedé muda. En aquel tiempo, la idea de tener hijos todavía estaba en mi radar —tanto que había sido uno de los factores decisivos en romper con Jonathan, y sería igualmente la razón del fracaso de otras relaciones por venir con hombres que no estaban dispuestos a seguirme por ese camino—. Era una época en que sentía que tener hijos era parte de mi feminidad, un deber, por lo que descubrir que no sería fácil cargar a mi propio hijo fue devastador, por decirlo de alguna manera. Tampoco podía imaginar cómo decirle a un hombre que me gustara que yo no podía tener hijos ¡porque mi útero era deforme! Lógicamente, mi corazón quedó destrozado al tratar de procesar lo inconcebible de la noticia. Decidí que, si alguna vez tener hijos se convertía en una prioridad, ya se me ocurriría una manera de hacer que sucediera. Y eso fue todo.

La noticia llegó, además, en un momento terrible. Todo empezó con un cambio en la estructura administrativa de la empresa. En cuestión de días, mi vida laboral, tal y como la había conocido, pasó de ser motivadora y estimulante —el lugar al que esperaba con alegría ir cada mañana— a ser absolutamente infernal.

Mi nuevo jefe era un alto ejecutivo de la compañía, y en cuanto empecé a reportarme a él, comenzó a acosarme sexualmente. Era un hombre grotesco y fuera de forma, convencido de que su posición le daba derecho a abusar de mí y demandar favores sexuales. Yo había sufrido de acoso sexual anteriormente, durante mis estudios universitarios en Mayagüez, cuando un profesor se me aproximó de una manera claramente indebida —y rechazada absolutamente por mí— con gestos e insinuaciones sexuales, en violación de las reglas de conducta de la universidad. Lo espanté todas las veces que se propasó, y a la tercera se contuvo. Sin embargo, esta nueva situación en el trabajo era completamente distinta. No imaginé lo lejos que un hombre es capaz de hacerse llegar para salirse con la suya. Y el horrible castigo que era capaz de propinar a su víctima si no lo conseguía.

Pensé que luego de varias negaciones contundentes, el hombre aceptaría mi rechazo y dejaría de acosarme. Pero cada vez que me rehusaba a sus insinuaciones, la situación empeoraba y reanudaba sus intentos aún con renovado vigor.

Decidí denunciarlo formalmente, y presenté dos quejas formales al jefe del Departamento de Recursos Humanos. No hicieron nada en respuesta a mis querellas. El abuso continuaba. Ya me sentía desesperada. Su persecución se había convertido en una especie de juego de poder enfermizo: necesitaba poseerme simplemente por tener un puesto superior al mío, y yo lo permitía.

Mi vida se convirtió en una pesadilla viviente. Lloraba

todas las noches hasta dormirme, con miedo de despertarme e ir al trabajo al otro día. Me preguntaba constantemente, *¿Por qué el Departamento de Recursos Humanos no hace nada para ayudarme?*, pero en el fondo, conocía la respuesta: yo era una latina de veintiséis años, mientras que él era un importante ejecutivo. El conflicto era su palabra contra la mía. El Departmento de Recursos Humanos decidió ignorarme y pretender que el problema no existía, o asumir que dejaría de existir. Entonces él comenzó a desplegar abiertamente sus tácticas de intimidación. Aparecía en mi cubículo, apoyaba las manos en el marco de los paneles, acercaba su cara a la mía y me susurraba que si no me acostaba con él, doblaría mi carga de trabajo y me despediría. Y, en efecto, cada vez que me negué, tuve que pagar el precio por haberlo hecho: mientras más lo rechazaba, más trabajo ponía en mi escritorio con plazos imposibles de cumplir.

Después de mis dos quejas formales, continué documentando cada incidente y entregando cartas al Departamento de Recursos Humanos con la descripción de cada incidente y ocasión, pero era como si estuviera encerrada bajo llave en una habitación en el medio de la nada, gritando con toda la fuerza de mis pulmones, sin que nadie me oyera o se interesara. Finalmente, los de Recursos Humanos me enviaron una carta diciéndome que hablarían con él. Supe que pagaría caro por ello.

Efectivamente, su interés en mí se volvió una obsesión. Como una sombra indeseable, comenzó a seguirme a todas partes. En una ocasión, me siguió en su carro hasta mi casa. Me sentí aterrorizada, indefensa y sola. Mil veces pensé dejar mi trabajo y mudarme a un lugar lejano, pero siempre llegaba a la misma conclusión: ¿Por qué tenía yo que cambiar toda mi vida si no había hecho nada incorrecto? ¿Por qué tenía que dejar un trabajo que me gustaba porque alguien se comportara indebidamente? No era justo y, además, estaba tan desgastada que me hubiera sido imposible atreverme a dar un paso tan audaz.

Todo sobre mi forma de ser comenzó a cambiar. Cambió mi conducta, me volví más sombría y reservada; cambió mi manera de vestir. Siempre he sido una mujer a la moda que se esforzaba en lucir bien —como me enseñó mami— pero llegó a un punto en que ya no encontraba placer en lucir bonita cada mañana, y ciertamente no deseaba incitar la lujuria de mi jefe. Dudaba de mí misma y, aunque era atractiva, me empeñé en lucir fea a propósito. No quería llamar la atención hacia mi, de manera que dejé de usar mis blusas entalladas y comencé a ponerme blusas con cuello de tortuga y trajes holgados, dejé de maquillarme, me recogía el pelo hacia atrás todas las mañanas y me mantenía lo más apartada que me fuera posible, con la esperanza de que mi jefe dejara de acosarme.

Así transcurrieron seis meses durante los cuales escuchaba cada mañana la alarma del reloj, como si se tratara de una sentencia de muerte a diario. Vivía en mi propia pesadilla al estilo *Groundhog Day*, hasta que un día el monstruo me convocó a su oficina y me dio un ultimátum.

"Quiero que sepas que no importa cuántas veces me reportes, estás atrapada conmigo. No tienes salida. Tendrás que lidiar conmigo, te guste o no".

Temblando de pies a cabeza por el miedo, el asco y la ira, salí de su oficina tirando la puerta detrás de mí y corrí directamente al Departamento de Recursos Humanos. Sin embargo, en el momento en que intenté comenzar a explicar el más reciente episodio, mi cuerpo se cerró y sufrí de un colapso nervioso. Lloré histéricamente, y el cuerpo me tembló sin que pudiera controlarlo. Mi reacción física a tantos meses de acoso agresivo fue tal, que el jefe de Recursos Humanos tuvo que llamar a una ambulancia mientras yo jadeaba, buscando aire. Me llevaron al hospital para recibir atención medica. Comprendí que no había vuelta atrás. La agresión había sido tan prolongada y violenta que, en el momento en que me sobrevino la crisis nerviosa, apenas podía reconocer a la persona determinada y fuerte que había sido yo hasta ese momento. Era apenas el cascarón de la mujer que había sido, y solamente ahora, mirando atrás, comprendo lo lejos que había caído.

Necesitaba ayuda profesional. Pude encontrar a una gran terapista con la que emprendí sesiones semanales, comencé a practicar Bikram Yoga y fui referida a un psiquiatra que me recetó antidepresivos. La simple idea de tomar medicamentos contra la depresión me revolcaba el estómago. Los tomé solo durante tres meses porque me aterraba volverme adicta, y decidí probar métodos alternativos de relajamiento, como el yoga y la meditación. Fui diagnosticada con Trastorno de Estrés Postraumático (PTSD, por sus siglas en inglés). Hasta entonces, había creído que era un término usado únicamente para los veteranos de guerra. No podía imaginar cómo el PTSD podría marcar mi vida.

Decidí contratar a un abogado para que me ayudara con el proceso de mi demanda a la compañía que, después de muchas idas y venidas, decidieron resolver fuera de la corte. Pero la mejor noticia fue que el monstruo había sido despedido. Luego supe que cuando me fui de mi trabajo, él comenzó a acosar a una asistente de su departamento que contrató a Gloria Allred para que la representara. Lo sé porque la oficina de Gloria me llamó para preguntarme si estaba dispuesta a testificar acerca de mi propia experiencia de acoso por él. Lo hice, y mi testimonio fue útil para que ella ganara su caso, en el que consiguió una compensación monetaria que alcanzó las seis cifras. Todo lo que a mí me interesaba era recuperar mi empleo, y lo conseguí, además de dinero. Acepté no revelar la cantidad, ¡así que solo diré que no era suficiente como para retirarme!

Hoy, en la era de los movimientos #MeToo y #TimesUp, cuando tantas mujeres han compartido sus horrendas historias de acoso y abuso sexual, es difícil entender cómo nosotros —y me refiero tanto a mujeres como a hombres— permitimos que la situación llegara a tales niveles justo enfrente de nuestras narices. Me alegra mucho que finalmente haya sido expuesto, pero también he tenido que revivir aquel terrible período de mi vida. Las cicatrices son de por vida. Espero que, en el futuro, ninguna mujer tenga que sufrir lo que yo sufrí —a manos de un jefe, de un marido, de un conocido o de un colega—. Y que las nuevas generaciones de mujeres, entre las que se encuentra mi querida sobrina de nueve años, solo tengan que leerlo en los libros de historia como algo que pertenece al pasado.

Después de tres meses de ausencia, regresé a mi trabajo. Pasé del area de financiamiento de la compañía al Departamento de Mercadotecnia y Publicidad del fabricante como principal especialista del mercado hispano. Era un gran trabajo. Sospecho que me lo ofrecieron por ser la única hispanoparlante en la compañía, y Dios es testigo de que tuve que trabajar duro para hacerme valer en mi nuevo rol. Para entonces, muchas personas en la oficina me veían como la chica que había sido acosada sexualmente, pero mi nuevo jefe me veía como la chica que había sido acosada y había demandado a la compañía, y a la que ahora había que enseñarle publicidad y mercadotecnia.

Tuve que luchar, una y otra vez, para impedirle que me tratara como asistente. Quería ser tratada con el respeto que mi posición merecía. Sin embargo, cada vez que conocía a alguien de una agencia de publicidad o de los medios, me comentaba: "¡Ah, él nos dijo que eras su nueva asistente!". Yo me estremecía y los corregía. Más tarde confrontaba a mi jefe y le aclaraba una vez más que yo no era su asistente, sino la principal especialista de publicidad del mercado hispano. Me costó mucho tiempo y muchas desavenencias, pero poco a poco fue siendo más cordial conmigo, porque le demostré que yo trabajaba duro. No me iba a casa mientras él estuviera en la oficina y siempre me aseguré de hacer un poco más de lo que se me pedía. Había sido muy ingenuo al juzgarme, pero una vez que me dio su apoyo y verdaderas oportunidades, los resultados fueron evidentes. Yo era la responsable de la mercadotecnia hispana de la oficina, aprendí los detalles de la industria y logramos que las ventas hispanas aumentaran en un 300% en los tres años que estuve en esa posición. Mi jefe y yo terminamos siendo buenos amigos, y todavía lo somos hasta el día de hoy.

Para cuando cumplí 30 años, ya había conseguido mi primer empleo de seis cifras. En aquella época, The Bravo Group era la primera agencia de publicidad hispana del país, y formaba parte de la reconocida agencia global Young & Rubicam. Yo seguía de cerca a Bravo, pues trabajar para ellos era mi sueño, una meta que parecía fuera de mi alcance. ¡Pero en abril de 2002 recibí la primera llamada de un reclutador que buscaba un director de cuentas para The Bravo Group! Escuché lo que tenía que decirme, accedí a reunirme con la gente de Bravo, y sin dudarlo acepté la oferta que me hicieron para pasar de trabajar del lado del cliente en el mundo de la mercadotecnia a trabajar del lado de la agencia. Finalmente había encontrado mi verdadera vocación. Me encantaba mi carrera en la agencia, me encantaban mi trabajo y la gente con que trabajaba. Me encantaba trabajar con los medios. Fui nominada por el director general de The Bravo Group para un programa de liderazgo avanzado de Young & Rubicam diseñado por McKinsey & Company para entrenar y desarrollar a futuros líderes. Fui una de las veinte personas nominadas a nivel mundial. Una de mis experiencias profesionales más memorables fue asistir a un programa de una semana de duración, en Bangkok, Tailandia, junto a otros altos ejecutivos globales.

Mi nuevo salario también me permitió comprar mi primera casa en California: un apartamento de dos pisos en la colina con vistas a las montañas de Trabuco Canyon. Con mucho amor me ocupé de amueblar cada habitación con la ayuda de mi amiga Mónica, que es diseñadora de interiores. Escogimos el *wallpaper*, tratamiento para las ventanas, los muebles y el arte. ¡Había triunfado! Estaba viviendo el sueño americano del que me había hablado mi tío Rafael. Pero, precisamente en el momento en que todo parecía caer en su lugar, mi salud recibió otra paliza.

Comenzó con malestares abdominales. Sentía calambres súbitos, y enseguida una necesidad incontenible de correr al baño más cercano, cerrar la puerta y quedarme sentada en el inodoro sin que nada pasara. Mi cuerpo me avisaba a gritos que se avecinaba un movimiento intestinal, pero... nada sucedía. Entonces, una ansiedad mezclada con expectación llegaba y desencadenaba ataques de pánico. El corazón me latía rápido, las gotas de sudor me corrían por la cara, y en unos minutos el pelo me quedaba tan ensopado como si hubiera estado corriendo en una trotadora por una hora.

El gastroenterólogo no podía poner su dedo en las causas de ese tipo de estreñimiento. Consulté a diversos especialistas sin que ninguno pudiera encontrar la razón, y transcurrió un año entero, sufriendo de ataques de pánico, hasta que finalmente fui referida a un equipo especial de investigaciones gastrointestinales en el Centro Médico de UCLA, la Universidad de California. Allí me informaron que padecía de una forma severa del síndrome de intestino irritable (SII, o IBS, por sus siglas en inglés) y, aunque las causas exactas del SII no eran conocidas, los doctores creían que se trataba de una perturbación en el modo en que interactuaban los intestinos, el cerebro y el sistema nervioso. El equipo médico concluyó que, a su vez, el SII posiblemente hubiera tenido origen en el PTSD que sufrí a consecuencia del acoso sexual. Y aquí estaba, tres años después de haber dado por concluido el caso de acoso sexual, pero mi cuerpo sufría aún las consecuencias a largo plazo.

He llegado a comprender que todo cuanto sentimos y experimentamos tiene algún tipo de consecuencia física y mental, aun cuando no lo percibamos o veamos de inmediato. Es algo que he continuado explorando a un nivel más profundo a través de los años durante las sorpresas que me ha deparado mi salud.

En ese momento, no existía tanta información sobre el SII como hoy, y no existían tratamientos ni medicinas, de manera que lo único que podía aliviar mis síntomas era cambiar de dieta y evitar todo estrés innecesario —algo mucho más fácil de decir que de hacer en nuestro mundo moderno—. Una vez más hice lo mejor que pude para obedecer las órdenes del doctor; sin embargo, cada vez que sentía deseos de ir al baño la ansiedad era tan incontrolable que caía en un ataque de pánico total. El inodoro se convirtió en mi enemigo mortal, un lugar que comencé a asociar con los sudores, las palpitaciones galopantes y el miedo absoluto al dolor que se avecinaba, cuando trataba de convencer a mi cuerpo de que hiciera lo que cualquier otro ser humano normal hace a diario sin siquiera pestañear. Todo ello tuvo un efecto paralizante en mi cuerpo. Intenté aprender a enfrentar los ataques de pánico. Mi equipo en The Bravo Group a veces comentaba mis llegadas al trabajo pasadas las 9:00 de la mañana, cuando ya ellos llevaban una hora en la oficina. Lo que ignoraban era el tiempo que pasaba intentando luchar con mis ataques de pánico salvajes durante el movimiento intestinal de la mañana. No tenían ni idea de lo que me estaba pasando ni por qué.

A pesar de mis problemas con el SII, logré que mis cuentas crecieran exponencialmente, y finalmente obtuve autorización para contratar a un equipo más grande. Mientras alistaba a mi nuevo equipo, viajaba a Nueva York y Miami todos los meses para supervisar el trabajo con las cuentas de mis clientes y desarrollar relaciones de negocio con mis clientes nuevos. Me encontraba en un auge profesional: codeandome con los más altos ejecutivos de publicidad y mercadotecnia, me reunía con magnates de los medios, era invitada a eventos de alfombra roja y trataba de tú a tú a los famosos, al tiempo que me hacía un nombre en un terreno competitivo pero estimulante. En mayo de 2003, me encontraba en mi querida Nueva York, reunida con colegas y clientes, lista para hablar de negocios como una campeona durante una de las semanas más importantes en los medios —los ejecutivos de la televisión, los anunciantes y la prensa se reúnen anualmente en el evento de los preestrenos de las cadenas televisivas conocidos en la industria como *los upfronts*—.

Asistí a un almuerzo con dos asociados de una cadena de

televisión y uno de ellos me ofreció un sorbo de su coctel: en contra de mis instintos, acepté. Un par de horas más tarde, me comentó de manera muy casual que se estaba recuperando de un caso de mononucleosis. ¡No podía creerlo: enfermarme de mononucleosis era lo último que necesitaba encima de todo lo demás! Durante el resto del día estuve revisándome mentalmente en busca de síntomas. Caí exhausta en la cama, pero me sentía bien. Al día siguiente, desperté con síntomas de gripe y una fiebre de 103 grados. El doctor del hotel me recetó antibióticos, reposo y relajación, pero dos días más tarde no solo no había mejorado, sino que sentía como si el cuerpo se me estuviera apagando. La fiebre continuaba y apenas podía levantarme para ir al baño. El doctor llamó una ambulancia y me ingresaron en el hospital. Las pruebas de laboratorio arrojaron que padecía, efectivamente, de mononucleosis infecciosa. La cuenta de glóbulos blancos había bajado mucho, y fui obligada a permanecer en el hospital por los siguientes diez días.

En otras circunstancias, no me hubiera importado pasar una temporada de descanso en cama, pero permanecer por diez días en el hospital significaba que perdería la fiesta de despedida de soltera de mi hermana Jessica que yo misma había planeado. Mientras mi familia se reunía en California y ayudaba a mi hermana a prepararse para uno de los días más felices de su vida, yo estaba presa en un hospital a 3,500 millas de distancia.

Jessica se había mudado a California dos años después de haberme ido de Puerto Rico. Cuando vi todo lo que California tenía para ofrecer, le pedí que viniera y lo comprobara. Sabía que Jessica podía hacer mucho más con su vida si ella también daba ese salto de fe. Se enamoró de California, consiguió trabajo y nunca más regresó a Puerto Rico. Su decisión tuvo como resultado que conociera a Rocco, su futuro esposo. Originario de Jordania, Rocco es un chico de playa de corazón, feliz de andar en chanclas y pantalón corto todo el día, y es el mejor cuñado del mundo. Poco después tuvieron a los dos hijos más preciados de mi vida, que están llenos de luz: mi sobrino, el sabelotodo Jam Jam, nacido en 2005, y mi sobrina, mi princesa Marie, que ama los unicornios, los arcoíris y cualquier cosa que brille, tanto como yo, y que nació en 2009. Jam Jam y Marie son, sin lugar a duda, los hijos que nunca tuve.

Obviamente, mientras me encontraba en la cama del hospital en Nueva York, haciendo todo lo posible por recuperarme de la mononucleosis, sentía una mezcla de aburrimiento y frustración insoportable. El Dr. Stein, el mismo que me había atendido en el hotel, me devolvió la cordura y me cuidó hasta que recibí el alta y pude volar a California a tiempo para la boda de mi hermana. A pesar de tener aún fiebre de 102 grados y tomarme pastillas Tylenol cada cuatro horas, lo pasé muy bien. Muchas de mis amistades de la infancia habían venido de Puerto Rico, y por primera vez en mi vida adulta vi todo el lado de la familia de mami reunidos. Fue una ocasión realmente jubilosa.

El Dr. Stein me había aconsejado que hiciera una cita con mi gastroenterólogo en cuanto regresara a casa. Como pudo comprobarse más tarde, como consecuencia de la mononucleosis o del SII, ahora sufría de un prolapso rectal que, desgraciadamente, necesitaría cirugía. Solo que esa vez tendría a mi lado a la mejor enfermera del mundo, pues mami pospuso su viaje de regreso a Puerto Rico para ocuparse de mí.

Realmente tuve que batallar con las secuelas de la cirugía rectal, especialmente con el intenso dolor. Sentía como si alguien estuviera desgarrándome el colon con una trituradora de papel. El mismo día que me dieron el alta, tuve que regresar a la sala de emergencias porque los medicamentos para el dolor recetados no eran lo suficientemente fuertes.

El residente de la sala de emergencias decidió hacerme un examen rectal que me hizo gritar a todo pulmón mientras las lágrimas de dolor me rodaban por las mejillas. Estoy segura de que toda la sala de emergencias, e incluso quienes se encontraban en el estacionamiento escucharon mis gritos. Un equipo de doctores llegó a mi camilla en pocos segundos y tuve que ser nuevamente hospitalizada solo para controlar el dolor. Recuerdo que tenía un dispensador de morfina que podía activar cuando quisiera. Pasaba más tiempo dormida que despierta: de hecho, estuve dormida más tiempo del que nunca estuve en cualquier otra semana de mi vida. Estar sedada las veinticuatro horas del día, los siete días de la semana, era una sensación horrible. Y lo que nadie tuvo la delicadeza de decirme… ¡que la morfina provoca estreñimiento! Sentía como si estuviera en una montaña rusa a su máxima velocidad de la que no podía bajarme. Me arrepentí mil veces de haber compartido un trago con un extraño. Una vocecita me repetía: *Recuerda que tu madre te dijo que no tomaras del vaso de nadie.* Yo era la única responsable, nadie más. Sentía el estrés de permanecer tanto tiempo lejos del trabajo. Temía que me despidieran, aunque estuviera de licencia por enfermedad. Me sentía impotente, pero me faltaba todavía algo peor: una vez que me dieron el alta comencé a experimentar los síntomas de abstinencia de la morfina, lo cual me provocó un terror mortal. No dejaba de repetirme a mi misma que nunca más tomaría analgésicos. Entre la imposibilidad de sentarme y los efectos de dependencia de la morfina, me tomó un mes completo recuperarme.

Una vez curada, decidí darme el regalo de una tarde en el *spa* del Montage Laguna Beach, uno de mis lugares favoritos, para relajarme y mimarme después de todo lo que había pasado. No sospechaba que los ángeles que siempre me acompañan estaban conspirando para hacer realidad uno de mis sueños caprichosos. Durante las semanas que pasé hospitalizada en Nueva York y la recuperación posterior en California, no me perdía ni un episodio del programa de Ellen DeGeneres. Me obsesioné con ella y con su programa. Reía y lloraba —aunque eran más las veces que reía—. Ellen es graciosísima. Había soltado al universo mi deseo de conocerla algún día, o poder ir a ver en vivo su programa a través de mis conexiones con los medios.

Pues lo que no se imaginan es que ese día en el *spa*, una vez que me habían dado el masaje, me quité la ropa —¡sí, completamente desnuda! — y me metí en el jacuzzi. Absorta en mis pensamientos, escuchaba el sonido de la cascada y respiraba largo y profundo. No había una sola alma a mi vista, cuando de repente escuché un sonido de pasos que se acercaban. Ni siquiera me molesté en levantar la cabeza, pero así y todo pude ver de reojo los pies de la persona que entraba al jacuzzi y luego su cuerpo, tan desnudo como el mío. Después de algún tiempo decidí levantar la vista y mirar a la cara a mi desnuda compañera de baño y no pude creer lo que veían mis ojos: ¡Era Ellen!

—¡Oh Dios mío, eres tú! —exclamé.

—Sí, ¡soy yo! —me respondió, riéndose.

Le conté que había estado viendo su programa a diario en los meses anteriores, mientras me recuperaba de una enfermedad, y después de hacer un chiste sobre que todas las personas que veían su programa son enfermos, me dijo que sentía mucho lo de mi enfermedad y me preguntó si ya estaba bien. Unos minutos más tarde, Portia de Rossi, su entonces novia, entró también al jacuzzi. ¡Quería gritar de la emoción! Me saludó, y Ellen me preguntó mi nombre para presentarme, y cuando le dije que me llamaba Zulema, me dijo: "Creo que será mejor si te llamo Zebra".

Este episodio confirmó una de mis creencias: lo que le das al universo, ¡el universo te lo devuelve!

Después de mi larga ausencia del trabajo, necesitaba reconectar con mi equipo y con mis clientes. Durante los tres meses siguientes trabajé largas horas y me aseguré de estar al tanto de todo lo que sucedía. Todavía viajaba continuamente de California a Nueva York, pero ahora también viajaba a Miami y a Sudamérica para filmar comerciales para mis clientes. Mi cliente más grande era Mazda, y aunque mi trabajo era construir una campaña de mercadotecnia que pusiera a Mazda en el mapa, casi nunca estaba en mi apartamento de Orange County en este período de mi vida, y entendí realmente lo que quiere decir la frase "vivir en una maleta". Siempre he tenido cuidado de cumplir con mis compromisos, pero puse un esfuerzo adicional en demostrar que todavía estaba a la altura de mi puesto después de mi ausencia por razones médicas —que todavía podía competir con los mejores—. En el fondo, sabía que ese esfuerzo extra era necesario por ser una mujer en el mundo de la industria automotriz, dominado por hombres. No quería darle a nadie razones para cuestionar mi capacidad de hacer mi trabajo. Las horas fueron agotadoras, pero al final obtuve los resultados deseados: una campaña de televisión muy bien recibida y unos *ratings* mucho más altos de lo esperado incrementaron el mercado hispano de Mazda en un diez por ciento trimestre tras trimestre. Sentí una mezcla de euforia y alivio: había demostrado tener aún una fuerza que había que tomar en cuenta.

Existía un beneficio colateral de todo ello. Llegué a conocer a un grupo de ejecutivos de los medios de comunicación provenientes de Chicago, Miami y Nueva York, que luego vendrían a ser mis cómplices en muchos viajes. Todos trabajaban para la misma cadena de televisión y yo era para ellos la clienta que se convirtió en amiga. Compartíamos muchas cosas a nivel personal: éramos solteros, adorábamos los viajes y la buena vida y todos trabajábamos y viajábamos como locos. Aquel proverbio que dice "Trabaja duro y juega duro" nos describía perfectamente. O como decimos en Puerto Rico: se juntó el hambre con la necesidad. Comenzamos a planear y coordinar nuestros horarios y a aprovechar los fines de semana largos para encontrarnos en diferentes destinos alrededor del mundo. Esta idea se nos ocurrió mientras dos de nosotros leíamos la sección de viajes de un periódico y tomábamos el sol en Miami. Nos entusiasmó la idea de un fin de semana en Punta Cana, República Dominicana, y en cuanto se lo sugerimos al grupo, ya los boletos estaban comprados para el fin de semana siguiente. Después, nos fuimos un fin de semana a Chicago, y más tarde a Miami y Nueva York. Nos turnábamos para planear los viajes y cada uno resultaba mejor que el anterior. En el fin de semana de Acción de Gracias de 2004, fuimos a Argentina y Brasil. Yo había planeado ese viaje, pues había estado en Argentina muchas veces. Mientras tomábamos caipiriñas en la playa de Ipanema, se me ocurrió nuestra próxima aventura: ¡correr un maratón! Por supuesto, no podía ser cualquier maratón, sino uno en el que todos pudiéramos participar. Después de investigar un poco y de unas cuantas llamadas telefónicas, lo conseguimos: ¡A Roma en marzo! Y yo comencé a entrenar allí mismo, en la maravillosa playa de Ipanema.

Después de regresar a casa, continué corriendo todos los días para obtener buenos resultados el día de la carrera. Como era novata, decidí correr el maratón con Team in Training, una organización sin fines de lucro que financia la investigación del linfoma. Necesitaba orientación y también quería correr por una causa. La madre de Rosa había fallecido recientemente de cáncer del cerebro, y a Juliana —la mejor jefa que tuve en la empresa automovilística— le habían diagnosticado un linfoma, de manera que mi elección de Team in Training fue algo natural. Cuando por fin llegué a la línea de salida en Roma, había recaudado más de 6,000 dólares para la investigación y el tratamiento del linfoma —un presagio de las cosas que darían propósito a mi vida, aunque entonces no lo supiera—.

Volé a Chicago durante los fines de semana para entrenar con el equipo de Team in Training. Escogí Chicago porque allí vivían dos de los miembros de nuestro grupo que también correrían en el maratón conmigo. Mientras se acercaba la fecha, pude comprobar cómo iba mi entrenamiento cuando corrí en un medio maratón local en Huntington Beach, California, y llegué a la meta en poco más de dos horas. ¡Estaba lista!

Cuando aterricé en Roma, en marzo de 2005, mi nerviosismo se mezclaba con el entusiasmo que podía palparse en el aire. Ya había estado allí antes, con Jonathan, pero esta vez se trataba de algo muy diferente, pues fue el momento que marcó mi independencia. Pasar corriendo por la Piazza Navona, la Piazza di Spagna, y a lo largo de los muros del Vaticano, más allá de la Fontana de Trevi, parecía un *tour* privado. Lo absorbía todo, constantemente reconociendo que se trataba de una experiencia única en la vida. Completar mi primer maratón constituyó una insignia de honor, como un título universitario, algo que nadie puede quitarte. Ahora pertenecía a un club especial, el de quienes, contra todo pronóstico, someten sus cuerpos al dolor y el sufrimiento para correr 26.2 millas, y yo lo hacía en el nombre de una buena causa.

Cuando regresé a casa en Orange County, tuve dos días para descansar antes de volar de regreso a Nueva York para reuniones de negocios. A medida que avanzaban las reuniones, la fatiga del maratón y el desfase de horario no disminuían, y se acompañaban de un sarpullido de mariposa en la cara.

Al principio no le di importancia, pero persistía. Aprovechando que estaba en Nueva York, fui a ver al Dr. Stein. Después de evaluar los síntomas y hacerme análisis de sangre, me diagnosticaron lupus. No sabía nada acerca del lupus, excepto que una amiga de mi madre había muerto de esa enfermedad antes de cumplir los treinta años. Fue el primer desorden autoinmune que apareció en mi vida. Sin embargo, en cuestión de tres meses, mis niveles de anticuerpos antinucleares (ANA, por sus siglas en inglés) se habían estabilizado, lo cual condujo a mi doctor a concluir que había sufrido de "lupus temporal". No sé siquiera si es una condición real. Atribuí mis síntomas a la tensión que había sometido a mi cuerpo durante el maratón. Sin ninguna razón válida para cuestionar las conclusiones del doctor, continué con mi vida. ¿El lupus desapareció? ¡*Okay*! "¡Una cosa menos!"

Ahora me pregunto si el doctor cometió un error al no darle seguimiento a la condición medica. Nunca lo sabré realmente, pero teniendo en cuenta el aluvión de enfermedades que aguaron la fiesta de mi vida en la década siguiente, incluyendo un diagnóstico definitivo de lupus, no es difícil pensar que haya sido así. Quizás aquellas habían sido las primeras etapas de la enfermedad, y merecían haberse monitoreado en lugar de ser tratadas como un diagnóstico temporal.

❧

Después de casi cuatro años en The Bravo Group, ascendí de directora de cuentas a directora general de un grupo. Ahora dirigía un equipo de doce personas y había ampliado la base de clientes hasta incluir a Land Rover y Jaguar, dos clientes nuevos sumamente importantes. Me encontraba en Tailandia para asistir al programa Líderes del Futuro y sabía que, a pesar de todo el drama que había experimentado y de los contratiempos de las enfermedades, por fin me sentía a gusto en mi propia piel. Era como la mariposa que sale del capullo extendiendo sus alas. Sin embargo, lograr un equilibrio entre mi vida familiar y profesional siempre me ha costado trabajo. Mientras abordaba el avión a Bangkok para regresar a casa al final del programa de entrenamiento, recibí una llamada de mami en mi BlackBerry para anunciarme que ya era tía: Jessica había dado a luz a Jam Jam un poco antes de lo esperado. Yo habría deseado desesperadamente estar allí para su nacimiento, pero era un niño sano y eso era todo lo que importaba. Sentada en el avión, solo quería que volara más rápido. Cuando aterrizamos, pensé seriamente en dejar mi equipaje en el área de recogida para acelerar mi salida del aeropuerto. Ser una *titi* es la mejor sensación del mundo. Tener en brazos a Jam Jam por primera vez fue como tener en mis brazos a mi propio hijo recién nacido.

❧

Los momentos que pasé en casa con Jam Jam me permitieron reflexionar sobre mi situación personal y profesional. Mi vida amorosa sin dudas era todavía un trabajo en progreso, y si tuviera que calificarle, probablemente tendría que hacer una evaluación "por debajo de las expectativas".

Profesionalmente, sabía que estaba lista para el próximo reto, y no tuve que esperar mucho antes de que llegara: un empleo en Manhattan, trabajando con Jeff, mi primer jefe en Bravo, que era considerado nuestra competencia. Inmediatamente acepté la oportunidad. Mi interés por el arte, la comida y la moda me hizo añorar la Gran Manzana. Europa, el lugar de la arquitectura, las ciudades y la cultura que más me atraían estaba al cruzar el charco. Mi *dating scene* también necesitaba un cambio. No era alta ni rubia con grandes senos y bien delgada como las mujeres de Orange County —el tipo que los hombres en el sur de California parecían preferir— y quería un hombre con un pasaporte abundantemente estampado.

Acepté formalmente la oferta para empezar en octubre de 2006. Uno de los puntos de negociación con la nueva compañía fue insistir en transportar mi colección de vinos a Nueva York. En mis viajes a Argentina, había adquirido una buena colección de Malbecs, cuidadosamente almacenados en un pequeño refrigerador para vinos en mi apartamento. Había llegado a conocer bastante sobre vinos en los cuatro años previos. Varios de los dueños distribuidores automotrices con los que interactuaba tenían grandes colecciones de vinos, y la mayoría de los ejecutivos de las cadenas de televisión que conocía y con quienes cenaba con frecuencia apreciaban los vinos. No sabía lo importante que sería la apreciación y el coleccionismo del vino en mi futuro.

Alquilé mi apartamento en California y partí hacia mi aventura neoyorquina, donde comencé a vivir en un apartamento corporativo de 1,000 pies cuadrados con una terraza con vista al Madison Square Park, justo al cruzar la calle de mi restaurante favorito en todo Manhattan: Eleven Madison Park. Estaba "viviendo mis sueños" de mujer soltera.

Creía tenerlo todo. Sin nada que obstaculizara las vistas hacia el este ni el oeste, podía ver el sol salir y ponerse desde mi nueva casa; ahora yo era la segunda en mando en la nueva oficina en Nueva York, manejaba un presupuesto de 90 millones de dólares en publicidad y había conocido a un guapísimo modelo de ropa interior para Dolce & Gabbana y Calvin Klein. Mi nuevo *beau* me hacía sentir como el personaje de Samantha Jones del programa *Sex and the City*. Nunca olvidaré ir en el carro por el túnel Lincoln de vuelta del aeropuerto de Newark y verlo en uno de los *billboards* gigantescos. ¡Esa era mi vida neoyorquina!

Sin embargo, las realidades del nuevo trabajo enseguida se hicieron sentir. Empecé a trabajar muchísimas horas, día a día. Los clientes eran muy exigentes, y estaba extenuada de tanto trabajar. En un abrir y cerrar de ojos, pasé de "tenerlo todo" a "no tener vida". Mi sueño de vivir en Nueva York se redujo a simplemente regresar a dormir a mi apartamento, sin tener apenas tiempo libre para disfrutar la ciudad. Los siguientes doce meses transcurrieron como una mancha borrosa, una semana fundiéndose con la otra. Ni tiempo tenía de visitar a mi familia. Después del nacimiento de Jam Jam, mami había decidido mudarse a California a vivir con mi hermana para ayudar a cuidar a su nieto. Yo estaba tan ocupada que no alcancé a verlos a ella, a mi hermana, a mi cuñado y a Jam Jam.

Mi vida siempre ha sido una serie de torbellinos, cada uno de ellos comenzando inocuamente, girando lentamente, acelerando y tirando de todo a su alrededor, llegando a su crescendo a medida que sacude ventanas y los cimientos antes de morir. Mi torbellino neoyorquino se estaba preparando para su crescendo.

Preferiría no entrar en detalles, pero al año de haber dado inicio a mi trabajo en Nueva York, Jeff, que me había traído a la compañía como su segunda al mando, fue despedido. Todo lo que diré es que Jeff había descubierto ciertas prácticas en la empresa a las cuales se oponía con vehemencia y que no podía tolerar. Jeff me confió todo lo ocurrido. Mientras empacaba sus pertenencias ese día, Jeff me llamó aparte y me dijo, "Tú no vas a tener problemas, te necesitan. Saben que eres la que traes dinero. Pero quedarte aquí probablemente tenga un alto precio personal".

Estaba devastada. El tornado había comenzado a levantar mi techo. Regresé a mi apartamento, descorché una botella de mi Malbec favorito, me serví una copa y miré como el sol desaparecía tras el horizonte. ¿Será que se ponía el sol en mi sueño neoyorquino también?

En cuanto regresé a la oficina la mañana siguiente, sabía lo que tenía que hacer. Me comportaría como de costumbre mientras planeaba mi salida. Por lo que Jeff me había dicho, sabía que no podría permanecer mucho tiempo en la compañía y, sin embargo, allí estaba, dependiendo de la compañía para mi subsistencia: vivía en un apartamento corporativo y disfrutaba de un sueldo excelente que me permitía llevar mi estilo de vida neoyorquino. Demás está decir que me sentía confundida: mis principios me urgían a renunciar a mi puesto, pero mi sentido pragmático de sobrevivencia me advertía que esperara. Al final, no tuve que tomar decisión alguna: ¡también fui despedida! Al parecer, el dueño de la compañía temió que yo fuera alguien demasiado cercana a Jeff.

No obstante, aquella no fue la parte más dolorosa del episodio. De la noche a la mañana pasé de estar rodeada de colegas y "amistades" de los medios que "estaban encantados de verme", a encontrarme con el más perturbador y agobiante silencio al tratar de contactarlos. Me sentí tan enojada, tan decepcionada. Muy pocas de las personas de aquellos días siguieron siendo mis verdaderos amigos —ni siquiera el grupo con el que solía viajar—.

Como parte del paquete de indemnización, había negociado un contrato de arrendamiento por seis meses en el apartamento corporativo. Tenía algunos ahorros y por algún tiempo no tuve problemas. Sabía que debía encontrar otro trabajo, pero todavía no estaba lista para saltar de nuevo al mundo de la publicidad. Los doce meses anteriores habían sido brutales. Tenía treinta y cuatro años, todavía estaba soltera y, ahora, desempleada. ¡Quería un poco de diversión! Pero lo primero que deseaba hacer era pasar algún tiempo con mi sobrino, de manera que me monté en un avión y pasé un mes con mi hermana.

A mi regreso a Nueva York, era una sensación muy extraña la de no ser parte del mundo corporativo. La mayoría de las personas que conocía estaban tan absorbidas por sus carreras como lo había estado yo misma. Comencé lentamente a reconectarme con mis verdaderos amigos del mundo de la publicidad. Poco antes de la Navidad, en una vinoteca, mientras disfrutaba de una copa con una amiga que trabajaba como presentadora en una estación hispana de televisión, finalmente pude abrirme acerca de cómo me sentía. Quería una carrera, quería las cosas que el dinero puede comprar, pero más que todo quería encontrar a la persona que fuera mi compañero de vida, que pudiera retarme y que envejeciera tomado de la mano junto a mí. "¡Arriba! ¡Vámonos de fiesta!", respondió mi amiga. Y con esas palabras, recogió la cuenta, nos abrigamos y salimos a la calle por un taxi.

Nos fuimos al Lower East Side, un área que yo no conocía en lo absoluto. Era una zona a la moda, artística y un poco intimidante. Mi amiga se dirigió a un antiguo edificio *brownstone* y oprimió uno de los botones del intercomunicador. La cerradura de la puerta zumbó, y entramos. Ya en el primer tramo de las escaleras, con cada escalón el ruido se hacía más intenso. Al llegar, pude ver la puerta abierta y una fiesta en pleno apogeo. La música era pop francés, la iluminación era tenue y la atmósfera estaba cargada de humo de marihuana.

"¡Diviértete!", dijo mi amiga, y desapareció en la multitud.

Todavía llevaba puesto mi abrigo y me sentía más bien cohibida. No conocía a nadie, y no era ese el tipo de fiestas al que acostumbraba ir en mi vida corporativa. En ese momento, justo a mi lado y ofreciéndose a tomar mi abrigo apareció el hombre más bello que había visto en mi vida.

"¡Hola! ¿Nos hemos visto antes?". Era una pregunta bastante cursi, pero su encantador acento francés enseguida me tranquilizó y le perdoné instantáneamente su torpe presentación.

Su nombre era Jean-Claude. Conversamos la mayor parte de la noche. Supe que tenía veinticuatro años, diez menos que yo, y por las miradas de admiración que recibía, pude ver que estaba en el radar de todas las chicas. Había nacido en Cannes y estaba en Nueva York trabajando en el negocio de joyas de la familia. Cuando me despedí de él al final de la noche, me pasó su número de teléfono. Pensé para mis adentros que si salía con él me convertiría en una "*cougar*". El pensamiento ciertamente no fue poco atractivo.

Pasé la Navidad de 2007 en California con mi familia, jugando con mi sobrinito. Jam Jam crecía rápido. Ya había transcurrido la mitad de mi alquiler corporativo y qué sería de mí cuando terminara era algo que comenzaba a preocuparme. A mi regreso a Nueva York, me encontré otra vez con mi amiga la presentadora, a quien no había visto desde la noche de la fiesta.

—Y, ¿cómo te fue con Jean-Claude? —me preguntó con fingida indiferencia.

—Bien, pero no creo que estemos hechos el uno para el otro. Una pequeña brecha de edad —respondí.

—¿Quieres verlo otra vez? —me volvió a preguntar.

¡Creo que podía leérmelo en la cara!

—¡Sí, por supuesto que quieres! Estará en el club Kiss and Fly esta noche con sus amigos franceses. ¡Vamos!.

Una vez más, mi amiga me arrastró de un extremo a otro de la ciudad, ahora al Meatpacking District. En cuanto llegué al club, Jean-Claude me vio, y me di cuenta de que el encuentro había sido premeditado. ¡Volaron chispas!

De pronto me vi involucrada en la que cariñosamente llamo "la mafia francesa de restauranteros de Nueva York", y el Meatpacking District de Manhattan se convirtió en mi nuevo territorio. Jean-Claude tenía varios *roommates* y su círculo de amistades se convirtió en el mío y, de hecho, algunos todavía lo son. De muchas maneras, el círculo de la "mafia francesa de Nueva York" fue el ancla que necesitaba en ese momento, pues detuvieron mi vagar sin rumbo por la ciudad. Me llevaban a sus fiestas, me mostraron el mundo de los restaurantes franceses en Manhattan, me enseñaron el idioma. ¡La pasión de tener un amante francés!

Mientras tanto, en el otro extremo de la ciudad, mi contrato de arrendamiento tocaba a su fin, y debía abandonar mi apartamento corporativo, así que alquilé un pequeño estudio cerca de Madison Square Garden con el decreciente dinero que quedaba en mi cuenta de ahorros. Necesitaba urgentemente encontrar un trabajo para poder quedarme en Nueva York. Continuaba viendo a Jean-Claude, pero todas las alarmas estaban disparadas en esa relación. Aunque él trabajaba para el negocio de su familia y tenía un salario, a menudo yo terminaba pagando en nuestras salidas. Lo llevé a Puerto Rico para que viera mi isla y conociera a mis amigos, pero cuando se fue de vacaciones a Cannes, mantuvo muchos detalles del viaje en secreto y no fui invitada.

Un poco después de que regresara, supe que me había engañado cuando estuvo en Cannes. Y ¡*violá*! Puse fin a la relación en ese mismo momento. Sabía que Jean-Claude no era la persona con quien me casaría; ciertamente me proporcionó una maravillosa distracción, pero no me gustó la manera en que todo había terminado.

Continué buscando trabajo durante meses, pero los Estados Unidos estaba metido hasta el cuello en la más grande crisis financiera global desde la Gran Depresión. Traté durante varios meses de encontrar otra oportunidad en el campo de la publicidad y la mercadotecnia, pero nadie ofrecía contratos; de hecho, había despidos a lo largo y ancho de la industria. Conseguí mantenerme a flote financieramente durante un tiempo, hasta que las cosas empeoraron a principios de 2009. Imposibilitada de continuar pagando la hipoteca del apartamento en California, tuve que renunciar a él y devolverlo al banco. Vacié mi fondo de retiro, vendí mis aretes, mis brazaletes de diamantes y mi Rolex y me tocó apretarme el cinturón.

Me sentía derrotada, y no tenía la menor idea de cuál sería mi próximo paso. Aunque sabía que no permanecería indefinidamente en el limbo en que me encontraba, estaba paralizada y atravesé una depresión que afectó mi peso. Bajé de mis habituales 125 libras a 105. Toqué fondo por primera vez en mi vida, una lección de humildad, y me llené de estrés. Cuando me mudé a Nueva York dos años y medio antes, nunca me imaginé que terminaría de esa manera. Me devastaba pensar que mis sueños se escapaban como arena entre los dedos.

Veía religiosamente los programas de Ellen y Oprah. Devoraba más libros que alimentos. Gracias a Oprah no perdí la cordura, y también gracias a ella descubrí el libro *El Secreto*, de Rhonda Byrne. Después de leerlo por primera vez, lo leí de nuevo y fue entonces que su mensaje me llegó: comprendí que estaba en presencia de uno de esos fenómenos que cambian la vida, una nueva forma de vivir. Tuve un *aha moment*. Era un nuevo despertar. Me aferré a ese libro y seguí hasta la última coma sus enseñanzas, que me ayudaron a hacerme las preguntas que más adelante me ayudarían a visualizar mi futuro.

Por primera vez en mi vida sentí que me encontraba en medio de mi *midlife crisis*. Me pregunté honestamente: "¿Qué es lo que quiero?". La estabilidad financiera era una prioridad, pero juré hacer del amor mi primera prioridad. ¡No quería envejecer sola! Deseaba a un compañero, alguien que fuera mi igual, y no quería un trabajo que precediera al amor. A los treinta y seis años, después de tanto navegar las aguas turbulentas del mundo de las relaciones amorosas, pude por fin visualizar claramente lo que quería con la ayuda de *El Secreto*. Seguí los consejos del libro para crear un *vision board* que detallara la lista de atributos de mi futuro esposo: europeo, con acento diferente del mío, financieramente estable, específicamente un banquero, aficionado a los vinos, amante de la buena comida, un viajero ávido y fanático de la música, al que debería gustarle entretener a invitados, porque era algo que me fascinaba hacer aun cuando fuera soltera y viviera en un apartamentito del tamaño de una caja de zapatos en Manhattan.

Según mis ojos veían que un banquero encarnaba muchas de las cualidades que buscaba en un hombre. Sabía que tendría que manejar a diario las altas y bajas del mercado global y atender a clientes de todo el mundo, algo que yo admiraba. Sabía también que un banquero realmente tenía que ser muy inteligente y extrovertido, y podía dar por sentado un gran estilo de vida. No me interesaba el dinero, como a algunas de mis amigas que ponían sus miras en algún tipo dedicado a los *hedge funds*. No: me gustaba tener mi propia carrera y mi propio dinero. Me encantaba la idea de tener a mi lado a un hombre tradicional, con cualidades de caballerosidad, que supiera bien cómo tratar a su pareja. Visualizaba a un compañero en igualdad de condiciones, alguien con quien intercambiar ideas y compartir ciertas pasiones. Había salido con algunos abogados, pero desgraciadamente los encontraba demasiado aburridos y reglamentados. Solo les interesaba hablar de trabajo, sobre este caso o aquel otro. ¡Qué aburrimiento! Había tenido una cita a ciegas con un corredor de la bolsa en Wall Street, pero la tensión de su trabajo tan estresante lo había llevado a ser adicto a la cocaína, algo que me hizo salir corriendo en cuanto lo mencionó. También era inmaduro y narcisista. De todas maneras, los banqueros me intrigaban. Nunca había salido con un banquero. ¿Quizás yo lo desconcertaría?

Los amigos que visitaban mi apartamento y veían el *vision*

board me decían que estaba loca. Pensaron que no estaba siendo realista al añadir tantos delalles en mi *vision board*, ¡especialmente cuando se trataba de encontrar el amor! Hize oídos sordos a su escepticismo y continué creyendo firmemente en el poder de expresar mis deseos al universo. En aquel período desesperado, un rayo de esperanza y credulidad era todo lo que me quedaba y no iba a permitir que nadie me lo quitara.

Curiosamente, o quizás, tontamente, lo único que no incluí en mi *vision board* fue mi salud. Como me sentía bien, la di por sentada y olvidé añadirla a aquella lista de aspiraciones. De ahí se desprende una gran lección sobre el poder de *El Secreto*, como tristemente comprendería apenas unos años más tarde.

El contrato de mi apartamento expiró en marzo de 2009, y sabía que debía tragarme mi orgullo y tomar una medida radical. Decidí regresar temporalmente a California a vivir con mi madre, mi hermana y su familia. Estaba destruida y no podía creer que mi situación hubiera llegado a ese punto, pero a veces uno tiene que perderse para poder encontrarse.

Mientras mi historia neoyorquina llegaba a su fin, comencé a visitar cada vez más los museos y galerías, tratando de abarcarlos todas antes de partir. Comencé a apreciar el arte siendo niña en Puerto Rico, gracias a la influencia de Fidel, y ya adulta en mis viajes por el mundo, siempre visité los museos y galerías. Eran lugares que me producían sosiego; una paz profunda. El arte me daba una sensación de alivio: perderme en un cuadro era un respiro frente a los problemas diarios. También compré obras para mí en todos los países que visité, pues sentía una gran pasión por el arte. Además, en Nueva York tenía una amiga, Adria, que amaba los museos y cada una se hizo miembro de dos museos por año a fin de tener acceso las dos a eventos en cuatro museos diferentes. Hicimos lo mismo con los espectáculos teatrales de Broadway, que veíamos casi todos los meses; un mes ella compraba los boletos, al mes siguiente los compraba yo. De manera que, cuando Adria me invitó a una exposición en la Sean Kelly Gallery apenas dos semanas antes de que me mudara de vuelta a California, y a pesar de no estar en condiciones de socializar, acepté.

¿Qué otra cosa tenía para hacer?

Era la noche de la inauguración de la exhibición del joven artista británico Gavin Turk, que estaba generando furor para entonces. Mi amiga y yo dimos una vuelta por el lugar y socializamos bastante, pero me aparté un momento para estar conmigo misma y concentrarme en las obras de arte. Mientras observaba una de las grandes pinturas de Turk al estilo de Jackson Pollock, intrigada por su técnica y el significado de la obra, una voz masculina con un encantador acento extranjero dijo: "Algunas cosas no son lo que parecen a primera vista". Al voltearme, un hombre de cuarenta y tantos años, muy atractivo, vestido elegantemente con traje y corbata de diseñador, estaba a mi lado y me observaba con una sonrisita fresca.

—¿No es increíble —continuó diciendo, mientras echaba un vistazo en derredor— la belleza que nos rodea?

¿Quién es este tipo?, pensé, mientras aceptaba su comentario y lo miraba de arriba abajo. Hasta ese momento no lo había notado y, a decir verdad, a primera vista pensé que no era mi tipo. Me gustaban muchísimo más los hombres altos y de tipo mediterráneo o meridional, y este era de mediana estatura y, a juzgar por su acento, un inglés en Nueva York. Pero mientras comenzamos a conversar, su energía fue envolviéndome como una sábana caliente en pleno invierno, precisamente lo que necesitaba esa noche, en medio del caos y la confusión por el que estaba atravesando. Comenzamos a hablar de arte, un intercambio que se dio con mucha naturalidad y sin esfuerzo. Tenía una buena energía que lo hacía increíblemente intrigante. Intercambiamos tarjetas de presentación.

—¡Oh, eres banquero! —exclamé, pensando en mi *vision board*.

—Sí. Residía en Londres, pero me enviaron aquí hace unos meses con mi novia como expatriado —explicó.

¡Aggh! No podía creer que hubiera mencionado la palabra que cualquier mujer soltera teme escuchar mientras sostiene una buena conversación con un soltero guapo: novia. Era la señal para seguir mi camino.

—Oh, bueno, encantada de conocerte. Buenas noches —le dije al despedirnos.

—Igualmente —respondió mi nuevo amigo con una cálida sonrisa.

—¿Y quién era ese? —me preguntó mi amiga sonriendo.

—¡Oh, nadie! Se llama Nick, pero está con alguien —respondí afligida.

Dos semanas más tarde me mudé de vuelta a California. Me sentía derrotada. Ignoraba por completo que acababa de conocer a mi futuro esposo.

6

Perdida y encontrada

Ser amado profundamente confiere fortaleza,
mientras que amar profundamente confiere coraje.

—LAO TZU

Al imaginar mi vida a los treinta y seis años, nunca pensé que estaría viviendo con mi familia, con muy poco que pudiera reclamar como propio, aparte de zapatos, carteras, ropa de diseñador y mi salud. Jessica esperaba su segundo bebé y pasaba por un embarazo difícil, así que me sentí contenta de estar con la familia. Y también estaba encantada de saber que mi hermana esperaba una niña. Decidí tomar ese intervalo como un receso necesario para recuperarme de lo que me había sucedido y pensar largo y tendido en cómo retomar las riendas y el paso firme en mi vida. Necesitaba un renacer, una versión mejorada de mí misma: *Zulema 2.0*.

Primero, era necesario que reconstruyera mi autoestima. Un día conversaba por teléfono con una amiga que trabajaba para una revista hispana en Nueva York, y ella me preguntó abruptamente: "¿Considerarías modelar para la revista?".

Mi primera reacción fue decirle que no. Las experiencias del pasado habían golpeado mi autoestima y, además, nunca me había visto como modelo en una revista.

"¡Piénsalo!", me respondió mi amiga. Así lo hice, y un mes más tarde estaba posando en bikini para un artículo de la revista y volviendo a enamorarme de mí misma. Después de aceptar esa oferta, hice algunos otros trabajos de modelaje —¡todo esto a los treinta y seis años!—. Aunque pueda sonar tonto o superficial, ese fue en realidad un punto de giro muy importante, la cuerda que me rescató de la depresión. La experiencia me devolvió un propósito, un sentido, y me hizo sentirme a gusto conmigo misma y entrar a cualquier lugar con mi frente en alto.

Había pasado ya tres meses en Orange County, y aunque me encantaba vivir con mi familia, ansiaba tener tiempo para mí y todavía grandemente extrañaba a Nueva York. Justo cuando esas sensaciones comenzaron a provocarme desasosiego, una de mis amigas de la "mafia francesa" me invitó a visitarla para celebrar su cumpleaños. No tenía fondos para comprar un boleto, pero todavía tenía las millas aéreas y partí hacia Nueva York. Un fin de semana largo era justamente lo que necesitaba —un paso más en el camino a mi renovación—. Estar con amigos con los que acostumbraba salir, que querían estar conmigo por quien yo era y no por el trabajo que tuviera, era tranquilizador y reconfortante. Fue a la vuelta de ese viaje que conocí a Romeo. El restauró mi fe en los hombres.

Romeo era un hombre con una aparencia muy distinguida: seis pies y dos pulgadas, piel mediterránea, pelo entrecano muy a lo George Clooney. Suena a cliché, pero nuestras miradas se encontraron mientras él trabajaba en el Admirals Club de American Airlines en el aeropuerto JFK, a la espera de nuestros respectivos vuelos. Me sentí instantáneamente atraída hacia él. Romeo había nacido en Italia y hablaba con fluidez italiano, francés e inglés. Mientras conversábamos, supe que era un alto ejecutivo en una de las más grandes compañías de tecnología *blue chip* del mundo. Había viajado y visitado más lugares que ninguna otra persona que yo hubiera conocido. Era divorciado y me llevaba veinte años, con toda la sabiduría y la experiencia que ello implica. Romeo me cautivó inmediatamente —¡clase y sensualidad en un mismo paquete!—. Quizás era la situación vulnerable en que me encontraba, combinada con la fuerte atracción física e intelectual, o la manera en que me trataba, enseguida comprendí que me estaba enamorando.

Me hacía sentir como la mujer más atractiva del mundo, y cuando estaba a su lado, sabía que estaba protegida y cuidada. Solo que muy pronto me di cuenta de que Romeo no estaba buscando una relación seria, y creo que, en lo profundo de su ser, no tenía claro lo que buscaba en una compañera. Para ese entonces yo no estaba segura de si quería tener hijos, y era algo que ya él había hecho. Me aclaró desde muy temprano que no quería comenzar otra familia. Yo no me imaginaba estar con alguien que descartara esa opción de la mesa por completo. Lo cierto es que, a mi edad, aún no estaba lista para cerrar definitivamente esa puerta. ¿Quién sabe lo que hubiera sucedido si yo no hubiera sido tan firme en ese punto? Mi historia con Romeo hubiera sido muy diferente.

Recuerdo vívidamente la última vez que estuvimos juntos. Mi guía espiritual me dijo que sería la última vez. Nunca hablamos del fin de nuestra relación, pero ambos sabíamos que, aunque nos quisiéramos mucho, no estábamos hechos para una relación duradera. A veces he pensado: Ah, ¿qué tal si lo hubiera conocido cuando yo tuviera cinco años más, cuando yo supiera con más certeza lo que quería de la vida y mi compañero? Durante nuestro tiempo juntos, muchas veces quise decirle cuánto lo quería, pero siempre callaba por miedo a que me rechazara. Romeo se hubiera quedado mudo.

Así que, mientras salíamos de la *suite* en el hotel Four Seasons de San Francisco, donde habíamos estado por unos días, alargué un poco más nuestro beso de despedida. No quería que terminara, pero sabía que era el final. Mi espíritu guía —a quien llamaré de ahora en adelante Espíritu— me lo había dicho. Romeo siempre viviría en mi corazón como una persona muy especial que tocó mi vida profunda y significativamente.

Casi un año más tarde, mientras estaba de compras en el Bloomingdale's de SoHo, me detuve en un restaurante del segundo piso para tomar una merienda, y escuché la voz de Romeo. No era mi imaginación. Estaba sentado con una mujer a quien obviamente pretendía; le sonreía y coqueteaba con ella. Sentí que se me congelaba el corazón, y no tuve valor para interrumpir la conversación y saludarlo, pues no tenía nada que decir. Salí corriendo a toda prisa pues no quería que me viera, ¡habíamos compartido tantos momentos íntimos! Romeo había ayudado a construir la versión 2.0 de Zulema. Nunca había estado tan cerca y a la vez tan lejos de alguien que me importara tanto y a quien, honestamente, todavía extrañara. Me sentía destrozada. Jamás me ha pasado por la mente volver con ninguno de mis novios, pero creo que, de haberse dado la oportunidad, lo hubiera intentado de nuevo con Romeo. Pero tenía que confiar en el momento oportuno de mi vida.

 ❧

El principio del verdadero amor llegó en septiembre de 2009, un día como otro cualquiera, mientras revisaba mi correo electrónico. Ahí estaba: un corto mensaje que lo cambiaría todo.

¡Oh, se acordó de mí!, fue mi reacción inicial al abrir el *email* y leer la nota del coqueto caballero inglés que había conocido seis meses antes en la Sean Kelly Gallery. Nick me escribía para anunciarme que recién había vuelto a ser soltero. Había roto con su novia y se preguntaba si me gustaría que fuéramos a tomarnos un trago en la ciudad. Encantada por el giro de los acontecimientos, le expliqué que, aunque estaba por el momento viviendo en California, esperaba estar en Nueva York a fin de mes. Lamentablemente, él estaría en Londres en ese momento, de manera que el encuentro tendría que esperar.

Lo que siguió a ese intercambio inicial fueron unos *emails* muy divertidos. A causa de la distancia que nos separaba, estábamos obviamente intrigados y curiosos —aunque cautelosos— por conocer más del otro. Lo que comenzó como una comunicación esporádica, fue haciéndose cada vez más frecuente y, antes de que pasara mucho tiempo, sosteníamos una correspondencia diaria. Unos meses más tarde, pasamos de la comunicación electrónica a las llamadas telefónicas. Para diciembre de 2009, solo faltaba que Nick y yo nos encontráramos de nuevo. Imaginen un cruce entre la serie *Sex And The City* y la película *You've Got Mail*.

A diferencia de otros hombres que había conocido, nunca me sentí escéptica con respecto a Nick. De hecho, me gustaba tanto —muchísimo más de lo que puedo decir— que nunca hablé de él con nadie. Quería mantener la privacidad de mis sentimientos, porque sentía que la conexión con él era más especial y única que cualquier otra de las que había tenido antes. No quería que me lo espantaran, como decimos en mi isla. Además, no dejaba de pensar: *Esto no puede estar pasando de verdad. El hombre perfecto, el que cumple todos los requisitos que siempre he deseado en un compañero, no puede simplemente haber caído en mi regazo*, y esperaba que algo viniera a despertarme de mi ensueño; pero no pasó sino que fueron conversaciones que fluían fácilmente; entre ocurrencias y naturalidad, mientras nos íbamos conociendo mejor.

Creo que mi relación con Nick comenzó con tanta fuerza porque tuvimos una rara oportunidad de conocernos profundamente antes de tener una relación física. En un espacio tan único, nuestro amor comenzó a florecer. Innegablemente, hay un elemento físico en la atracción; sin embargo, la manera en que Nick se comunicaba conmigo y la vida que llevaba derrochaban seducción y encanto. Cada anécdota que compartía conmigo revelaba otro ángulo suyo que me hacía quererlo más. Yo no veía ningún obstáculo, no tenía ideas preconcebidas, tampoco lo juzgaba. Estaba sinceramente abierta al amor, al amor con él, y de pronto me di cuenta: ¡era como si hubiera conocido al James Bond de carne y hueso, salido de las páginas de mi *vision board*! ¡*El Secreto*! Gracias a mi ángel de la guarda, y a mi papi. ¡Era fácil imaginarnos juntos porque, prácticamente, yo había hecho que se manifestara! Y aún quedaba muchísimo más para explorar en la vida real.

Estaba planeando un segundo viaje a Nueva York en diciembre, pero cuando se lo mencioné a Nick, me dijo que estaría ese fin de semana en Canadá. Recuerdo haberme dicho a mí misma: ¡Vaya, este hombre nunca está en casa! ¿Es eso lo que quiero? Honestamente, pensé que quizás estaría saliendo con otras mujeres, pero no había nada que pudiera decir o hacer al respecto: ni siquiera nos habíamos encontrado, y yo disfrutaba aún la compañía sin compromisos de mi italiano, de manera que no toqué el asunto. Aun así, mi comunicación con Nick era tan especial como él mismo, y no quería malograrla, sino ver adónde me llevaría.

Un momento esencial en nuestra relación fue la noche de Año Nuevo de 2009. Nick estaba en Londres por los días feriados, y yo en casa de una amiga, en West Hollywood. Después de ir a cenar con unos amigos, en lugar de quedarse a celebrar la llegada del año nuevo, Nick regresó de prisa a su casa, me llamó y le dio la bienvenida al nuevo año conmigo al teléfono. Mientras el conteo regresivo se acercaba a la medianoche, finalmente convinimos en una fecha para nuestro encuentro: el 13 de enero de 2010.

Diez meses después de haberse cruzado nuestros destinos en una galería de arte en Nueva York, empacaba mi maleta para volar de costa a costa y acudir a mi primera cita con Nick, el hombre que había llegado por serendipia a mi vida. Si existía química entre nosotros estaba a punto de ser puesta a prueba.

Llegué a Nueva York con un par de días de anticipación para quedarme en Chelsea con un amigo y su esposa, las únicas dos personas a las que había confiado el verdadero propósito de mi viaje. Estaba nerviosa y emocionada, como una adolescente que finalmente salía con el chico del que llevaba meses enamorada.

El día de nuestro encuentro, me tomé la tarde para alistarme. Puse particular atención a mi pelo, me decidí por un estilo natural de maquillaje, me deslicé en mi vestido negro de Dolce & Gabbana, combinado con un cinturón aterciopelado que realzaba mi cintura y mis curvas, en la mano un abrigo de piel y en los pies mis zapatos Louboutin de punta abierta. Salí a la calle con la frente en alto, le hice señas a un taxi y partí hacia el Hotel Thompson, en SoHo. Mientras me aproximaba al lugar, le recé a Dios y a mi padre que me protegieran.

Nick y yo nos encontramos en la barra del hotel, seguido

por la cena en Kittichai, que para entonces era el restaurante tailandés del Hotel Thompson. Cuando Nick sugirió que fuéramos a ese lugar, pensé que era una extraña coincidencia que Jean-Claude me hubiera llevado al mismo restaurante dos años antes en nuestra primera cita. Y algo mucho más extraño: ¡nos sentaron en la misma mesa! ¿Cuáles eran las probabilidades de que algo así sucediera? No estaba segura del significado de aquella señal, pero decidí aceptarla y darle la bienvenida como un buen augurio para el futuro. (Los consejos de *El Secreto* no me habían defraudado todavía).

Cuando llegué al hotel, un poco retrasada, me pregunté si podría reconocer a Nick. El corazón me latía de emoción y nerviosismo. Efectivamente, el elegante caballero británico que antes había creído que era más bien una creación de mi mente estaba ante mí, en carne y hueso. Nos abrazamos, nos dimos un besito e intercambiamos cumplidos.

—¡Qué bueno verte! —le dije.

—¡Oh, luces increíble! —respondió él, tomándome la mano.

Me acercó una silla, me acomodé en ella y fijé mis ojos en su mirada afable. Se me paró el corazón. Era nuestra primera conversación frente a frente en diez meses. ¡Que alguien me pellizque, por favor! Obviamos los temas usuales de una primera cita. Inmediatamente, la conversación se volvió más cercana y personal, y el momento fue más íntimo que nunca. ¿Y la química? Totalmente palpable. Exhalé un suspiro silente de alivio, y por primera vez en mi vida la vocecita dentro de mi cabeza dijo: ¡*Okay, este es!* ¡*Este es el que es!*

Entonces, me advertí a mí misma: *Zulema, no lo eches a perder.*

Sabía que necesitaba actuar con moderación, porque realmente estaba interesada en una relación seria con Nick. Necesitaba tomarlo con calma. Me resistí a tomar las riendas y el control de la situación, como había hecho en ocasiones anteriores si el hombre daba muestras de indecisión o flaqueza. Cuando llegó el momento de ordenar nuestros platos, le dije lo que quería, y cuando ordenó por mí como todo un caballero, ya estaba enamorada. Este hombre sabía lo que hacía.

Nick era el indicado. *The real deal!*

La noche fue perfecta. Nuestra comida estaba deliciosa, la conversación fue fascinante, la chispa era evidente y mi corazón no podía dejar de sonreír. Cuando terminamos el plato principal y el camarero nos preguntó si deseábamos ver el menú de postres, Nick respondió inmediatamente "No, gracias", y se volvió hacia mí para decirme: "Espero que no te importe, pero tengo una idea mejor. ¿Qué tal si regresamos a mi apartamento, que no está lejos de aquí, y tomamos el postre? Tengo una botella de Dom Pérignon 1982 en la nevera". *¡Ay, dios!,* pensé. *¡Estoy en problemas!* Nick recordaba claramente mi obsesión salvaje con el champán... *¡Buena jugada, Nick, buena jugada!* No podía oponerme a mi veneno favorito, y mucho menos a un poco más de tiempo juntos, así que allá nos fuimos.

Mientras nos aproximábamos a su apartamento, mis instintos me hablaban cada vez más alto, sin dejar de repetirme: *Zulema, no puedes acostarte con él en la primera cita. Este hombre está destinado a algo serio. No lo estropees todo. Anda, toma el postre y el Dom Pérignon, y vete.* Aun así, nuestra atracción mutua estaba más allá de mi control y, en contra de mi buen juicio, pasé la noche con Nick. ¡Ahh! ¡Es que no pude resistirme!

A la mañana siguiente, mientras Nick se alistaba para irse al trabajo, yo volvía a ponerme mi vestido para comenzar mi *walk of shame. Carajo, Zulema, ¡qué has hecho! ¡No lo verás más!* De lo que no me daba cuenta era de que, en realidad, aquella no era nuestra primera cita, sino más bien la número cien. Prácticamente, habíamos estado *saliendo* durante casi cuatro meses a larga distancia.

Salimos juntos del apartamento para tomar el tren número 1 en la estación de Canal Street con rumbo a *Uptown.* Mi parada era en la calle treinta y cuatro; la suya, Times Square. Cuando las puertas se abrieron, nos dijimos adiós con beso apurado y romántico —*¡una buena señal!*, pensé— e invoqué y visualicé que lo vería de nuevo. La noche anterior él había mencionado la posibilidad de ir a cenar el viernes, pero yo sabía demasiado bien que muchos hombres dicen frases similares sin intenciones de cumplirlas. ¡Pero Nick no! Proseguí con mi día, enredada en profundos y emocionantes recuerdos de la noche anterior, y entonces, para mi gran alivio, me llegó un mensaje de texto y más tarde una llamada suya.

Comprendo que puede sonar como un cliché, pero ese día supe que Nick sería mi futuro esposo —el hombre que había imaginado un año y medio antes en mi *vision board*—. Había esperado pacientemente, y aquí estaba. ¡Gracias, universo! ¡Gracias, papi! ¡Gracias, ángel de la guarda! Nunca en mi vida amorosa había sentido tal serenidad ni certeza con respecto a una elección.

Nos vimos todos los días de esa semana. El viernes, se unió a mi grupo de la "mafia francesa de Nueva York" para cenar en el restaurante Fig & Olive del Meatpacking District, y después nos fuimos todos a bailar a Kiss and Fly. Nick causó una sólida primera impresión en mis amigos. Esa noche me quedé en su casa, y la noche siguiente, después de pasar el día en el Bronx con mi abuela Esperanza, Nick y yo elaboramos nuestra lista de vida en el restaurante Dylan Prime. Incluimos todas las grandes experiencias y remembranzas que planificábamos tener y hacer en el curso de nuestra vida juntos. ¿Quién tiene el valor de comprometerse a una vida de momentos especiales en la tercera cita? Nick y yo, y precisamente por eso ambos supimos desde el inicio que lo nuestro era algo especial.

Pasamos ese domingo con los colegas de Nick en una *suite* corporativa de Madison Square Garden, viendo un partido de los Rangers, y unos días más tarde celebramos mis treinta y siete años en nuestra sexta salida. Después de otra de esas noches *supercalifragilisticoespialidosas*, regresamos a su apartamento. Él me sirvió Dom Pérignon 1990 en copas de bacará y las trajo al sofá donde me encontraba. Puso en su sistema de sonido Naim una canción que le hacía pensar en nosotros: "*Comfortable*", de John Mayer. Entonces me miró a los ojos y dijo: "Te amo".

Aunque esas sean las dos palabras que toda chica desea oír, ¿no estaba pasando todo demasiado rápido? Admito que estaba un poco abrumada por la intensa conexión de los últimos días, y definitivamente sentía algo muy intenso por Nick, pero no hubiera podido responderle "Te amo". Lo más que pude llegar a decir fue: "Tú, de verdad, me gustas mucho". No tenía ninguna duda sobre Nick, pero no estaba lista para comprometerme con esas palabras tan pronto en nuestra relación. Estaba acostumbrada a hombres que se tomaban su tiempo y les gustaba jugar. La sinceridad y la vulnerabilidad de Nick eran muy refrescantes, pero yo no estaba preparada para confiar completamente en ellas. ¿Qué tal si lo correspondía y él cambiaba de idea? Fui guiada por una intuición superior que me había llevado a Nick. Lo que estaba pasando era exactamente lo que le había pedido al universo. Era algo que sucedía por primera vez. Yo quería actuar con toda la cautela posible.

Dos días después regresé a California y Nick tomó el avión hacia Londres. Después de haber dormido en sus brazos durante siete días seguidos, abandonar Nueva York me partió el corazón. Todo lo que quería era quedarme dormida envuelta en sus brazos, que me hacían sentir tan protegida. Aparte de nuestra lista de vida, no habíamos hecho ningún plan concreto para el futuro, pero teníamos la certeza de estar ambos comprometidos a hacer que la relación funcionara, que la distancia entre nosotros se represara.

Las llamadas diarias, los mensajes de texto y los *emails* continuaron, mientras nuestros corazones añoraban la cercanía. Durante una de esas llamadas a finales de enero, la conversación tomó un giro serio. "Si esto alguna vez va a funcionar, vas a tener que venirte aquí", me dijo, "porque no puedo trasladar mi vida, mi empleo y mi carrera a California". Al principio me sorprendió su franqueza, pero Nick tenía razón. Yo tenía trabajos ocasionales en la costa oeste, pero nada que me atara allí permanentemente. En ese mismo momento decidimos que debía mudarme con él. Era la primera vez en mi vida que viviría con un hombre sin tener mi propia casa.

Cuando se lo dije a mami, se quedó pasmada; me hizo un montón de preguntas acerca de ese hombre misterioso —recuerden que había mantenido mi relación en secreto por temor a que divulgarla pudiera aguarla— y después me deseó toda la felicidad del mundo. En otras palabras, me dio su aprobación. A menos de un mes de nuestra primera salida oficial, me encontraba en un avión rumbo a Nueva York.

7

El amor en los tiempos del caos

El caos es inherente a todas las cosas complejas.
Esfuérzate diligentemente.

—BUDA

Mi relación con Nick casi termina tan rápido como había comenzado.

Cuando las gomas del avión tocaron tierra en el aeropuerto JFK luego de un vuelo nocturno desde LAX, sentí que se trataba de un nuevo comienzo para mí. Estaba flotando por los cielos cuando vi a Nick esperándome en el área de llegadas. Me dio un gran abrazo y un beso romántico. Pero me preocupó que parecía no haber dormido en toda la noche. Había algo en el aire, algo que no había percibido antes al estar a su lado: una especie de distancia que parecía mayor que todas las millas que nos separaban cuando vivíamos en los dos extremos del país. Nick achacó su reticencia a que había estado toda la noche anterior preparando el apartamento para mi llegada. Mi instinto me decía que había más de esta historia, pero decidí no insistir.

Nick había tomado el día libre del trabajo para estar conmigo. En el momento en que llegamos a su apartamento, nuestra compenetración se normalizó. Caímos en los brazos del otro, y de inmediato nuestra pasión se antepuso a la incomodidad que sentimos en nuestra reunión inicial. Tomamos una ducha, luego un almuerzo y regresamos a descansar. Aún entonces sentía que había algo raro. Nick fue amable. Estaba confundida, pero evité decir nada y nos fuimos a dormir temprano.

A la mañana siguiente, antes de partir hacia el trabajo, Nick me mostró mi armario. Comencé a desempacar mientras afuera caía la nieve. Era la típica tarde invernal neoyorquina, cuando la nieve silencia el ruido de las calles concurridas.

Cuando Nick regresó del trabajo, aún lucía extraño. Le pregunté si pasaba algo.

—¡Oh, nada, no, estoy bien! —respondió.

—¿No será que todo esto es demasiado para ti, que yo haya llegado? —le pregunté.

—No lo sé. Necesito tiempo para pensar —me respondió.

Lo miré, sin poder decir una palabra. Mientras le daba vueltas al asunto para llegar al fondo, un millón de pensamientos corrían desbocados por mi mente. La voz de mami me repetía una y otra vez: "¡Confías demasiado!". Me pregunté a mí misma cómo era posible que mi intuición hubiera estado tan equivocada al indicarme que Nick era el hombre de mi vida, cuando ahora me estaba haciendo algo así.

Después de cenar en un restaurante del vecindario, nuestro estado de ánimo era sombrío, triste. Fue francamente bien triste. De vuelta al apartamento, Nick pidió que me sentara en el sofá y luego de una larga pausa me dijo: "Realmente, mientras más lo pienso, más me doy cuenta de que no creo poder soportarlo. Me siento incómodo. No puedo tenerte aquí... Necesito que te vayas".

Así, como si nada, caído del cielo, un golpe bajo. El aire fue expulsado de mis pulmones, no podía respirar. ¿Qué estaba pasando? Con un río de lágrimas bajándome por las mejillas, le dirigí una mirada de incredulidad. ¿El hombre que había insistido que me mudara de un extremo a otro del país para estar con él, ahora tenía el descaro, a menos de veinticuatro horas de mi llegada, de echarme de su casa, ¿y en medio de una nevada, nada menos? Mi mente corría a toda velocidad. Nick se retiró a su habitación mientras que yo, llorando, destruida y con el corazón roto, me arrinconaba en la otra habitación para llamar a mi amiga Isabel.

—¡No sé qué hacer! —lloré—. ¡No tengo adónde ir!

—Quédate en tu cuarto y cierra la puerta con el pestillo —insistió Isabel—. No sabes quién es en realidad ese tipo. ¡Podría ser un sicópata y tratar de matarte mientras estás dormida!

Isabel me pegó un susto que me devolvió a la realidad. Después de todo, ¡ella podría estar en lo cierto! Pensé en cómo apenas conocía a Nick y en que, después de todo, era posible que el universo se hubiera equivocado, ¡o que hubiera confundido mi *vision board* con una lista de los delincuentes más buscados! Se apoderaron de mí sentimientos de devastación y pérdida, así como dudas sobre mis propios instintos y mi criterio. Pasé la segunda noche después de mi llegada a Nueva York sola, encerrada en una habitación, llorando sin parar. Nick podía escucharme, porque mis sollozos eran profundos e incontrolables.

Cuando amaneció, recuperé el ánimo y salí a la sala, donde Nick ya estaba esperándome.

—Te reservé una habitación en el W Hotel de la cuarenta y nueve y Lexington —dijo de manera pragmática—. Te reembolsaré el pasaje aéreo y enviaré tus cajas de vuelta a California tan pronto como arriben.

Conmocionada, solo pude balbucear:

—¡Es lo menos que puedes hacer!

—Por supuesto —replicó con calma.

Lloré inconsolablemente mientras empacaba las cosas que había guardado en los armarios apenas un día antes, mientras Nick trabajaba en la oficina que tenía en el apartamento. Cuando estuve lista, Nick, aún manteniendo el rol de caballero, llamó un servicio de limusina y me despachó hacia el hotel. Cuando llegué, me sentía herida y enojadísima. Llamé a Ramona, mi tía más cercana, que vive en Virginia, y ella me dijo inmediatamente: "¿Por qué no te pasas unos días aquí? Está más cerca que California y puedes relajarte un poco mientras decides cuál será tu próximo paso". Estuve de acuerdo, pero tuve que quedarme en Nueva York otros tres días hasta que pasara la tormenta de nieve que había obligado a los aviones a permanecer en tierra hasta nuevo aviso. Pasé esos días encerrada en mi habitación, llorando, viendo televisión chatarra y comiendo del servicio de habitación pero no podía comer por más que intentaba mientras afuera la nieve cubría las calles. No dejaba de pensar en qué romántico hubiera sido pasar esos días con Nick en su apartamento. De pronto, me di cuenta de que debía haber algo muy grande que lo había hecho comportarse de una manera tan absurda. Era tan poco característico. ¿Existiría otra mujer? ¿Lo habrían despedido del trabajo?

No dejé de llorar al llegar a Virginia. ¿Qué había hecho que este hombre se transformara de pronto en Míster Hyde? ¿Qué había hecho yo para ofenderlo? ¿Me había amado realmente alguna vez? Estaba muy adolorida, y un pensamiento no me dejaba en paz: *Tenía que haber otra explicación. Algo más tenía que estar pasando para que Nick actuara así.* Estaba determinada a llegar al fondo de lo que fuera que había provocado una reacción tan abrupta. Así que, ignorando los consejos de todo el mundo, le envié un *email*:

Primero que todo, lo que has hecho es horroroso. Segundo, quiero la verdad. Lo que me has hecho es una crueldad. Por favor, dime qué pasa. No puede ser algo que yo haya hecho; se trata de un problema tuyo.

Pasaron dos días sin que recibiera respuesta. Entonces, llegó una respuesta que yo sospeché verdadera:

Tengo grandes problemas personales que no puedo explicarte. Estoy en Londres. Te contacto en cuanto regrese.

Mis sospechas fueron confirmadas; al menos parcialmente. Regresé a Nueva York por unos días. Después fui a Puerto Rico para pasar un tiempo con una de mis mejores amigas. Necesitaba desesperadamente aclarar mi mente. Fue entonces que Nick volvió a comunicarse:

Lo siento mucho. No era mi intención, en lo absoluto, pero tengo en las manos una terrible situación personal y a causa de ello, no estoy en condiciones de entrar en ningún tipo de relación por el momento.

Yo no tenía la menor idea de de qué me hablaba, pero obviamente, necesitaba saber más.

Bueno, ¿por qué no me dices de qué se trata? Presumes que no puedo manejarlo, y eso no es justo para ninguno de los dos.

———

Después de intercambiar mensajes en una y otra dirección, Nick al fin cedió. Decidimos encontrarnos personalmente y tomar algo la próxima semana. Estaba nerviosa. A pesar de lo que había pasado, me emocionaba la idea de verlo y estaba dispuesta a perdonarlo si me ofrecía una razón válida. Pero antes necesitaba que me dijera toda la verdad, de manera que fui a su encuentro con la mente y el corazón abiertos.

Ante una botella de champán Krug, Nick me reveló que un día antes de mi llegada, había recibido una llamada frenética de su exesposa haciéndole saber que Charles, su hijo menor, llegaría a Nueva York la semana siguiente porque "ya ella no sabía que más hacer con él". Ahora Charles había pasado a ser enteramente responsabilidad de Nick. Lamentablemente, Charles tenía un problema de drogas, había reprobado sus exámenes y había sido expulsado de la escuela. La ex de Nick le había echado encima el problema.

Todo cayó en su lugar. ¡No en balde Nick había estado tan distante cuando me recogió en el aeropuerto! De pronto, su hijo había pasado a ser la prioridad de su vida, e instantáneamente pensó que yo no querría involucrarme. Pensó que no era justo hacerme partícipe del problema, creía que yo merecía algo mejor. Estaba dispuesto a sacrificar su propia felicidad con tal de ayudar a su hijo.

"¿De veras?", le pregunté, maravillada. "¿Ese es el problema? *¿Fue por eso* por lo que me apartaste? ¿No porque existe otra mujer?". Luego le expliqué que yo había enfrentado un problema similar muchos años antes, con Jonathan. Tuve que sortear las secuelas de su divorcio y ayudarlo en su lucha para liberar a su hijo mayor de la adicción a las drogas. No era una principiante en el tema, aunque resultara tan duro para otras mujeres. Nick se sintió tan aliviado al oírme hablar. Su voz se suavizó de inmediato, y me dio un fuerte abrazo.

Juntos decidimos darle otra oportunidad a nuestra relación, a pesar de todas las circunstancias impredecibles que pudieran surgir y, simplemente, confiar que todo estaría bien. Ambos merecíamos encontrar el amor y sabíamos que estábamos hechos el uno para el otro. Romper hubiera sido una cobardía. El sábado siguiente, Nick me presentó a su hijo Charles mientras cenábamos en Nobu. Nick le explicó a su hijo que quería que yo fuera a vivir de vuelta a su apartamento y que viviéramos juntos. A fines de febrero, me mudé al *penthouse* de Nick en Tribeca —esa vez, para siempre—.

En marzo, Nick, Charles y yo viajamos a Londres, para que yo conociera a los padres de Nick, y también a John, su hijo mayor. También conocí a uno de los mejores amigos de Nick y a todo su equipo de trabajo en la compañía Morgan Stanley. Entonces hicimos nuestro primer viaje como una familia a Austria, donde estuvimos esquiando durante trece días.

Los primeros once meses de nuestra relación fueron una batalla cuesta arriba —lejos de la estereotípica felicidad de la convivencia— llenos de altibajos, pero prevaleció nuestro deseo de estar juntos sin que importaran las circunstancias caóticas externas que se interponían en nuestro camino. Mientras luchábamos con uñas y dientes por mantener a flote nuestro romance, Charles fue siempre nuestra prioridad. También me hice cargo de enseñarle a aquel chico de diecisiete años, mientras vivíamos bajo el mismo techo, algunos elementos básicos de la vida: cómo usar la lavadora y la secadora, cocinar, limpiar, lavar la ropa de cama semanalmente y algunos otros consejos de higiene. Habríamos sido injustos si hubiéramos dejado que Charles pasara los días frente al televisor. Además, lo animé para que se matriculara en el Huntington Learning Center para tomar los Exámenes de Desarrollo de Educación General (GED, por sus siglas en inglés). Mis respetos a Charles, porque pasó su GED con puntuación perfecta en Matemáticas. El chico era muy bueno para los números, como su padre. Unos meses más tarde lo admitieron en Pace University y se matriculó.

No voy a mentir: aquellos primeros meses con Charles fueron extremadamente arduos para mi relación con Nick. Él y yo teníamos puntos de vistas muy diferentes acerca de lo que significaba ser un padre, y me encontraba en una situación delicada sin poder ejercer autoridad y expresar mis opiniones, sin tener aún el título de *madrastra*, ni hijos propios que pudiera usar como referencia o ejemplo. Tengan en mente, además, que no discutíamos sobre los asuntos normales de la crianza de un hijo, como si debíamos imponerle a Charles una hora para regresar a casa o añadirle más tareas a sus responsabilidades domésticas. Discutíamos acerca de cómo educar a un adolescente que luchaba con un problema de drogas. Yo había crecido en el seno de una familia católica, con reglas estrictas y responsabilidades que me mantenían derechita. Mis opiniones estaban arraigadas en aquellos valores.

Tanta tensión en el aire no era precisamente saludable para una relación amorosa *kinky*, que apenas comenzaba. Vivir con el hijo de Nick bajo el mismo techo significaba no poder tener sexo espontáneo, ni quedarnos en la cama los domingos por la mañana sin preocupación alguna, ni disfrutar de prolongadas salidas nocturnas por miedo a dejarlo solo y que reincidiera, ni tampoco hacer viajes o citas en pareja, que pasaron a ser cada vez más infrecuentes. Quería que Charles prosperara y, debido a mi profundo amor por Nick, estaba dispuesta a hacer cualquier cosa por él. Si pensábamos pasar juntos el resto de nuestras vidas como habíamos planeado, sabía que ese no sería el único reto que tendríamos que enfrentar. Por fortuna, poco a poco Charles fue recuperando el control de sí mismo, lo cual comenzó a aliviar a Nick de tantos meses de tensión y nos permitió un respiro.

Nick cumplía cincuenta años a finales de año, y me ofrecí como voluntaria para diseñar y planificar una fiesta fabulosa. Cuando nos conocimos, él me había mencionado que nadie le había tirado nunca una fiesta de cumpleaños. Dadas mis habilidades de planificación de eventos durante mis días de publicidad y mercadotecnia, orquesté una fiesta única para más de cien personas en el recién estrenado espacio SoHi del ahora hotel Dominick. Las vistas panorámicas del piso cuarenta y seis solo fueron superadas por la expresión de sorpresa en el rostro de Nick. En una pantalla gigante colocada a la entrada del salón, pudimos ver a John, el hijo mayor de Nick, deseándole a su padre un feliz cumpleaños y disculpándose por no poder estar presente. Nick estaba feliz de verlo en el video porque lo extrañaba. Entonces alguien le dio un toquecito en el hombro derecho y al volverse, vio a John delante de él. ¡Yo había planificado traer a John de Londres de sorpresa!

꒰ၴ

A comienzos del nuevo año, Charles partió hacia la universidad y mi relación con Nick entró en una nueva fase. Podíamos oficialmente bajar la guardia y comportarnos como una pareja "normal". Habíamos cumplido algunas de las cosas de nuestra lista de vida mientras Charles aún estaba con nosotros: un paseo en helicóptero para ver el atardecer de Manhattan, una visita privada VIP al parque de diversiones Six Flags Magic

Mountain para montar todas las montañas rusas y conocer en persona a John Mayer. Las excursiones fueron lo suficientemente divertidas, ¡pero aún nos quedaba mucho por hacer! ¡Ahora nos podíamos tirar de cabeza, y de corazón!

Comenzamos a realizar con gran entusiasmo cada cosa de la lista. Saltar en paracaídas era una de las más importantes para ambos. Uno de los regalos por los cincuenta años de Nick fue una experiencia de paracaidismo para dos, de manera que una hermosa mañana de sábado primaveral, manejamos una hora y media hasta un centro de paracaidismo en Long Island. Después de una sesión informativa, nos probamos los equipos y nos los ajustaron a nuestros respectivos cuerpos. Tras el momento *para pelos* de tener que firmar un relevo de responsabilidad en caso de que nos muriéramos en el acto, al fin nos encontramos atravesando la grama para abordar el avión a propulsión de dos motores que nos llevaría hasta el cielo. Cuando el avión alcanzó los 12,500 pies, la puerta se abrió y una enorme ráfaga de viento me abofeteó. Amarrada a mi instructor, le escuché gritar por encima del ruido del viento que arrastrara los pies a lo largo del banco donde estábamos sentados hasta alcanzar la puerta abierta. Y de pronto me vi allí, sentada en el borde del avión, con las piernas colgando por fuera y la tierra muy por debajo. Sentí que un estallido de pánico me recorría el cuerpo, y después "uno, dos, tres, ¡salta!". A decir verdad, no salté, sino que fui empujada fuera del avión por el instructor. Comencé el descenso de espaldas, de manera que veía el avión arriba, en la distancia, volviéndose cada vez más pequeño, al tiempo que nuestra caída alcanzaba su máxima aceleración. El pánico crecía más fuerte, completamente fuera de control. Entonces mi instructor maniobró hábilmente, de manera que fuera yo quien quedara al frente, mirando al suelo que se aproximaba velozmente. En ese momento me sentí como un pájaro que maniobraba en el aire a una velocidad de 120 millas por hora. El pánico se volvió éxtasis. No quería que ese instante acabara nunca. Pero inmediatamente las figuras de palo en el suelo se convirtieron en personas fácilmente reconocibles, el paracaídas se abrió y bajamos suavemente los últimos pocos miles de metros hasta el aterrizaje en la tierra.

Le agradecí a Dios por estar viva y por permitirnos tachar este artículo de la lista de vida juntos. Sé que la mente y los miedos se interpolan a veces para hacernos ver las cosas mucho más imponentes e inalcanzables de lo que son en realidad. Comparo el momento al saltar de un avión con los desafíos y situaciones caóticas que a menudo he experimentado en mi vida, todas las veces que me he visto caer imparablemente para luego encontrar la calma y estabilidad interior. No tener control de una situación es desconcertante. Yo no estaba en control de saltar del avión, ni de la apertura del paracaídas ni del aterrizaje. No hubiera podido hacerlo sin haber confiado plenamente en mi instructor. Tal como me di cuenta de que no podría sobreponerme a otros obstáculos de la vida sin confiar en mi compañero de vida. Y finalmente, toda la experiencia me confirmó una vez más que, aunque otros podían creer que estoy loca, que soy irresponsable y atrevida, no me dejo llevar por las opiniones ni críticas de nadie y siempre hago lo que yo quiero hacer. Salirme de mi zona de comodidad y forjar mi propio camino individual es una mejor manera de vivir que conformarme con lo que otros esperan que haga.

Poco después de nuestra aventura de paracaidismo, más misterios médicos me esperaban. Recibí una llamada indicándome que los resultados de la mamografía eran irregulares, por lo que recomendaban hacer una biopsia de las calcificaciones en mis senos. En sí misma, la noticia no era alarmante, pero tendría que monitoriearlos de cerca a partir de entonces.

El golpe mayor vino cuando comencé a tener problemas con la pérdida del cabello, cambios abruptos de temperatura corporal, rápido aumento de peso sin causas aparentes y una sed insaciable. A raíz de una prueba de esfuerzo cardíaco, fui referida a un endocrinólogo que prescribió un ultrasonido de la tiroides. Fue entonces que fui diagnosticada oficialmente con la primera de mis enfermedades autoinmunes.

"Tienes la tiroides agrandada y con nódulos, lo cual puede ser una señal de que padeces de tiroiditis de Hashimoto", explicó el doctor. "¿Alguna vez has sido tratada por hipotiroidismo?".

Instantáneamente, la pregunta me trajo recuerdos de mis veintitantos años, cuando fui diagnosticada con hipotiroidismo por mi médico de cabecera, el mismo que me recetó una dosis baja de terapia de tiroides. Sin embargo, casi un año más tarde, mis niveles tiroideos eran normales, el doctor me retiró el medicamento y ahí quedó todo. Pensé que mi enfermedad había sido temporal, sin imaginar jamás que había permanecido activa en mi cuerpo durante tanto tiempo. Por supuesto, los niveles de tiroides volvieron a la normalidad en aquel entonces, mientras estuve bajo tratamiento, lo cual quería decir que los medicamentos habían funcionado. Luego supe que padecer de hipotiroidismo y no estar bajo tratamiento durante tantos años es un serio error que provoca el progreso de la enfermedad. Ahora me tocaba pagar el precio de todos esos años de abandono.

Ciertamente, exhibía todos los síntomas de hipotiroidismo,

y mi endocrinólogo me preguntó: "¿Padeces de estreñimiento? Ese puede ser uno de los principales síntomas".

Recordé todos los problemas que había tenido mientras trabajaba en The Bravo Group y cómo algunos días me vi casi imposibilitada de ir a trabajar debido al estreñimiento severo que padecía.

El endocrinólogo me prescribió una dosis baja de Synthroid y advirtió, "¡No más gluten para ti!".

Era mi primera restricción dietética desde los tiempos de la operación para extirparme la vesícula biliar, más de quince años antes. El doctor también me diagnosticó osteopenia, una forma más leve de osteoporosis, que consiste en que tengo menor densidad ósea y soy más propensa a las fracturas, además de que el tiempo de sanación de heridas quirúrgicas suele ser más largo y complejo, especialmente si está relacionado con alguna cirugía ósea. ¡Bienvenida al final de mis treinta! Los problemas de salud habían comenzado a ser parte de mi vida. Ahora requeriría una prueba de densidad ósea cada dos años.

Previamente, en noviembre, había decidido que era hora de reincorporarme a trabajar. Me había enamorado de mi carrera en publicidad y mercadotecnia y extrañaba los retos y logros cotidianos que traía a mi vida, de manera que, cuando Telemundo me ofreció una posición como consultora en su equipo de mercadotecnia integrada, específicamente con la cuenta de L'Oreal, acepté en un abrir y cerrar de ojos. Era mi primer trabajo en el lado de los medios de la mercadotecnia, y estaba fascinada.

Establecí mi propia empresa de consultoría y mercadotecnia. Sin embargo, lo que imaginé que sería una primera asignación sólida y gratificante, se convirtió en un maratón olímpico, con horarios agotadores y situaciones caóticas. Hice lo mejor que pude para manejar la cuenta, pero aun trabajando cuatro días en la oficina, los viernes en la casa, e incluso incontables noches, no logré llegar a ninguna parte. Y algo peor, mi jefa transpiraba negatividad por cada poro. Parecía que cargaba un enorme peso de hostilidad y enojo contra el mundo, contra la gente y contra mí. Así fue como, por segunda vez, tuve que soportar a un jefe antagónico, solo que esta vez se trataba de una mujer. Una mañana, a las 6:30 a.m., cuando me bajaba del carro del servicio con chofer que había tomado de regreso a casa después de 24 horas ininterrumpidas de trabajo, enfrascada en un proyecto importantísimo de campaña de medios para nuestro cliente, recibí una llamada de mi jefa. "El cliente no está contento. *Yo* no estoy contenta. Tenemos que hacer ciertos ajustes urgentemente. Necesito que regreses a la oficina".

Nunca olvidaré la cara que puso Nick cuando aparecí en el dormitorio para decirle que había un carro con chofer esperándome afuera y que iba a darme una ducha para regresar a la oficina. Estaba muy molesto con la manera en que yo estaba siendo tratada, y también preocupado por mi salud. El trabajo era muy diferente de lo que yo había imaginado, pero estaba determinada a hacer que funcionara —hasta que ese invierno, una vez más, mi salud comenzó a dar muestras de deterioro—.

Nick y yo decidimos irnos al resort de lujo Banyan Tree Mayakoba con mi querida amiga Lisa Quiroz y su esposo durante el fin de semana feriado del Día de los Presidentes para un muy merecido descanso. Incluso en el hermoso sol mexicano pasé la mayoría de los días sintiéndome terrible. En cada comida, después de unos pocos bocados, mi estómago se me hinchaba hasta alcanzar proporciones no normales. No podía de ninguna manera forzarme a tragar otro bocado de nada, ni tan siquiera líquidos. Ponía buena cara, sonreía para ocultar mi incomodidad, y deduje que habría contraído algún tipo de virus del estómago que le da a los viajeros. Pero cuando los síntomas continuaron después de regresar a casa y durante todo el mes siguiente, no podía negar que algo andaba muy mal. Apenas podía comer, porque literalmente me provocaba dolores de estómago insoportables y, si me obligaba a comer, vomitaba inmediatamente. Como consecuencia de esta situación, perdí quince libras de peso sin siquiera proponérmelo.

Un día, mientras Nick se encontraba en Londres en un viaje de negocios, le envié un mensaje de texto desesperada: "¡Me siento tan mal y tengo mucho dolor! No sé lo que me pasa, pero tengo que irme a la sala de emergencias".

Esa fue la primera de las cuatro visitas a la sala de emergencias en un mes, todas completamente inútiles. Cada vez, el doctor me sometía a la misma batería de exámenes, MRI (Imagen por Resonancia Magnética, por sus siglas en inglés) y análisis de sangre, y cada vez regresó sin resultados concretos con una mirada un poco frustrante y con rostro de preocupación. "Todo luce bien", decía él o ella. "No sabemos lo que tienes".

Si los doctores no sabían, pueden imaginarse lo desesperada que me sentía yo. No pensé que el problema tuviera que ver con mi SII, porque me daba cuenta de que este era un tipo de dolor diferente —localizado en la mitad superior del torso, más cerca del estómago—. Para este tiempo ya había dejado de ingerir alimentos sólidos y los vómitos constantes me hicieron recordar los síntomas que mi madre me decía cuando era una bebita con estenosis pilórica.

Fui a ver a un gastroenterólogo que llegó a la conclusión de que mi cuerpo estaba luchando contra un problema de motilidad en mi sistema digestivo. Sospechaba que la comida no estaba siendo bien digerida y también quería descartar cualquier otro tipo de virus o parásito que pudiera haber contraído mientras estaba en México. Una vez que estuvo seguro —gracias a Dios, al menos mi vientre estaba libre de parásitos—, decidió analizar mi sistema digestivo mediante un estudio de vaciamiento gástrico. Esta prueba nuclear solo puede hacerse en un hospital y normalmente toma de tres a cinco horas. Me dieron a comer una deliciosa combinación de claras de huevo y material radioactivo, que sería detectado y registrado por una radiografía de mi abdomen para monitoriar cuánto tiempo tardaba la comida en pasar por mi tracto digestivo. En mi caso, la prueba duró *ocho horas*. La comida se quedó atrapada en mi estómago y no quería ceder.

Una vez analizados los resultados del estudio, el gastroenterólogo me explicó: "Al parecer estás afectada por una condición médica conocida como gastroparesis, que consiste en una parálisis parcial del estómago que le impide vaciarse de manera normal, por lo que la comida permanece allí por un tiempo irregularmente largo".

Esa era la razón por la que apenas unos bocados de comida me provocaban náuseas. También me explicó que mi nervio vago, el responsable de las contracciones del estómago para mover la comida hacia el intestino delgado, muy probablemente estaba dañado. Mientras más tiempo permanecía en mi estómago la comida sin ser digerida, el riesgo de que las bacterias se multiplicaran se hacía mayor, lo cual podía causar a su vez una condición llamada síndrome del intestino permeable o crecimiento bacteriano exagerado del intestino delgado (SIBO, por sus siglas en inglés), que daña las paredes del intestino delgado y hace que las partículas de comida sin digerir, los desechos tóxicos y las bacterias se filtren y penetren en el torrente sanguíneo. Las causas más comunes de la gastroparesis son la diabetes (que no padezco, aunque abunda en mi familia) y el estrés (del que sufrí tremendamente mientras trabajaba en Telemundo). Es una condición incurable y poco común, y el único medicamento que puede tratarla no ha sido aún aprobado por la Administración de Alimentos y Medicamentos (FDA, por sus siglas en inglés), de manera que no está disponible en los Estados Unidos. Todo lo que el doctor pudo darme para aliviar mis pesadillas estomacales fueron consejos: reducir los niveles de estrés, cambiar a una dieta sin alimentos con alto contenido de fibra, restringir la ingestión de sólidos y grasas e ingerir pequeñas porciones de comida a lo largo del día. Cualquier otra cosa exacerbaría mis síntomas.

Tomaba notas en cada una de mis citas con el doctor por ser la situación tan abrumadora y poco familiar. Tenía tanto terror de lo que me pudiera pasar que llevé a cabo mi propia investigación, hablé con amigos que eran doctores y me negué a aceptar lo que dijeran los médicos como la palabra definitiva. Esa mentalidad se convirtió en mi modo de operar estándar cada vez que recibía un nuevo diagnóstico. Cuando supe que la domperidone (¡suena como el champán Dom Pérignon —vaya ironía—!), el medicamento para tratar mi dolencia que no podía comprarse en los Estados Unidos (ahora es posible, pero con acceso restringido), podía comprarse en el Reino Unido, enseguida conseguí una caja, gracias a que Nick viajaba a Londres con frecuencia. Desafortunadamente, no me hizo ningún efecto, de manera que las restricciones en la dieta eran mi única esperanza (¡ojalá la cura hubiera sido el Dom Pérignon! ¡Sé que funciona!).

Fue en este punto que renuncié a mi trabajo, me quedé en casa, y pasé los siguientes tres meses llevando básicamente una dieta líquida. En el proceso perdí treinta libras, fue un período profundamente agonizante y debilitante. Para añadir al estrés, ninguna de mis amistades ni mi familia entendían lo que me sucedía porque jamás habían oído hablar de esa enfermedad, y seguían haciéndome preguntas para las que no tenía respuestas, o sencillamente se mostraban escépticos de mi condición. La única persona de mi entorno que entendió por lo estaba pasando fue Nick.

De saborear cada plato que ponían delante de mí, pasé a temer cada bocado que me cayera en el estómago. Hubo días en que Nick y yo salíamos a un restaurante y solamente lo miraba comer, porque yo no podía. Cuando nos quedábamos con amigos, al notar que yo comía poco, nuestros anfitriones me preguntaban continuamente si estaba satisfecha y me insistían en probar esto o aquello, a pesar que había dejado claro que no podía hacer tres comidas diarias. Solo trataban de ser amables, pero me resultaba muy cansón y frustrante.

El 15 de abril de 2012, un domingo gloriosamente soleado de primavera, Nick y yo fuimos al *brunch* de Dylan Prime, nuestro restaurante favorito en el vecindario, el lugar de nuestra tercera cita. Nick ordenó bistec y huevos, y yo una ensalada. Nos sentíamos muy contentos, porque estábamos a punto de cerrar la compra de nuestro primer apartamento juntos como pareja: en Tribeca, un *penthouse* dúplex, nueva construcción, a solo dos cuadras de donde vivíamos. Después de visitar la oficina de bienes raíces donde podíamos escoger las terminaciones y acabados, comenzamos a hablar de la decoración. Entonces Nick decidió cambiar de tema.

"Bueno, ahora que vamos a tener un hogar juntos", dijo con una sonrisa, "creo que es el momento ideal para que te lo pregunte". Me tomó las manos, se acercó a mí en el banco donde estábamos sentados, y con la dulzura más grande del mundo en surostro, radiante de felicidad, me dijo:

—Quiero pasar el resto de mi vida contigo, Zulema. Te amo y no puedo imaginarme sin ti a mi lado. ¿Te casarías conmigo?

¿Qué diablos?

Digamos que Nick me tomó tan desprevenida. Solo atiné a mirarlo perpleja, y le dije: —¿Qué? ¿De qué estás hablando?

—Bueno… —respondió riéndose—. Te he preguntado si quieres casarte.

—¡Un minuto! ¿Esto es una proposición? —le pregunté, totalmente desconcertada.

—Sí, te estoy proponiendo matrimonio —respondió.

—No te creo —le dije.

—En serio —insistió él.

—¡No te creo! —repetí, boquiabierta.

—Cariño —dijo sonriendo de nuevo—, hablo completamente en serio.

Entonces me besó apasionadamente. Y yo lo sentí. El estremecimiento que te invade el cuerpo y te pone la piel de gallina de tanta felicidad.

—*Okay* —dije, medio en broma, medio en serio—, si no estás bromeando, entonces llama ahora mismo a mami y a mi familia y díselo.

Inmediatamente, agarró mi iPhone de la mesa y marcó el

número de mi madre para anunciarle la increíble noticia. Solo entonces pude creer que Nick estaba sinceramente proponiéndome matrimonio. Los lagrimones hicieron su aparición y lloré a intervalos, durante las próximas cuatro horas. Sí, cuatro horas. No podía creer que por fin ese día había llegado. Después de todo lo que habíamos pasado juntos, el hombre que sentí era el Elegido desde nuestra primera cita estaba dando el paso para convertirse *oficialmente* en "el oficial". Finalmente estaba comprometida a los treinta y nueve años.

Una vez había dicho, casualmente, que me habría gustado casarme antes de cumplir los cuarenta, lo que solo estaba a un año de distancia. De lo contrario, el sobrenombre por el que me llamaban en mi familia desde que cumplí los treinta —"jamona", el término puertorriqueño que quiere decir "solterona"— pasaría de ser una broma a realidad. La perspectiva de convertirme en la señora Nick Farley me hacía sentir que había ganado la lotería. Mi sensación de felicidad era increíble. Además, ahora estaba oficialmente fuera del mercado para cualquier hombre que tuviera intenciones de fijarse en mí.

Nick me contó que hacía tiempo que había estado pensando en pedirme que nos casáramos, especialmente después de ver cómo yo había ayudado a su hijo, algo que según él hablaba súper bien de mí y demostraba cuánto lo quería. Pero él quería que la proposición ocurriera de manera privada y discreta, y no un evento grande y llamativo. Me había tomado por sorpresa, pero no pudo haber sido mejor. Nunca fuí de querer una propuesta de matrimonio donde el hombre se bajaba de rodillas, quizás porque nunca tuve una imagen positiva del hombre que debe hincarse ante la mujer. Veía a mi esposo como a un igual, en el mismo campo de juego que yo.

Para mí, todo el momento fue perfecto, el día más feliz de

mi vida. Lo único que faltaba era el anillo de compromiso. Nick dijo que había pensado en escoger uno, pero que tenía la sensación de que yo tendría mis propias ideas al respecto y prefería que lo eligiéramos juntos. Estaba tan contenta de haber siempre escuchado al Espíritu y no haber caído en el error de casarme joven con alguien con quien más adelante me hubiera arrepentido estar. Había conocido a muchos compañeros fascinantes; cada una de esas experiencias me había dado la oportunidad de saber lo que quería en una pareja, y cómo permitirme ser amada por el hombre adecuado cuando apareciera. Había seguido a mi corazón, mi intuición y mi propio camino para descubrir finalmente a la pareja de mi vida —para bien o para mal, en la enfermedad y en la salud—.

El 17 de mayo de 2013, en la azotea del Tribeca Rooftop mientras el sol se ponía sobre el horizonte de Manhattan a nuestras espaldas, me casé con el hombre de mi vida.

8

Felicidad matrimonial

Nuestra luna de miel iluminará nuestra larga vida;
sus rayos solo se desvanecerán sobre tu tumba o la mía.
—CHARLOTTE BRONTË, *JANE EYRE*

Nuestro día de boda fue fuera de este mundo. El paisaje de fondo era tan perfecto que parecía un telón falso, demasiado perfecto para ser real. No había ni una nube en el cielo, en contraste con la tormenta que había arrasado la ciudad el día anterior. Los rayos del sol envolvían a Manhattan en su cálida y radiante luz, la cual tomé como una bendición de Dios y de mi padre, una señal de que mi futuro marido y yo comenzábamos una vida bendecida. De pie en el altar, mirando los ojos azules del apuesto caballero inglés que me precedía, nunca me hubiera imaginado importante que sería este compromiso dado nuestro futuro por delante.

Durante muchos años había elegido anteponer la carrera al amor, el amor por encima del matrimonio, en contraste con lo que dicta mi cultura puertorriqueña, o de lo que habían hecho muchas de mis amistades. No iba a casarme con el hombre equivocado para evitar convertirme en una solterona, ni tampoco quería casarme por casarme. Siempre tuve la intención de encontrar al hombre con el que envejecería, aquel con el que cuya mano sostendría hasta el final, al que sería el Marco Antonio para mi Cleopatra. Algunos —digamos que mami y mis amigas chismosas— podrían decir que me tomó más tiempo del debido, pero nuestros caminos se cruzaron cuando se suponía que debían hacerlo y nos llevaron al momento en que lo hizo. Allí, en la azotea que miraba al río Hudson y a la Estatua de la Libertad, no podía imaginar jurarle devoción a nadie de mi pasado, presente u otro ente imaginario que no fuera Nick.

Siendo mi propia diseñadora y planificadora de mi boda, me tomé un año entero para planificarla a nuestro gusto, asegurándome que cada detalle fuera exactamente como yo quería que fuera. Como nunca lo había hecho, contraté a una planificadora de bodas de verdad para trabajar conmigo durante todo el año, de manera que ella pudiera hacer realidad mi visión el día de la boda. Nick y yo teníamos en mente un propósito fundamental: queríamos que nuestra unión fuera un festín único que quedara grabado para siempre en la mente de todos —y lo logramos—.

Para nuestro lugar de celebración de la boda, elejimos un espacio llamado Tribeca Rooftop que nos dió una magnífica azotea al aire libre para la ceremonia durante la puesta del sol y otro interior para la cena formal y la fiesta. Después de todo, mi primera cita con Nick tuvo lugar a solo unas cuadras de distancia; en ese mismo vecindario habíamos comenzado a vivir juntos; y nos comprometimos en un restaurante que estaba apenas a unos pasos de este lugar.

Queríamos una celebración lujosa, salida de una película de James Bond —especialmente porque muy a menudo yo le decía a Nick que él era *mi* propio James Bond—. Ese se convirtió en el tema de nuestra boda. La elegancia fue nuestra primera prioridad. También queríamos casarnos con las costumbres puertorriqueñas y británicas. Sabía que muchos de nuestros amigos tendrían que dejar sus hijos, contratar niñeras y viajar largas distancias —algunos de lugares tan distantes como Asia—, solamente para estar con nosotros, de manera que la fiesta tenía que ser un acontecimiento ininterrumpido lleno de sorpresas que los dejaran boquiabiertos. También queríamos que nuestros amigos con hijos se sintieran en una segunda luna de miel, ya que los niños no estaban invitados a la boda.

El día de la boda, recuerdo que Nick y yo miramos alrededor del salón de recepciones antes de que llegaran los invitados. Era como para pellizcarnos. Había candelabros de cristal austriaco, una espléndida alfombra blanca, mesas rectangulares de acrílico también blancas, tarjetas personalizadas troqueladas a relieve e inscritas a mano con caligrafía, menús personalizados y orquídeas naturales color púrpura intenso, traídas de Tailandia. Había una pista de baile blanca sin fisuras con el monograma de nuestra boda en el centro, y un escenario para una banda de siete músicos. A un lado de la pista de baile había una sala de estar con sofás de diseñador y mesas de espejo que exhibían botellas de champán en hieleras de plata. El púrpura, que usamos como contraste en la decoración, es el color favorito de Nick, y a partir de ese momento nos representaría como pareja. Había hecho todo lo que estaba en mi poder para que el evento fuera especial, y arduo trabajo había dado sus frutos.

Cuando llegó el día, Nick y yo pudimos relajarnos y divertirnos. Nuestros familiares y amigos no podían creer lo serena que yo estaba, aunque todo lo que me venía a la mente era: ¡Que comience a fluir el champán Cristal! Ahora le toca a Dios y al universo ayudar a hacer de este un día asombroso.

Nuestros invitados llegaron vestidos para impresionar y celebrar. Los hombres en exquisitos esmoquin y las mujeres en vestidos negros largos, estilizados con elegantes *fascinators*, tal como me lo había imaginado. Había visto el pronóstico del tiempo tres días antes, y sabía que la noche sería un poco fría, así que me aseguré de que, tan pronto como arribaran a la ceremonia, a cada mujer se le entregara una pashmina negra. Quería que nuestros invitados se sintieran glamurosos y que al mismo tiempo disfrutaran la velada cómodamente.

Cuando Nick llegó al altar para tomar su puesto, en su esmoquin azul noche de Tom Ford hecho a la medida, idéntico al que Daniel Craig luce en la película *Skyfall*, podía oírse caer un alfiler. La señal para el comienzo del desfile nupcial fue, nada más y nada menos, que una versión instrumental en vivo de la canción *Goldfinger*. Mi sobrino y mi sobrina fueron los últimos en desfilar —un guapísimo paje portador de anillos, seguido de una adorable niña de mejillas rosadas portadora de flores—. Delante de ellos, dos amigos varones, con guantes blancos, entraron sosteniendo un estandarte majestuoso blanco con ribetes morados, que llevaba inscrito en cristal de Swarovski: *Ahí viene la novia…* Y entonces me tocó a mí.

En cuanto escuché las primeras notas del "*Hymne à l'amour*", de Edith Piaf, respiré muy hondo, recé una oración rápida, me persigné y tomé el brazo de mi tío Rafael. Le recordé que debía caminar despacio para disfrutarlo todo mientras fijaba a mi cintura el ramo de orquídeas *Blue Magic Vanda* para avanzar hacia el altar. Con el trasfondo de la casi concluida Torre de la Libertad, entre otros tantos edificios en estilo gótico, románico y art déco de Tribeca como telón de fondo, di cada paso con gracia y dando muestras de agradecimiento a todos y cada uno de los que me rodeaban. Mi pelo largo castaño oscuro me ondeaba sobre los hombros, acentuado por un velo blanco de seis pies de largo incorporando parte del vestido de bodas de mi mami y que flotaba detrás de mí.

Ni siquiera fingiré ser modesta: ¡Me sentía increíblemente hermosa! Estaba radiante y resplandeciente.

Cuando llegué al final del pasillo, me embargaba un tipo de felicidad que rara vez había conocido antes o después. Ver la silla a vacía a la derecha del altar con una cinta de seda púrpura alrededor del respaldo que aseguraba una tarjeta que decía: *En memoria del difunto Edwin Arroyo Mora, el padre de la novia*, me hizo llorar. Yo había diseñado ese detalle en honor a la ausencia física y la presencia espiritual de mi padre. Y no tengo duda de que él estaba conmigo en espíritu ese día justo al lado mío en el altar.

Le eché una mirada a mi querido tío Rafael. Siempre había sido su sueño entregarme en matrimonio. Cuando finalmente di los pocos pasos que faltaban para pararme al lado de Nick, me embargó una sensación de paz que nunca había sentido. Tenía cuarenta años, estaba casándome con mi propio James Bond, rodeada de todas las personas que queremos y nos quieren, en una ceremonia única y extraordinaria que quedaría para siempre grabada en mi memoria. Con la puesta del sol a nuestras espaldas sobre el Hudson, nunca olvidaré que los cristales que pendían de la glorieta creaban su propia música al ser mecidos por el viento suavemente. El crepúsculo se transformó en noche e intercambiamos votos personalizados, sellamos la ceremonia con el beso de todos los besos, mientras se escuchaba *"The Impossible Dream"* cantada *a capella*, y caminábamos por el pasillo, tomados de las manos, sonrientes ya como los nuevos señor y señora Farley. Desde luego, estábamos locos por descorchar una botella de Cristal 2005 para dar comienzo oficial a la celebración.

Sin que yo lo supiera, mientras me regocijaba en la unión definitiva con mi alma gemela, una tormenta se gestaba dentro de mi cuerpo. El diagnóstico de salud que cambiaría mi vida para siempre se encontraba a un millón de millas de distancia, pero, a pesar de todas las señales provenientes del espíritu de mi padre, mi infalible voz interior y el universo en su totalidad, no tuve en aquel momento premonición alguna. En el día más feliz de mi vida, todo estaba bien en el mundo.

9

En la enfermedad y en la salud

*Entiende profundamente que el momento presente
es todo lo que posees.*

—ECKHART TOLLE

Nuestras nupcias de cuento de hadas continuaron sin contratiempos, y la guinda figurativa de nuestro divino pastel fue una luna de miel espectacular de dieciséis días en Bora Bora. Elegimos el lugar porque ninguno de los dos había estado allí, lo habíamos incluido en nuestra lista de vida y parecía el lugar perfecto para descomprimir después de un año de preparativos de boda. Decir que estábamos listos para lanzarnos a la serenidad de la Polinesia Francesa es una subestimación.

El 19 de mayo emprendimos vuelo y veinticuatro horas más tarde nos sentimos como en casa en un trozo de cielo enclavado en la laguna más llamativa que jamás haya visto. Nuestra villa sobre el agua en el St. Regis tenía un mayordomo las 24 horas, los siete días de la semana, y una piscina privada al aire libre frente al famoso monte Otemanu: ese fue nuestro hogar por las próximas dos semanas. Cenábamos en el restaurante Lagoon, de Jean-Georges, holgazaneábamos en la terraza de nuestra villa, caminábamos por los exuberantes jardines del hotel y nos deleitábamos en pasar tiempo juntos, solos al fin.

Estábamos listos para vivir al máximo nuestra luna de miel —y a la vez tachar algunas cosas de la lista de vida mientras tanto—. El buceo estaba en el tope de la lista, y como Nick es un buceador certificado, dejé que me guiara, porque yo era novata en ese deporte. Me encantó la sensación de flotar en la superficie de las aguas cristalinas, acompañada de mi galán, y maravillada por las diversas formas de vida marina que se veían allá abajo. Pero cuando llegó el momento de sumergirme, me aterroricé. Me costaba controlar mi respiración, y confiar en el equipo y creer que no terminaría en una tumba acuática. Nick me tomó de la mano y, luego de varios intentos, pude vencer el miedo. Descendimos unos metros y, de pronto, me vi rodeada de peces que podía ver desde la superficie. Fue una sensación increíble flotar ingrávidamente, solo el sonido de mis búrbujas pasando por mi mascara, observando a mis amigos peces. Salí de allí convencida de que no existe belleza ni misterio más grande que los de las aguas profundas, justo debajo de nosotros.

Esa noche, Nick tenía una sorpresa romántica para mí. Me dijo que el bote nos recogería alrededor de las 5:15 p.m. y me pidió que me vistiera de punta en blanco. Al acercarnos a la entrada principal de la zona de atraque, fuimos conducidos al bote, cuyo capitán nos dio la bienvenida. Resultó que el capitán era también un camarero que hacía unos cócteles Mai Tai asesinos y que, además, tocaba el ukulele. ¡Era él un *jack-of-all trades*!

Una vez a bordo, navegamos por la laguna hasta nuestro destino secreto: una isla privada donde pasaríamos la noche juntos. Allí noté una plataforma en la playa, literalmente sobre el agua, con una mesa para dos bajo las estrellas. ¿Y adivinen qué? ¡Nuestro capitán era también el chef! Nos preparó una cena de cinco platos con platos que fácilmente se encontrarían en un restaurante con estrella Michelín. Y mientras los platos eran retirados, ¡el chef emergió de la cocina haciendo malabarismos con cuatro antorchas para entretenernos! Honestamente, sentía que estábamos en el programa *The Bachelor*, y que el presentador Chris Harrison aparecería en cualquier momento. Nick siempre establece una barra alta para sí mismo, ¡pero esta noche sería difícil de superar!

Luego sentí que era mi turno de hacer algo especial para mi nuevo esposo. El día antes de regresar a casa, nuestra ultima cena fue en la terraza exterior del restaurante Jean-Georges con vista a la laguna. Hize arreglos con el gerente general y el personal del hotel para que me ayudaran a organizar un espectáculo de fuegos artificiales sobre la laguna. Al final del espectáculo, les había pedido que trajeran una botella de Château Pichon Longueville Comtesse de Lalande, de 1982, una cosecha muy sensual, elegante e histórica, y uno de nuestros vinos favoritos de Burdeos. Mi nota decía: "Te amaré siempre, Mr. Bond", y nunca olvidaré la manera en que Nick se giró y me miró cuando se dio cuenta que los fuegos artificiales eran solo para nosotros, y la forma en que su rostro se iluminó al ver el Lalande. Ese fue el pináculo de nuestra luna de miel. Éramos una pareja perfecta. Estábamos hechos el uno para el otro. Habíamos encontrado nuestras almas gemela.

Basta decir que nuestra luna de miel estaba fuera de este mundo, y que yo no pude reprimir el llanto cuando llegó la hora de regresar a casa. En aquellos días en el hotel creamos unos vínculos sinceros con el personal que nos había atendido en nuestra estadía —desde el mayordomo, que organizó todo lo que nuestros corazones deseaban, hasta el sumiller del Lagoon de Jean-Georges, que nos presentó vinos y champanes increíbles. Todos habían logrado que nuestra estancia fuera muy especial, y se hicieron como amigos para nosotros. ¡Creo que también hicimos una impresión duradera en ellos!

Una vez en casa, en la ciudad de Nueva York, estaba ansiosa por comenzar nuestra vida como recién casados. En cuanto regresamos, hicimos el cierre de la compra de nuestro primer apartamento como pareja y programamos unos cuantos viajes a Europa en julio y principios de septiembre —el primero, por la graduación de John, y el segundo para celebrar el sexagésimo cumpleaños de mami—. En medio de todo nos mudaríamos a nuestra nueva casa, luego de completar arreglos de remodelado, ¡todo increíblemente emocionante! Nos sentíamos en la cima del mundo, disfrutando juntos de los mejores momentos de nuestras vidas.

Nuestra bienaventurada racha pronto se detendría abruptamente. Unos meses después de haber regresado de nuestra luna de miel, falleció mi querida abuela Esperanza. Mami había venido a Nueva York unas semanas antes para ayudarnos con la mudanza al nuevo apartamento y ver a su madre antes de partir con nosotros por un mes con rumbo a Europa. Nos alojaríamos en uno de los dos apartamentos de Nick en Londres, un viejo almacén rehabilitado en Bermondsey. Nick trabajaría desde su oficina londinense y mami y yo iríamos a visitar los lugares de interés de la ciudad, antes de viajar a París y Florencia. Aunque no lo reconocimos en aquel momento, mi abuela vivía sus últimos días en el mundo terrenal. Una mañana, después de tomar el desayuno, abuela Esperanza murió muy tranquilamente mientras dormía. No había ninguna enfermedad ni padecimiento: fue, simplemente, vejez. Había vivido noventa y cinco extraordinarios años. ¡Todos deberíamos ser tan afortunados!

Mami y yo partimos inmediatamente hacia el Bronx, donde ayudé a mi tío Rafael con los arreglos del funeral y reservé los boletos para que toda mi familia volara a Puerto Rico para darle el descanso eterno a abuela Esperanza. El momento del viaje de cumpleaños de mami a Europa no fue el ideal, pero lo consideré como una bendición disfrazada después de que a mi madre le tocara una despedida tan triste. Abuela Esperanza no hubiera querido que canceláramos nuestro viaje por su cuenta.

Cuando regresamos a los Estados Unidos, mami tomó un vuelo de regreso a su casa en California, y Nick y yo comenzamos a amueblar el apartamento. Queríamos transformarlo en nuestro oasis de ensueño en medio de la ciudad. El espacio era mucho más grande que el del apartamento en que vivíamos cuando nos juntamos, así que compramos muebles y obras de arte nuevos. Era la oportunidad de imprimir mi personalidad en nuestro nuevo hogar. Combiné rafagas de color con los tonos monocromáticos de un apartamento de soltero que Nick trajo con él. Afortunadamente, tenemos el mismo gusto en decoración y estilo, de manera que no hubo desacuerdo con respecto a qué comprar. El resultado: un hogar moderno, contemporáneo, feliz y acogedor.

Unos meses antes de casarnos, Nick y yo empezamos a discutir opciones de anticoncepción permanentes. De hecho, el tema surgió en nuestra primera cita, cuando Nick me preguntó delicadamente: "¿Estas dispuesta a tener hijos?". Más adelante comprendí que era su manera británica de decir: "Yo realmente no quiero más hijos". No haber siquiera considerado la posibilidad de tener hijos había sido el motivo de mi ruptura con Romeo, pero Nick me hizo saber que él no descartaba la posibilidad. En los últimos cuatro años, mis deseos de ser madre habían cambiado. Sabía que concebir y dar a luz a un bebé sano sería muy difícil para mí, por los problemas con mi útero y los continuos fibromas. No creí que fuera justo arriesgar mi vida ni la de mi bebé con un embarazo riesgoso.

Me había pasado la vida queriendo dejar abierta la opción de tener hijos, pero nunca me había detenido a considerar si eso era lo que quería realmente. Sí, amaba a los niños y me hubiera encantado ser madre. Pero, ¿era algo que tenía que hacer a cualquier precio? ¿Estaba dispuesta a arriesgar mi salud y a perder al amor de mi vida solo por eso? Definitivamente, no. Había llegado al punto en que ya no era una prioridad. Después de conocer a Nick, me dí cuenta de que todo lo que necesitaba era una vida de avertura y adoración con mi complíce. Además, estoy locamente enamorada de mi papel de tía de mi increíble sobrino y mi adorable sobrina, a los que puedo apapachar y consentir, y con los que puedo compartir lecciones de vida y enseñarles todo lo que el mundo tiene para ofrecer. Alguien podría decir que nuestra decisión fue egoísta o pensar que me perdí algo grande, o que nunca estaré completa como ser humano sin haber experimentado las alegrías de tener un hijo o una hija propios, pero no estoy de acuerdo. Una mujer no debe tener hijos solo porque se espere eso de ella biológicamente; debe tenerlos porque lo desea más que ninguna otra cosa en el mundo.

Seamos honestos aquí. Yo amo absolutamente *con total locura* mi vida. Valoro a mi marido y la libertad que tenemos de poder saltar a un avión y viajar al tierras lejanas por capricho. Podemos permanecer despiertos hasta las primeras horas de la mañana y levantarnos al mediodía si nos parece. Tenemos el tiempo y los ingresos disponibles para organizar fiestas fabulosas, ayudar a los necesitados, practicar la filantropía y cumplir con nuestros papeles de marido y mujer como lo consideramos oportuno. Y como pronto aprendería, a medida que los problemas de salud se convirtieron cada vez más en el centro de mi vida, más que preocuparme por no poder darle a nuestros hijos las vidas que se merecen, podemos dedicar nuestro tiempo a cuidar de los demás y de nosotros, y eso es más que suficiente para mí.

Nick consideró la vasectomía, pero decidimos no hacerla debido a las preocupaciones sobre su efectividad. ¡Sería la minoría del uno por ciento que queda embarazada después de que el hombre tiene la cirugía! La responsabilidad recayó sobre mí. Cuando discutí las opciones con mi ginecóloga-obstetra, ella sugirió inicialmente un dispositivo intrauterino (DIU) pero, dado mi historial de raras condiciones médicas, solo podía imaginarme cómo afectaría mi cuerpo causando alguna nueva y compleja repercusión. Mi intuición me dijo que el DIU no era para mí. Luego me mencionó otra opción llamada Essure, que consiste en dos bobinas espirales insertadas quirúrgicamente en las trompas de Falopio para bloquearlas y prevenir la fertilización. Esta opción era menos drástica que atar mis trompas de Falopio, pero muy efectiva, así que decidimos seguir adelante con ella.

Me sometí al procedimiento dos meses antes de nuestra boda, pero cuando me desperté, me dijeron que habían encontrado dificultades para insertar la bobina espiral en el tubo derecho, y que solo habían logrado hacer la izquierda. Mi médico sugirió que le diéramos otra oportunidad, lo que hicimos dos semanas después, pero no tuvo éxito. De hecho, parecía que la bobina de la trompa izquierda no estaba en su lugar, lo que los hizo concluir que quizás la había expulsado sin notarlo.

Algo claramente no estaba bien ahí abajo, y durante mi chequeo anual, llegamos al fondo de mis problemas. En los meses previos al chequeo había tenido episodios de sangrado irregular, manchado entre períodos, calambres y dolores agudos durante el coito, pero lo más alarmante de todo eran el sangrado abundante y los enormes coágulos que descargaba en el inodoro una vez al mes durante mi periodo. Fue tan malo que tuve que doblar y usar tanto tampones como toallas sanitarias, y aun así cambiarlos cada dos horas más o menos. Los ataques de pánico del SII habían regresado, ahora desencadenados por mi ciclo mensual. Tenía un dolor constante. Nuestras vidas de repente se pusieron patas arriba por los problemas que yo tenía. Todo lo que quería era que las cosas volvieran a la normalidad. Además, había perdido mucho peso, mi vientre sobresalía y me sentía cansada todo el tiempo. Tenía la sensación de que algo andaba mal. Mi cuerpo estaba claramente tratando de decirme algo y quería llegar al fondo de ello de una vez por todas. ¡Ya he tenido suficiente!

Mi ginecóloga, la Dra. Watts, ordenó inmediatamente una serie de exámenes y una ecografía de rutina. Mientras revisaba los resultados sonó sorprendida cuando dijo: "¡Whoa, tienes muchísimos fibromas!".

Conocía la existencia de los fibromas desde el año 1997, y también la Dra. Watts. Poníamos cuidado en monitorearlos, pero al parecer habían crecido ferozmente y agresivamente desde mi último chequeo.

La Dra. Watts nunca me comunicó realmente la gravedad de los fibromas; ella nunca me lo dijo con franqueza y, como yo todavía era una fruta verde cuando se trataba de tratar con los médicos, no leí su informe y no hice las preguntas correctas. Hay que recordar que, al crecer en Puerto Rico, los médicos eran como figuras parentales a las que no cuestionabas: tomabas lo que ellos decían y simplemente seguías sus recomendaciones. Por lo que me explicó la doctora, comprendí que tenía más fibromas de los esperados, pero no supe cuántos o qué tan grandes eran realmente hasta mucho más tarde. Nunca le pedí ni revisé su informe escrito —¡lección bien aprendida!

Al finalizar nuestra consulta, la Dra. Watts me dijo: "Te sugiero que hagas una cita con un cirujano para hablar de tus opciones, pero creo que necesitas considerar una histerectomía".

¿Qué? ¿Una histerectomía? Había venido a esta cita con la esperanza de entender lo que estaba pasando conmigo y tal vez considerar una pastilla para mejorar las cosas —no para oír que era hora de deshacerme de todo mi sistema reproductivo—. Cuando salí de la oficina de la doctora para considerar su sugerencia, me vino a la mente un resquicio de esperanza. Una histerectomía se encargaría de la cuestión de la anticoncepción. También disminuiría mis probabilidades de tener cáncer de ovario.

Unos días después, Nick y yo nos reunimos con mi cirujana, la Dra. Veronica Lerner del NYU Langone Medical Center, quien nos recomendó una histerectomía total, que implicaría la extirpación del útero, las trompas de Falopio, la cerviz, pero que mantendría intactos mis ovarios. Sabía que si no me extirpaba los ovarios me expondría al riesgo de cáncer de ovario. Insistí en que la Dra. Lerner también me los quitara, pero ella me aconsejó que no lo hiciera, porque podría enviarme directamente a la menopausia temprana.

Nick también insistió en que me quedara con ellos, ya que te protegen no solo de la menopausia precoz, sino también de las enfermedades cardíacas y la osteoporosis. Fui en contra de mi intuición, los escuché a ellos, y hasta el día de hoy me lamento de esa decisión. A los cuatro meses de mi histerectomía, de todos modos, me entró la menopausia precoz, con sofocones. Y todavía tengo el miedo del cáncer de ovario.

Me arrepiento de no haber escuchado a mi voz guía. Para mí, todo lo relacionado con la salud tenía que ser complejo, engorroso, estresante. Los síntomas de la menopausia eran particularmente desagradables, y la sensación de los terribles sofocones era como si alguien me hubiera prendido fuego. Por la noche, mi cama estaba empapada de sudor, me sentía abatida, débil y mentalmente exhausta. Lo que también me preocupaba era cómo mi deseo sexual, mi libido, se afectaría. Comprendí la importancia de la intimidad, el sexo, la conexión con tu pareja, y aquí había otro obstáculo más.

Honestamente, nunca me detuve a pensar en el significado y las consecuencias emocionales de una histerectomía. Como muchas mujeres lo hacen, simplemente seguí el consejo de la doctora y no lo cuestioné. En ese momento me pareció correcto y lógico, pero no estaba preparada para las consecuencias.

La otra parte de mi cuerpo que me preocupaba en ese momento eran los senos. Había notado un cambio en ellos apenas unos meses antes; algo se sentía mal con mis implantes mamarios. Originalmente tuve una operación de implantes de silicona en 2003, cuando cumplí los treinta años, en un intento por competir con las mujeres rubias de pecho grande y delgadas como un palo de Orange County. Un renombrado cirujano plástico de Park Avenue había reemplazado esos implantes en 2011, por implantes salinos que se adaptaban mejor a mi figura. Pero ahora, no solo sentía que estaban desinflados, sino que yo tenía la sensación de que estaban goteando. Así que, a principios de 2014, más o menos al mismo tiempo que estaba considerando la histerectomía, decidí que debía hacerme examinar los implantes mamarios.

Quería soluciones concretas y permanentes que estabilizaran mi salud y me permitieran tomar el control de cualquier cosa que estuviera causando daño dentro de mi cuerpo. Si eso significaba tener que hacer una "pausa" en mi vida para quitarme estas cirugías del camino, que así fuera.

Cuando se trataba de mis implantes mamarios, vi a una fantástica cirujana, especialista en reconstrucción mamaria con experiencia en cáncer de mama, llamada Dra. Sayer. Me enamoré de ella en el instante en que la conocí, y es mi doctora y amiga hasta el día de hoy. Ella fue minuciosa con sus explicaciones, dándome varias opciones, y juntas elaboramos un plan que se ajustaba mejor a mis necesidades. Esa cita fue mi primera lección sobre cómo debería esperar ser tratada como paciente. Desde entonces, no he esperado nada menos.

La Dra. Sayer me explicó que probablemente estaba teniendo una reacción alérgica a los implantes de solución salina y me recomendó que me los quitara por completo. También dijo que no me aconsejaría reemplazarlos con implantes de silicona inmediatamente. Mis cavidades mamarias necesitaban tiempo para sanar. Esto significaría que tendría el pecho plano hasta que pudiera tener la cirugía de reconstrucción, que podría estar a un año de distancia. No me atrevía a aceptar una medida así, sobre todo porque era una joven recién casada con mucho más que esperar a un nivel íntimo con mi marido. Sabía que tendría un impacto en nuestra vida amorosa, así que opté por la reconstrucción inmediata con un implante de silicona de "*gummy bear*".

Estaba lista para reorganizar mi anatomía femenina, todo de una sola vez. Debido a los horarios de cada doctor, comencé con la reconstrucción de los senos, seguida de la histerectomía diez días después. Las doctoras pertenecían a diferentes instituciones médicas, y ambas me advirtieron que pasar de una operación mayor a otra en tan corto período de tiempo no sería fácil de manejar. Aun así; ya lo había decidido. Sabía cuánta fuerza poseía y me sentía capaz de soportar cualquier tipo de dificultad. Todo lo que quería era recuperar mi vida y continuar adelante con mi marido.

Necesitaba tener el control. Sentía que mi salud estaba fuera de control, un 747 sin una cabina de mando que funcionara. También estaba la presión de ser una recién casada. Sentí una mezcla de culpa y miedo con respecto a Nick. Culpa por traer este caos a nuestro matrimonio. Miedo de que me dejara. Apenas había tenido la oportunidad de vivir la vida con Nick, como la mayoría de las parejas recién casadas visualizan. Fue una bola curva tras otra, y no pude evitar sentir que estábamos ponchándonos con cada lanzamiento.

Había algo más que me preocupaba. Tengo una pigmentación tan sensible que cada corte deja una marca en mi piel que tarda mucho en desaparecer. La Dra. Sawyer me advirtió que la cirugía de reconstrucción de los senos implicaría hacer incisiones. La idea de tener más cicatrices me hizo sentir muy incómoda. Mi cuerpo estaba a punto de cambiar dramáticamente no solo en el interior, sino también desde el exterior. ¿Nick me vería diferente? Me daba miedo, pero no podía pensar mucho en ello o me echaría atrás.

Con mi cirugía reconstructiva de mama programada para

finales de mayo, y mi histerectomía para el 10 de junio, Nick y yo decidimos celebrar nuestro primer aniversario de bodas descansando y relajándonos en la isla de St. Barts. Mientras nos aproximábamos al diminuto aeropuerto en la avioneta que sobrevolaba la cima de la montaña antes de descender a la pista de aterrizaje, me preguntaba si la precariedad del aterrizaje y las maravillosas vistas de la isla a nuestra llegada de alguna manera eran una señal de lo que iba a suceder en las próximas semanas. Efectivamente, dos cirugías importantes, pero después un período de estabilidad y la oportunidad de disfrutar de mi nueva vida matrimonial con Nick.

La cirugía de reconstrucción mamaria fue increíblemente bien a pesar del hecho de que tomó ocho horas para completarse. Me quedé asombrada desde el momento en que desperté. Normalmente, la anestesia quirúrgica me pone en una pesadilla postoperatoria, pero esta vez fue como despertarme de un sueño largo y profundo, sin náuseas o vómitos violentos. Nada. La cirujana y el anestesiólogo eran ángeles enviados directamente del cielo. Tanto fue así, que pedí a este ultimo la receta de la combinación de medicamentos que habían usado, con la esperanza de compartirla con el futuro anestesiólogo de la histerectomía. ¡Era como tener el boleto ganador de la lotería! Entonces, cuando pude ver mis senos reconstruidos, me quedé pasmada de que lucieran tan normales, de hecho, mejor de lo normal: eran perfectos. Algo que necesitaba desesperadamente cuando estaba a punto de entrar en una cirugía que se desharía de mis órganos femeninos más vitales.

Una cirugía menos, falta una. Quizás era demasiado esperar que mi cuerpo saliera airoso dos veces seguidas. Mi histerectomía fue terrible. Mientras estaba siendo preparada en la sala de preoperatorio, la anestesióloga vino para la preparación de rutina; y cuando mencioné la cirugía de reconstrucción del seno días antes y le entregué una copia del informe de la anestesia para que pudiera duplicar el cóctel mágico, ella tuvo una respuesta muy indiferente: "Bueno, voy a hacerlo a mi manera", que incluía una epidural. Estaba aterrorizada, además sabía por todas mis amigas que tenían hijos cuánto dolía hacer esto. Claramente, esta anestesióloga carecía de compasión por una paciente que expresaba una gran preocupación, ¡por no hablar de una viajera frecuente en el quirófano! Aunque dudaba de su curso de acción, no me quedó otro remedio que aceptarlo, pues ya estaba en el quirófano. Le rogué a Dios que me mantuviera a salvo. Estaba en un estado tan vulnerable, justo antes de la cirugía, y con muy poca seguridad de que estaría bien. Es gracioso, pero en ese momento me sentí como si estuviera en la oficina del Departamento de Vehículos Motorizados (DMV, Department of Motor Vehicles, por sus siglas en inglés): "¡Ahora sirviendo al número 152!". Me trataron como a un número, no como una mujer a punto de someterse a una operación invasiva.

Una vez más les rogué a Dios, a los ángeles y a mis guías espirituales —aquellos que no podía tocar ni ver en mundo físico pero que siempre me han acompañado— que me mantuvieran a salvo.

Aunque la cirugía en sí salió bien, lo que siguió fue la verdadera pesadilla de mi vida. Fue verdaderamente horroroso y angustioso. En las primeras horas de la recuperación, con Nick a mi lado, me sobrecogió un intenso temblor de pies a cabeza. Estaba pálida y me sentía sumamente débil. Era tan severo que Nick gritó pidiendo ayuda. Cuando la enfermera se dio cuenta de que tenía una fiebre de 107 grados, despejó el área y pidió refuerzos. Podía oír una conmoción masiva, bien a lo lejos y luego las voces de un grupo de médicos que rodeaba mi camilla.

Todavía no sé exactamente qué pasó ni cuál fue la causa de que mi cuerpo reaccionara de manera tan súbita y agresiva. Me mantuvieron bajo observación en recuperación durante nueve horas antes de llevarme a una habitación semiprivada. Entonces, comencé a vomitar violentamente. ¡Si tan solo la anestesióloga hubiera aceptado mi sugerencia!

Veinticuatro horas más tarde, continuaba vomitando. Pero mi mayor preocupación era que no podía sentir mis piernas. La epidural me había adormecido de la cintura para abajo, pero cuarenta y ocho horas más tarde no había vuelto el movimiento. Se me cruzaron por la mente pensamientos de parálisis permanente mientras empujaba mi cerebro para que enviara una señal a mis pies para que movieran los dedos de los pies, pero no pasaba nada. ¿Esto es todo? ¿Quedaré paralizada ahora de por *vida?* Sentí momentáneamente lo que la gente debe sentir cuando se despierta de un accidente y no puede sentir sus extremidades. La enfermera del primer turno me aseguró que esto era normal, pero no le creí. Conocía a muchas personas que habían recibido epidurales y recuperaron la sensibilidad en sus piernas en cuestión de horas. ¿Habría ocurrido alguna complicación quirúrgica? ¿Qué me ocultaban los médicos?

Presa de intenso pánico, llamé a la Dra. Sayer y le dije lo que estaba pasando.

"Zulema, eso no es normal. Podría tratarse de un daño permanente. Tu cirujana, la Dra. Lerner, debe verte de inmediato para evaluar la situación".

Colgué el teléfono y pulsé el botón para llamar a la enfermera. "¡Quiero hablar con tu supervisor, y con el jefe de tu supervisor ahora mismo!", exigí, furiosa.

Cuando el doctor de guardia entró en mi habitación y me examinó, confirmó mis sospechas y la validación de la Dra. Sayer: ¡el movimiento debió haber vuelto a mis piernas luego de un cierto número de horas, no de días! Las enfermeras de guardia debieron haberlo reportado inmediatamente.

Ese episodio me ayudó más adelante a tratar con un anestesiólogo del MD Anderson Cancer Center, que rehusó a contestar mis preguntas preoperatorias e hizo caso omiso de mis preocupaciones. Detuve la cirugía y respetuosamente exigí un nuevo anestesiólogo. Me sentí fatal de atrasar las operaciones de ese día, pero después del incidente en NYU Langone Medical Center, no iba a permitir que me anestesiara alguien que me hiciera sentir muy incómoda. La responsabilidad de un anestesiólogo es atender las preocupaciones del paciente de manera compasiva y cuidadosa. Al final del día, uno es un cliente que paga por un servicio. Uno tiene todo el derecho de solicitar un anestesiólogo diferente que le brinde el servicio que uno espera.

No era ajena a las recuperaciones postoperatorias, pero la histerectomía en NYU se lleva la medalla de oro. Todavía me estremezco cuando pienso en ello. Detesté cada momento de mi experiencia en NYU. No había habitaciones privadas disponibles, mi compañera de habitación lloró y gritó toda la noche por el dolor. Me sentí terrible por ella porque sus enfermeras y su equipo no lograron controlar su dolor. Yo no podía descansar.

Para cuando NYU me dio el alta, ya había contratado a dos enfermeras en turnos de doce horas para que se ocuparan de mi atención domiciliaria durante las próximas dos semanas. Me habían dicho que una cirugía de este tipo podría causar sangrado excesivo y dolor e incomodidad insoportables. Nick estaba dispuesto a hacer cualquier cosa por mí, pero no quería que mi señor Bond llevara la carga de un cuidado tan intenso. Además, era una parte tan íntima de mi cuerpo que esperaba que siguiera encontrando *sexy*, así que quería protegerlo de algo tan personal y privado.

Las enfermeras partieron dos semanas después. El cansancio, combinado con una profunda carga emocional, se instaló. Había estado tomando Vicodin las 24 horas del día para aliviar las olas de dolor abrasador y me quedé sin energía para lidiar con la depresión que me golpeó como un tsunami. Fue muy diferente de la depresión que sufrí durante mi acoso sexual y como resultado de la crisis financiera. Nadie en mi equipo de médicos —ni siquiera la Dra. Lerner, que realiza este procedimiento con regularidad— ni ninguno de mis amigos o familiares me advirtió que, independientemente de cuán psicológicamente preparado estés, una histerectomía causa estragos en tus emociones y en tu cuerpo. Y, francamente, los médicos actuaron como si fuera tan simple como sacarse un diente. ¿Había sido esta la opción correcta para mí? ¿Había sido egoísta? ¿Me arrepentiría de esto más tarde?

La ira dominaba cualquier tipo de lógica a razonamiento en ese momento. Estaba enojada con mi cuerpo porque me había decepcionado tanto. Además, estaba extremadamente disgustada con la Dra. Lerner, con NYU y con la anestesióloga. Por supuesto, sabía que tenía fibromas —¡algunos de los cuales, descubrí más tarde, eran del tamaño de una toronja!— y que era necesario extirparlos. Por supuesto que entendía que una histerectomía era mi mejor opción. Pero cuando mi mente se volvió loca, nada de eso importaba ya. La autocompasión hizo efecto. Me sentí como si me estuviera ahogando y no había ninguna cantidad de amor, cuidado o afecto que pudiera rescatarme de este agujero hormonal negro. Mi proceso de curación fue muy lento. Era insoportablemente *solitario*.

Nadie me preguntó nunca: "¿Cómo te encuentras emocionalmente?". Muchas de mis amigas actuaron como si se hubiese tratado de una cirugía cualquiera —una señal de ignorancia, porque las mujeres no hablan del costo emocional de una histerectomía—. Y, sin embargo, es una de las operaciones más comunes entre las mujeres en los Estados Unidos.

Nick nunca se apartó de mi lado. Me aseguró una y otra vez que perder mi "feminidad" no afectaba mi belleza. Al final, sin embargo, no pudo comprender la profundidad de lo que yo estaba experimentando. No esperaba que lo hiciera. Además, creo que ni siquiera fui capaz de comunicarlo con claridad, porque yo misma no lo entendía del todo. Estaba perdida, y todo lo que sentía era un vacío, como si mi feminidad hubiera sido mutilada; como si mis órganos hubieran sido arrancados de mi cuerpo, dejándome estéril. Sentía una tremenda e inesperada sensación de pérdida y dolor, como si hubiera perdido a un hijo. Ahora sé que estaba de luto por la pérdida de mi sistema reproductivo. Peor aún así, no me sentía mejor por haber tenido la cirugía; me sentía peor. Mi mente también estaba inquieta. Hubo muchas noches en las que me fui a la cama llorando. Mi vientre me había traicionado, mi sistema reproductivo me había traicionado y NYU Langone Medical Center me había traicionado también. Yo era un desastre.

Sabía que no estaba bien sentirse así, pero no quería admitirlo ante nadie porque sentía que nadie entendería. Después de todo, había sido mi decisión hacerme la cirugía, así que las consecuencias eran mi responsabilidad. Puse una cara valiente en público, pero por dentro estaba destrozada. Sabía que necesitaba un cambio de escenario. Permanecer en casa, acostada en la cama, me volvería loca. De modo que, seis semanas después de la cirugía, Nick se tomó dos semanas de vacaciones y nos fuimos al sur de Francia. Viajar es a menudo mi salvación y, una vez más, me rescató. El tiempo que pasé con Nick en Cannes, Saint-Tropez y Mónaco me aseguró que seguía siendo una mujer, incluso sin mi sistema reproductivo.

Mi agonía y mi angustia comenzaron a disminuir poco a poco. Empecé a aceptar más mi nuevo cuerpo, pero el consejo médico de no bañarme en piscinas, saunas, jacuzzis y playas y nada de sexo durante tres meses fue un duro recordatorio de que las cosas aún no eran normales para mí. Mis senos sanaban gradualmente, de manera que cualquier tipo de intimidad entre Nick y yo fue un verdadero desafío durante este periodo de nuestra relación. Sí, señor, fue muy duro. A veces sentía que Nick estaba tan retraído, lo cual me ponía nerviosa. No quería que nada cambiara entre nosotros. Ya me preocupaba que nuestra intimidad pudiera sufrir después de la histerectomía, y ahora parecía estar sufriendo. Aquí estábamos, en los albores de nuestro segundo año de matrimonio, y temía no poder satisfacer a Nick como esposa. Sabía que su amor por mí era más fuerte que cualquier otra cosa, pero el sexo había sido siempre una parte muy importante de nuestra relación y quería hacerlo sentirse amado y cuidado de la misma manera que él me cuidaba y me amaba.

Como si eso no fuera suficiente para mí, también tuve que lidiar con preguntas invasivas y desconsideradas acerca de tener hijos que me disparaban incesantemente como si fueran balas ardientes. Se podría atribuir a mi edad, o al hecho de que estaba casada y no tenía hijos, pero los extraños —cualquiera, francamente— sentían que tenían el derecho de preguntarme acerca de una de las decisiones más personales que uno puede tomar.

—¿Tienes hijos? —me preguntaban en la fila del supermercado o en la sala de espera de la oficina de mi doctor.

—No —respondía con toda mi calma.

—¿Por qué no? —añadían (entrometimiento número uno).

—Pues, porque tuve una histerectomía.

—¡Ah, pero hoy en día hay tantas otras maneras de tener hijos!

¡Momento! Deténgase ahí mismo. Uno pensaría que la palabra *histerectomía* pondría fin a la conversación, pero mucha gente cree que está bien seguir indagando. ¿Por qué? ¡No te he pedido opinión, ni consejo, ni cualquiera de las otras opciones disponibles para mí! No me digas que puedo adoptar o contratar a una madre de alquiler o congelar mis huevos a los cuarenta años, o volar a la maldita luna y encontrar mi pequeño milagro allí. No me conoces, no conoces mi historia, y no te he invitado a participar. ¡Así que deja de entrometerte! ¡Déjame en paz!

La maternidad, para mí, es un tema muy personal, y con el tiempo he aprendido cómo manejar esas preguntas y conversaciones incómodas. Pero en el momento más doloroso de mi recuperación, resultaban terriblemente hirientes e irritantes. Todo el mundo está peleando una batalla de la cual no sabes nada: sé amable.

A los cuatro meses de mi histerectomía, cuando todos esos pensamientos y emociones asaltaron mi psique, mi cuerpo persistió en rebelarse contra mi bienestar. Comenzó a principios de ese mismo año, con un dolor agudo en la parte posterior de mi ojo. Entonces empecé a tener episodios ocasionales y repentinos borrosos. En un momento estaba bien y al siguiente apenas podía leer el cartel de la calle frente a mí. La ansiedad me golpeaba en lugares oscuros, como los bares o ciertos restaurantes por la noche, porque no podía ver con claridad y temía tropezarme y hacerme daño. En julio de 2014, cuando me hice un examen ocular de rutina, la optómetra notó inmediatamente manchas oscuras en mi retina. Esas manchas, sumadas a otros síntomas, la llevaron a decir: "Necesitas ver a un especialista en retina de inmediato. Esas manchas oscuras son tal vez tumores, y necesitamos descartar el cáncer ocular".

Esa fue la primera vez que escuché la palabra con "C" en mi vida. Se me hundió el corazón. A Nick también. Gracias a la Dra. Sayer encontré a alguien que podía verme esa misma semana.

El especialista en retina tuvo que realizar una angiografía con flouresceína, que en términos simples es como una resonancia magnética para el ojo. Para poder realizar este examen, primero tuvieron que dilatar mis pupilas con gotas para luego inyectar un contraste amarillo a través de una de mis venas. Y luego, tomaba fotografías en blanco y negro de mis retinas y las examinaba. Sin embargo, en los dos segundos que tardó para que el tinte se hiciera visible en los vasos sanguíneos de mi ojo, me emboscó el efecto secundario más inesperado y humillante que jamás había experimentado en mi vida: vómitos repentinos y defecación. Sí, pasé de tener pánico por lo que el tinte amarillo pudiera revelar, a ensuciarme en la misma oficina del doctor, frente al técnico. Resulta que el ojo puede desencadenar directamente el nervio vago, y el mío claramente no funciona como debería. Fue tan horrible que no sabía qué hacer. ¡Me quedé paralizada! El técnico me guió al baño, donde tiré mis pantis a la basura e hice lo mejor que pude para limpiarme.

Cuando salí del baño, el técnico me pidió que regresara al consultorio del doctor para continuar el examen. ¿En serio? Siempre firme como un soldado, levanté la cabeza y volví a entrar. Mis ojos estaban entumecidos por las gotas que me habían administrado anteriormente, así que el médico tomó algunas herramientas de mano de metal y comenzó a pincharme literalmente el globo ocular con fuerza. No sentía dolor, pero podía verlo *todo*. Fue uno de los exámenes más extraños y angustiosos que he experimentado, y he tenido mi parte justa. Hice lo mejor que pude para soportar la incomodidad y la vergüenza para llegar a la raíz de mis problemas oculares, pero todo fue en vano. El tortuoso examen duró una hora y los imagines de mis retinas no revelaron absolutamente nada.

"No sé lo que tiene", me dijo el especialista en retinas. "Lo siento, pero no puedo ayudarle".

¿Cuántas veces tengo que escuchar esto en mi vida? Acto seguido, me remitió a un investigador de enfermedades oculares raras que se especializa en casos como el mío y me advirtió que podía tomar hasta un año en obtener un diagnóstico formal. ¿Qué? ¿No se supone que la ciencia debe darte respuestas?

En el viaje de vuelta a casa en taxi, no pude superar mi vergonzosa reacción corporal. Estaba mortificada. Muy consciente del hedor que me quedaba y que me acompañaba, me sentí frustrada, irritada e indignada al pensar en otro asunto sin diagnosticar que necesitaba ser resuelto. ¿No fueron suficientes la histerectomía y la reconstrucción de senos? Cuando llamé para concertar la cita con el oftalmólogo investigador especialista en retina, octubre fue lo más pronto que podría verme. No tuve más remedio que morderme el labio y esperar. El tictac del reloj era doloroso para mí, pero era algo con lo que ya estaba demasiado familiarizada.

A menudo reflexiono sobre los muchos síntomas incomprensibles que plagan mi vida —el síndrome del intestino irritable (SII), los posibles tumores oculares, la extraña reacción al tinte amarillo— y me pregunto si no habrá alguna manera de descubrir si todos esos síntomas, disímiles en apariencia, están relacionados. ¿Cómo es que mis médicos no los detectaron durante mis chequeos anuales? ¿Cómo no me di cuenta de que todo apuntaba en una u otra dirección? Ahora no sirve de nada hacer esas preguntas, pero a veces desearía haber podido ver las cosas con más claridad.

En el último chequeo de la histerectomía con la Dra. Lerner, la cirujana de NYU, me emocioné al ver que todo estaba bien. Me explicó que estaba sanando bien y que los resultados de las distintas pruebas de patología estaban bien. Salí de su oficina, llamé a Nick y le dije: "Todo bien. Ya he terminado. He terminado con los senos; he terminado con la histerectomía. Por fin podemos seguir adelante". Me aseguré de que "seguir adelante" incluyera tener sexo. Nick estaba emocionado. Había llegado el momento de expresar una vez más nuestro amor físicamente.

Estaba muy emocionada y al mismo tiempo absolutamente aterrorizada de hacer el amor después que la operación cambiara mi anatomía. Era como ser virgen de nuevo, temiendo que me doliera y preocupándome de que pudiera sangrar, por no hablar de temer un posible brote de SII. Mi corazón se aceleraba, en parte por mi ansiedad y en parte por la anticipación de reconectarme físicamente con mi esposo.

Digamos, simplemente, que no había razones para preocuparse.

Un par de semanas después que me recuperé de mi histerectomía y me dijeron que podía tener relaciones sexuales de nuevo, la menopausia comenzó. Esto incluía terribles sudores nocturnos y sofocones que me habían dicho que podía evitar si conservaba los ovarios. Sí, así es: la menopausia temprana había llegado ferozmente golpeando a mi puerta. Era una rareza, dado mi tipo de histerectomía, pero parece que soy la reina de las rarezas cuando se trata de cuestiones de salud.

❧

Las hojas de otoño estaban rebosantes de una serie de naranjas y rojos cuando finalmente entré en el laboratorio de investigación de la Universidad de Columbia a principios de octubre, lista para someterme a un proceso de examen de cinco horas con la esperanza de descubrir finalmente qué diablos les pasaba a mis ojos. Fue largo, agotador, pero al terminar dijo: "No te estás quedando ciega: tienes 'foto sensibilidad' ". Un gran suspiro de alivio. Podía manejar los problemas con la luz, sin problemas. "Pero" —siempre hay un pero en mis diagnósticos—, "es demasiado pronto para saber si tienes cáncer ocular. Necesito esperar un año, reexaminarte a fondo y luego comparar los resultados. Y con suerte para entonces podré darte un diagnóstico". Mientras tanto, dijo, todo lo que podía hacer era respirar y ser paciente y tomar las precauciones necesarias para no irritar mis ojos fotosensibles. Esto no era lo que esperaba oír, pero tuve que vivir con ello. Dada la variedad de síntomas que había estado experimentando en los últimos meses, no me preocupaba demasiado tener cáncer. ¿Cáncer de ojos? ¿En serio?

Además, Nick y yo estábamos muy atrasados con nuestra próxima aventura, de manera que ese otoño hicimos una parada en Londres para encontrarnos con los hijos de Nick y amistades, y luego abordamos un vuelo en primera clase de Virgin Atlantic hacia Dubai y tachamos de nuestra lista de vida los objetivos de visitar el Burj Khalifa, la torre más alta del mundo, y montar camellos en el desierto árabe, como Lawrence de Arabia. ¡Ni siquiera sabía que uno podía surfear en la arena! Fue una experiencia surrealista. Luego visitamos Abu Dhabi, para tachar dos cosas más de nuestra lista: montar en la montaña rusa más rápida del mundo, en Ferrari World, y asistir juntos a una carrera de Fórmula 1 Grand Prix (la última del año).

Mientras pudiéramos evitarlo, nada se interpondría en el camino de nuestros espíritus aventureros y el deseo absoluto de cumplir con la lista de viajes y experiencias de ensueño que habíamos reunido juntos en nuestra tercera cita. Estaba decidida a continuar viviendo mi vida y haciendo todo lo que amaba con mi marido.

Fue una de las pocas cosas que me inspiraron a atravesar los oscuros pensamientos que de otra manera se habrían apoderado de mi mente. Explorar el mundo con Nick y hacer lo que nos gustaba no era solo una manera de escapar de la realidad; era mi manera de afirmar mi vida.

Sin embargo, mientras me encontraba en Londres, después de ir al baño, me levanté y me di vuelta para bajar la cadena. Me quedé atónita y disgustada por lo que vi. Sangre roja brillante había salpicado toda la taza del inodoro. *¿Qué demonios está pasando?* me pregunté a mí misma. Pensé que había terminado con estas pesadillas médicas. No sabía por cuál orificio venía la sangre, así que le dije a Nick que me llevara inmediatamente al centro de emergencias cerca del hotel. Después de examinarme, el doctor me dijo que la hemorragia era por el recto y me insistió que viera a mi médico de cabecera en cuanto regresara a casa, debido a que le era imposible diagnosticar con claridad lo que me pasaba. Obedecí sus órdenes, pero lo atribuí todo a la histerectomía. Había leído que tomaba un año o más sanarse de una cirugía tan invasiva, pero me pareció extraño que estuviera sangrando por el recto y no por la vagina.

Nuestro plan original era volar de vuelta a Londres juntos. Nick debía asistir a una semana de reuniones allí antes de que regresáramos a casa, pero el primero de diciembre recibimos noticias sombrías que cambiaron esos planes. El compañero de vida de mi tío Rafael durante treinta y dos años, el Sr. Jones, que también había sido como un tío para mí, falleció a causa de la enfermedad Parkinson. El Sr. Jones y yo compartíamos una pasión por Shirley Bassey, el teatro de Broadway y la música de todo tipo. Y, lo que era mucho más importante, había sido el amor de la vida de mi tío Rafael. Sabía que mi pobre tío estaría devastado y me necesitaba. Dejé todo, Nick voló a Londres y yo volé directamente de Dubai a Nueva York para ayudar con los preparativos del funeral y para estar con mi tío.

A mediados de diciembre de 2014, estábamos de vuelta en un avión con rumbo a California para pasar las vacaciones navideñas con mi familia. Todavía me enfrentaba a hemorragias intermitentes y a una fatiga constante, que atribuía a los viajes y al dolor por la pérdida del Sr. Jones. Mis síntomas no hacían más que empeorar. Ahora sentía molestias en el área de los glúteos izquierdos y fui atormentada por lo que parecía ser una corriente eléctrica repentina de dolor que bajaba por mi pierna izquierda. El dolor se disparó desde mi área pélvica hasta mi rodilla en ráfagas que yo describiría como contracciones. A finales de diciembre había ideado una forma de sentarme solo en mi lado derecho para evitar poner cualquier tipo de presión en mi nalga izquierda.

Y entonces, una mañana en la ducha, lo sentí: un bulto duro como una pelota de golf cerca de mi ano. *¡Mierda!* Me asustó, porque no lo había notado antes. Mi corazón se aceleró, pero respiré profundo y me calmé. Inmediatamente pensé: *¿Será que a la Dra. Lerner se le olvidó sacar uno de los fibromas?* Traté de hacerlo pasar por algo de lo que podría ocuparme cuando volviera a casa, pensando que habría una explicación inofensiva y que podría ser fácilmente removido. No tenía ni idea de que acababa de sentir al intruso que haría que mi vida se estrellara contra el suelo, alterando permanentemente mi trayectoria, mi salud mi propósito en este mundo.

10

El cáncer ataca

Debemos extraer del propio corazón del sufrimiento
los medios de inspiración y sobrevivencia.
—WINSTON CHURCHILL

La protuberancia claramente palpable se encontraba justo
entre el borde de mi nalga izquierda y el ano. ¿Qué era?
¿Qué significaba? La preocupación irrumpió en mi mente,
que ya iba desbocada. ¿Podría ser que...? Me detuve antes de
pronunciar la palabra C... ¡No la quería en mi vocabulario!
¡No podía ser! Necesitaba ver de inmediato a mi ginecóloga.

Tan pronto aterrizamos en Nueva York, a principios de
enero de 2015, hice una cita con una nueva ginecóloga obstetra, la Dra. Rachel, recomendada por una amiga. No me sentía
cómoda de estar recibiendo la atención médica que quería
por parte de la Dra. Lerner o la Dra. Watts, la ginecóloga que
había estado viendo hasta ese momento. La Dra. Rachel pertenecía también al centro médico de NYU, por lo tanto, nos
ahorraría tiempo, ya que tendría fácil acceso a toda la historia
médica de mi histerectomía.

Entré a una sala de examen pequeña, minimalista, moderna
pero estéril y con paredes blancas sin decoración. Me cambié
a una bata azul y blanca de paciente y el asistente me ayudó a

subir a la mesa de examen. Creo que mi presión arterial estaba por los cielos. La asistente se veía aprensiva, y yo sabía con certeza que su conducta no era normal. Cuando entró la doctora, me puse en posición y allí estaba, claro como el día. Ni siquiera tuvo que examinarme para ver el bulto que salía de mi piel. ¡Qué locura! No queriendo decir nada más, la Dra. Rachel ordenó una resonancia magnética inmediatamente.

La cita para la resonancia magnética fue programada para dos semanas más tarde, así que en vez de esperar con la mente enfocada en la prueba inminente, Nick y yo partimos hacia South Beach para celebrar mi cumpleaños número cuarenta y dos durante un fin de semana largo con amigos, incluida Lisa, que había sido mi amiga por casi veintitrés años. Con solo cinco pies y dos pulgadas de estatura, Lisa, una graduada de Harvard, era una fuerza sobresaliente: latina, mitad puertorriqueña y mitad mexicana, una pionera, una defensora de los derechos de la mujer, los niños, la educación y los menos afortunados. Con un ojo agudo para el talento, Lisa era una mentora visionaria y una mujer astuta. Lo que ella dijera, lo hacíamos.

Cuando regresamos el miércoles 21 de enero a Nueva York, me hice la resonancia magnética. Mientras pasaban los minutos dentro de la máquina trepidante que pronto determinaría mi destino, la imagen de mi vestido blanco de encaje Monique Lhuillier, hecho a la medida para mi boda, brillaba ante mí, en marcado contraste con la bata de hospital que llevaba puesta. En ese momento, el vestido, la lujosa boda, los viajes, mis carteras Chanel y todas nuestras posesiones materiales ya no importaban.

De alguna manera sabía que había llegado a un punto de inflexión; estaba absolutamente segura de que mi vida estaba a punto de cambiar drásticamente. Presentía que iba a ser desafiada como nunca antes. Y mientras yacía, acostada dentro de la máquina de resonancia magnética con un ruido ensordecedor, pude oírlo fuerte y claro: el Espíritu me decía que iba a necesitar de toda mi fuerza interior a medida que cambiara la perspectiva de mi salud.

Hasta ahora mi vida parecía haber estado bendecida por cumbres increíbles y por caídas estremecedoras. Una carrera profesional en California, después un angustioso acoso sexual que me llevó a un colapso nervioso y al SII, un emocionante traslado a la Gran Manzana luego de perderlo todo y tocar fondo; conocer al hombre de mis sueños, luego ser diagnosticada con tiroiditis de Hashimoto y gastroparesia; casarme con el amor de mi vida, someterme a una reconstrucción mamaria y la histerectomía. ¿Qué vendría después? ¿Sería este el final del camino para mí? Ya no sabía qué esperar. En todo caso, la vida estaba tratando claramente de enseñarme una de sus lecciones más valiosas: la importancia de vivir en el presente. Todo lo que sabía era que sería inútil enfocarme en lo que pudiera pasar en el futuro. Necesitaba concentrarme en lo que tenía delante de mí, en ese momento.

Al finalizar la exploración, el técnico de resonancia magnética me sacó del túnel y me preguntó casualmente: "¿Cuándo tienes programada la biopsia?". Primera bandera roja; señal de peligro. ¿Biopsia? Esto no está bien, pensé. *¡Nick se va a volver loco, no va a poder creerlo!* Me cambié la bata de hospital y me puse mi ropa normal. Mientras tomaba un taxi para regresar a casa, seguía repasando las palabras del técnico. Mi mente continuaba buscando la palabra que yo no quería reconocer verdaderamente. Una voz desde mis entrañas me dijo: "*Prepárate*".

"Por favor, no te preocupes. Lo más probable es que no

sea nada", me repitió Nick una y otra vez, hasta que me quedé dormida en sus brazos esa noche.

Entonces llegó la primera llamada inquietante de la Dra. Rachel. "No estoy segura de qué tipo de tumor es este", dijo. "Está fuera de mi área de experiencia. Te sugiero hacer una cita con un especialista colorrectal". No me alarmé. Había visto antes a especialistas de colon y recto, había sido operada de prolapso rectal. Tal vez ese nuevo bulto, ese tumor, tuvo algo que ver con ese procedimiento. Colgué y llamé a mi amiga Lisa, quien me sugirió ver a una ginecóloga-oncóloga primero. Contactó a una que ella conocía, la oncóloga que había tratado su cáncer de seno ocho años antes; y para el lunes siguiente, el 26 de enero, a las 6:30 de la tarde, estaba sentada en el consultorio de la Dra. Rogers con Lisa, explicándole mi situación y mostrándole mi historia clínica, incluida la resonancia magnética anterior a la histerectomía que la Dra. Lerner había solicitado específicamente. Una mirada perpleja cruzó la cara de la Dra. Rogers. Miró el último informe escrito de la resonancia magnética y lo comparó con el de junio de 2014, cuatro días antes de la histerectomía.

—¡Espera un minuto! —dijo—. Esta resonancia de junio del 2014 es de cuatro días antes de tu operación de histerectomía, ¿correcto?

Asentí con mi cabeza.

—Tu tumor fue visto y reportado entonces por el radiólogo de NYU Langone Medical Center. Sabían que estaba ahí. ¿No te lo dijeron?

El corazón se me hundió hasta las profundidades de mi estómago. ¿Qué? ¿Cómo podía ser? ¿Era cierto? ¿El tumor había estado creciendo dentro de mí durante siete meses? ¿Los doctores de NYU Langone Medical Center no me avisaron?

Inmediatamente, mi amiga Lisa, con su acento neoyorquino boricua, exclamó: "¡No puedo creerlo, Zulema! ¡Fuiste mal diagnosticada!"

Comencé a temblar y sentí que me desmayaba. Mientras mil preguntas perforaban mi cerebro, la Dra. Rogers realizó un examen, palpó el tumor, y dijo: "No creo que se trate de un carcinoma regular. Esto es otra cosa. Esto podría ser sarcoma".

Jamás había oído antes la palabra "sarcoma" —y no sabía lo que significaba—. Le pregunté: "¿Qué es eso?".

—Oh, es solo un tumor muy carnoso —contestó ella.

Exhalé lentamente. *No dijo* cáncer. Fue todo en lo que pude pensar: *No dijo* cáncer. A juzgar por su actitud calmada y su respuesta, automáticamente asumí que era probablemente un tumor benigno, nada de qué preocuparse.

—Lo mejor que puedes hacer es ir a un oncólogo colorrectal en el MSK —agregó.

Oncólogo. Ding, ding, ding, ¡otra bandera roja! que por lo general significaba solo una cosa, y lo del Memorial Sloan Kettering *Cancer* Center... bueno, el nombre lo dice todo. Mi ansiedad se disparó, pero, en lugar de dejar que mis emociones me controlaran, seguí todos los pasos sugeridos y me aferré al único hecho que me quedaba: todavía nadie había dicho la palabra *cáncer*.

Tres días más tarde, después de hacer una cita con el oncólogo colorrectal, estaba en casa llenando la información de registro para nuevos pacientes del Memorial Sloan Kettering, cuando recibí una llamada del departamento de terapia de servicios sociales.

—Sentimos mucho lo de su diagnóstico. Estamos aquí para ayudarla —dijo una voz de mujer—. ¿Quisiera hacer una cita con uno de nuestros sicólogos para hablar del tema? Le ofrecemos estos servicios a todos los pacientes registrados en el Memorial Sloan Kettering.

¿De qué hablaba? ¿Cuál era el diagnóstico y por qué necesitaba yo ver a un sicólogo? Murmuré algo sobre llamarla más tarde y colgué el teléfono.

Nada tenía sentido para mí, no podía conectar las piezas. Nadie se sentó conmigo y me dijo: "Escucha, esto es lo que está pasando y estos son los pasos que vamos a tomar en tu caso". No había un curso definido, nadie me lo estaba diciendo directamente. Ni siquiera sabía lo que tenía todavía, ni tampoco lo sabía mi nuevo oncólogo colorrectal.

—Desafortunadamente, todavía no puedo darte una respuesta —me dijo en nuestra primera cita, el 30 de enero—. Necesito presentar tu caso a la junta de tumores y enfermedades del Memorial Sloan Kettering.

Le miré, en *shock*, fijamente, perpleja, como si me estuviera hablando en un idioma extranjero y luego respiré hondo y le pedí más explicaciones. Después de tantos años de tratar con doctores, recién comenzaba a aprender. Nunca tengas miedo de hacer preguntas cuando algo que te diga un doctor suene como un trabalenguas. Es un derecho de todo paciente saber lo que su equipo médico planea hacer con su cuerpo y su salud.

—La junta de tumores y enfermedades está formada por un grupo de oncólogos provenientes de diferentes departamentos —oncología médica, radiología— que representan diferentes tipos de cáncer. Cada lunes la junta se reúne en la sala de juntas de ejecutivos y utilizan ese tiempo para presentar los casos que necesitan más atención. Como grupo, deciden la mejor manera de manejar cada caso —explicó y luego agrego—: Así que los llamaré más adelante la próxima semana con el resultado de la reunión y cómo creemos que debemos proceder.

Dos semanas de citas, exámenes y referidos, y aún no tenía respuesta. Ya trepaba por las paredes, atormentada por las imágenes de todos los resultados posibles que llenaban mi cabeza cada hora del día. El estrés y la ansiedad corroían lentamente cualquier lejana esperanza de que esto fuera cualquier cosa menos cáncer. Mi vista estaba puesta en las conclusiones de la junta de tumores y enfermedades del Memorial Sloan Kettering, pero el juego de la espera apenas comenzaba. Mi médico me explicó que la junta no pudo evaluar mi caso ese lunes debido a dificultades técnicas con el PowerPoint —que es el formato en que presentan los casos—, de manera que tendríamos que esperar pacientemente una semana más antes de presentar un posible plan de acción. ¿Qué tiene de difícil conseguir que el PowerPoint funcione? Frustración, exasperación… —ninguna palabra puede realmente transmitir la confusión que estaba hirviendo dentro de mí—. No tener control sobre lo que le sucedía a mi cuerpo me estaba volviendo loca. Cada minuto, día y semana que pasaba se sentía como una eternidad, una eternidad durante la cual el tumor, o aquello que nadie estaba dispuesto a llamar "cáncer", seguía causando más dolor.

Cuando por fin recibí la llamada del oncólogo colorrectal, finalmente hubo un plan en marcha, aunque le faltaban las respuestas que desesperadamente necesitaba oír. Primero, proponían no hacer una biopsia. La biopsia sería invasiva y podría resultar en sangramiento a causa de la naturaleza vascular del tumor y posible infección por causa de la aguja de la biopsia. El tumor debía ser extirpado lo antes posible y, una vez extraído y analizado en el informe final de patología, podrían decirme cuales serían los próximos pasos. Presioné al médico para que me diera más respuestas, que me diera una pista sobre el tipo de tumor que pensaban que tenía, pero no cedió. Frustrada, me di por vencida, pensando: ¡mientras más rápido pueda sacar este tumor de mi cuerpo y saber qué demonios es, mejor!

El oncólogo colorrectal me dijo que me podría operar el miércoles siguiente. Normalmente, no operaba los miércoles, pero como su agenda de la semana siguiente estaba llena, y luego se iría fuera del país durante dos semanas, había solicitado permiso especial para realizar la operación el miércoles. No quería hacerme esperar hasta su regreso para operarme. Me sometería a mi tercera cirugía en menos de un año, con otra ronda de anestesia que, conociéndome, probablemente representaría otra ronda de caos postoperatorio.

Colgué el teléfono, y la realidad de lo que estaba enfrentando me impactó de lleno. Lo que sobresalía del área glútea izquierda, ese bulto ominoso que había hecho acto de presencia solo un mes y medio antes, probablemente era cáncer. Por eso querían operar lo más rápidamente posible. En mi mente, todos los caminos conducían a la misma palabra. Todo sucedía tan rápido, estaba siendo arrastrada por una oleada rápida y furiosa que no podía controlar y estaba lidiando contra la incertidumbre y la gravedad de mi situación. Me preguntaba una y otra vez cómo esos hombres y mujeres valientes, que luchan en el extranjero por nuestra seguridad harían frente a las ansiedades diarias que soportan, poniéndose chalecos antibalas y armándose para enfrentar la incertidumbre y los peligros del campo de batalla. Mi campo de batalla era un lugar muy diferente con un enemigo invisible, pero no me sentía como si llevara una armadura y aún no sabía cómo armarme contra este invasor. Busqué apoyo en la espiritualidad, pero no se me ocurrió de inmediato. Había solo un enorme vacío.

Cada día era una lucha. Cada hora. Cada minuto. Nick hizo todo lo posible para mantenerme positiva, quitándome del borde de la cornisa muchas veces. Explicándome las posibles implicaciones de lo que los médicos me habían dicho y las opciones que tenía a mi disposición, pero no importaba lo esperanzado y alentador que tratara de ser, mi corazón estaba cargado de muerte inminente. Mientras tanto, me puse a investigar, una táctica a la cual recurría continuamente a medida que mis problemas de salud se intensificaban. Busqué la única palabra concreta que se había grabado en mi mente durante el cúmulo de citas por las que había pasado: *sarcoma*.

El sarcoma, de acuerdo con el diccionario digital de Merriam-Webster, es un "tumor maligno que surge en tejidos (como el tejido conectivo, el hueso, el cartílago o el músculo estriado) de origen mesodérmico". Estaba la palabra "maligno", otra bandera roja.

Con la fecha de la cirugía ya fijada, y un nuevo conocimiento de un mundo, el cual recé no fuera mi nueva realidad, me volví hacia Nick y le dije: "De verdad quiero ver a mis sobrinos antes de mi cirugía… por si acaso".

Por si acaso… *no salía viva*. Jam Jam y Marie significan el mundo para mí. La alegría que me trajeron no podría haber sido mayor si hubieran sido mis propios hijos. Es un amor inconmensurable. Necesitaba un escape temporal para evitar perderme en la preocupación. Podríamos ir a comer juntos y divertirnos, y yo podría besarlos y abrazarlos sin parar. Necesitaba su amor y afecto incondicional e inocente. Mi hermana, mi mamá, mi sobrino y mi sobrina se encontraron con nosotros en Las Vegas durante el fin de semana de San Valentín, que era exactamente lo que yo necesitaba. Los niños no tenían ni la más mínima idea de lo que estaba pasando, y nosotros lo mantuvimos así. Me deleité en su amor y sus risas, e hice todo lo que estaba en mi poder para ignorar la nube que se cernía sobre mi vida.

El sábado 14 de febrero, Nick y yo nos separamos de la familia por un tiempo para tachar otra actividad de la lista de vida: una excursión en helicóptero privado por el Gran Cañón, en Colorado. Un minuto estaba ansiosa y sombría por mi estado actual de cosas y al siguiente me alejaba volando alto en el cielo con mi señor Bond. Sorprendida por la belleza absoluta de una de las siete maravillas naturales del mundo, fue fácil apartar mis pensamientos sombríos por un tiempo: las rocas rojas del Gran Cañón parecían tan pacíficas y hermosas que seguramente nada malo podía pasar.

Vivir en el presente es lo que trato de hacer cuando los tiempos son difíciles, pero con un diagnóstico pendiente que podía cambiar mi vida, empecé a saborear cada minuto como si fuera el último. Mientras sobrevolábamos el Gran Cañón, juré no dar nada por sentado jamás, vivir en el presente y no en el futuro, hacer las cosas que amaba, abrazar plenamente el ahora, aprender a perdonar y aceptar el amor incondicional. Solo tenemos una vida por vivir, y depende de nosotros hacerla fabulosa, satisfactoria e inolvidable.

Revigorizada por la cascada de alegría y afecto del fin de semana, regresé lista para enfrentarme a cualquier cosa que el destino me deparara.

Primero, contacté a las enfermeras a domicilio que me habían ayudado después de la histerectomía para asegurarme de que estuvieran disponibles. Mi mamá ya venía de California para la cirugía, pero pensé que necesitaríamos toda la ayuda que pudiéramos conseguir. Para la histerectomía no había estado lista, pero esta vez me preparé para lo peor.

Luego vinieron los exámenes preoperatorios, junto con la reunión final con el cirujano oncólogo, dos días antes de la operación. Nick y yo nos sentamos en su oficina y le pedimos que nos explicara paso por paso todo el proceso de la operación. Necesitaba entender cada detalle de lo que estaba a punto de sucederle a mi cuerpo. Para estar segura de que nada se me escapaba, le pedí que por favor usara el modelo anatómico pélvico y colorrectal que tenía sobre su escritorio para explicarme el procedimiento.

No puedo hacer más hincapié en esto: si alguna vez te encuentras en una situación como la mía, haz preguntas y más preguntas. Haz tu tarea con antelación. No le temas al doctor, ni creas que es Dios. Los médicos son humanos como tú. Deben ser capaces de abordar todas tus inquietudes, o indicarte dónde encontrar la respuesta en caso de que ellos no la tengan. ¿Por qué digo todo esto? Porque ese día, mientras presionaba para saber más sobre el plan del cirujano, descubrí no solo que mi tumor estaba en el borde de mi músculo anal, sino que se extendía hacia mi músculo del glúteo izquierdo.

—¿Qué significa eso? —pregunté perpleja.

—Que no sabré exactamente cuánto de tu músculo anal y del glúteo necesitaré remover hasta que no esté en el quirófano —dijo.

—¿Cómo puede afectarme esto? —yo presioné.

—Existe la posibilidad de que cuando despiertes te falte una parte del recto y del área del glúteo —me contestó.

¡Puñeta! *¿Escuché bien?* Me zumbaban los oídos. Dos días antes de la cirugía, ¿y me lo estaba diciendo ahora? Estaba furiosa. ¿Por qué no me lo había dicho antes?

—¿Dónde está el cirujano plástico en todo esto? —indagué. Y, para mi gran sorpresa, no habría ninguno de guardia para mi procedimiento. Mientras miraba al doctor con consternación, me preguntó si quería que trajeran a un cirujano plástico, y le respondí sin dudarlo y un poco irónicamente: "Por supuesto". Lo que realmente quería decir era, "¿Estás bromeando? Me estás diciendo que puedo perder parte del recto y del trasero, y que no hay un cirujano plástico que evalúe y repare los daños causados por esta extracción?". Estaba desconcertada y estupefacta. En ese momento me di cuenta de que tenía que tomar el control y las riendas de la cita.

—¿Qué puede decirme de la recuperación? —continué preguntando.

Resultó que tenía otro camino tortuoso por recorrer. Mi evacuación intestinal debía ser lo más suave posible, porque cualquier tipo de presión en esa área, después de la cirugía, sería insoportablemente dolorosa. No podría sentarme, bajo ninguna circunstancia, hasta pasadas seis semanas. Solo podría estar de pie o acostada. No era una prognosis fácil, pero, habiendo pasado por recuperaciones postoperatorias complicadas y difíciles, sabía que estaría dispuesta a hacer lo que se exigiera de mí.

Al día siguiente me encontraba en el consultorio de la cirujana plástica.

Afortunadamente, fue compasiva y comprensiva e hizo todo lo posible por tranquilizarme, aunque nada en ese momento podía lograrlo. Salí del edificio abrumada por los detalles que pasaban por mi mente. Como distracción, Nick sugirió que fuéramos de compras, uno de mis pasatiempos favoritos, a SoHo y luego a almorzar en el Jean-Georges del Mercer Kitchen. Estaba nevando, una verdadera tormenta de nieve. Salimos del tren E en la calle Spring y, tomados de la mano, navegamos la deriva de la nieve que comenzaba a amontonarse por las aceras y calles. Y fuimos de compras. No recuerdo qué compramos, pero fue una distracción muy necesaria, y aferrarme a Nick mientras cruzábamos las calles me hacía sentir segura y a salvo. Él era mi roca. Me sentí increíblemente agradecida de tener a un hombre tan extraordinario a cada paso del camino mientras mis niveles de ansiedad ascendían hasta las nubes.

El día antes de la operación estaba tan tensa que apenas podía mover el cuello y los hombros. Tenía un dolor de cabeza permanente del que no podía desprenderme. Decidí hacerme una manicura —con esmalte de uñas transparente, ya que mis uñas tenían que estar visibles durante la operación— y un masaje, ya que pasarían dos meses antes de que pudiera volver a hacerme otro. Sin embargo, tenía que tener mi teléfono a la mano, ya que estaba esperando llamadas del equipo de MSK para reconfirmar los detalles del día siguiente.

Acostada bocabajo en la cama de masajes, mientras la masajista trabajaba los nudos y torceduras de la parte superior de mi espalda, sonó el teléfono. Rápidamente respondí la llamada y oí la voz de un representante de la compañía de seguro médico, Cigna, al otro lado. "He recibido toda la documentación de su caso de Memorial Sloan Kettering, pero antes de proseguir, quiero decirle cuánto sentimos que haya sido diagnosticada con cáncer", dijo. Mi corazón se detuvo, mi cerebro quedó en blanco, y todo lo que podía ver proyectado en la pantalla de mi mente, en grandes letras de molde negras, eran las palabras *tengo cáncer*.

En todas las innumerables citas médicas, exámenes y llamadas telefónicas con especialistas, enfermeras y técnicos, etc., ni una sola vez esa palabra había sido utilizada. Sabía que tenía un tumor —sí, de hecho, la palabra era ya parte de mi nuevo vocabulario médico—, pero nadie me había dicho que era maligno; nadie me había dicho que era *cáncer*. En lo más profundo de mí, sabía que debía serlo, ya que la cirugía era en MSK, donde solo admiten como pacientes a personas con cáncer. La representante de la compañía de seguro médico continuó: "Formo parte de un grupo específico que se ocupa de casos catastróficos, soy responsable de los casos de *cáncer*".

Cáncer. Cáncer. Cáncer. Cáncer. Cáncer.

Quería gritar: "¡Nooooo, no repita más esa palabra!".

Mientras la mujer continuaba con su explicación, yo pensaba: *¿Por qué no es mi oncólogo colorrectal quien me comunica algo así? ¿Por qué estoy oyendo que tengo cáncer de labios de una representante del seguro médico unas horas antes de mi cirugía? ¡Obviamente, ella sabe más que yo!*

Me sentía extremadamente ansiosa, abrumada por la inseguridad. ¿Estaba haciendo lo correcto? ¿No sería mejor esperar y encontrar un equipo médico que fuera más franco conmigo en todo lo concerniente a mi caso antes de operarme? Las preguntas me inundaban la mente mientras el masaje llegaba a su fin. Salí totalmente aturdida del salón.

Ahora me estaba ahogando en un mar de preguntas que antes no existían. De camino a casa, llamé a Nick, llorando histéricamente. Al llegar, él me esperaba en nuestro apartamento y su rostro mostraba una preocupación extrema. Nos sentamos en el sofá y me tomó las manos, tratando de consolarme. Entonces dijo: "¿Qué quieres hacer? ¿Qué necesitas de mí?". Le respondí que necesitaba llorar, y me abrazó mientras yo sollozaba.

Mientras mil ideas diferentes se agolpaban en mi mente, miré a Nick y le dije: "No sé lo que el futuro nos depare, pero ahora *sé* que tengo cáncer". Él me devolvió la mirada en silencio y con una expresión de incredulidad. "Escúchame", continué diciendo, "no sé lo que va a pasar mañana en la operación —si saldré o no con vida—, pero si salgo viva, vamos a tener que buscar varias opiniones con respecto a mi tumor". Me sequé las lágrimas y entré en mi modo lógico y práctico de razonar, comenzando de inmediato a hacer listas de lo que sería necesario hacer más adelante, y tratando desesperadamente de convencerme a mí misma de que podía manejar la situación. Sobre todo, tratando de meterme en la cabeza lo que se avecinaba. Hasta el día de hoy, me arrepiento de no haber cancelado la operación a último momento. Debí haberlo hecho, pero apenas comenzaba a dar mis primeros pasos en aprender a ser mi propia defensora de mis derechos como paciente. Había tantas preguntas más que debería haber hecho y respuestas que debería haber recibido antes de someterme a la operación. Cuando más adelante fui atendida en el MD Anderson Cancer Center, en Houston, Texas, supe que la cirugía habría podido ser mucho más efectiva si se hubiera usado previamente un tratamiento de quimioterapia para tratar de reducir el tumor antes de extraerlo. Pero estaba tan asustada por esta cosa que crecía dentro de mí, haciéndole quién sabe qué a mi cuerpo, que lo único que quería era que me la quitaran. Mis doctores me decían que el tumor debía ser extirpado lo antes posible —y eso, definitivamente, no sonaba bien—. Necesitaba tomar acción. Pero ahí estaba otra vez la vocecita interior, susurrándome que dudara de la decisión de operarme. Hasta ese momento en mi vida, siempre había escuchado a mi voz interior, rara vez se equivocaba. Solo que, en la confusión del momento y en medio del pánico por librar a mi cuerpo de la cosa allí abajo, lamentablemente no le presté atención. Siempre me preguntaré cuán diferente hubiera sido todo de no haber continuado con la operación en el MSK. Quizás me hubiera ahorrado tener que vivir con el espectro de tener márgenes positivos, o quizás la operación no habría sido tan invasiva.

◠୬

El momento en que la enfermera me sacó de la sala de preparación hacia el quirófano en la camilla fue desgarrador. Lloré incontrolablemente mientras me alejaban de Nick. Me preguntaba si saldría con vida, pero lo que más que me asustaba era despertar sin recto, o que me informaran que tenía cáncer en estado avanzado.

De hecho, cuando desperté de la anestesia, el 25 de febrero de 2015, miré a Nick a los ojos y le pregunté: "¿Era un tumor de células fusiformes?" Como resultado de mis investigaciones, sabía que un tumor de células fusiformes muy probablemente fuera sarcoma.

—Sí —respondió Nick.

—¿Perdí mi recto?

—No —me contestó.

Ese día todavía está borroso en mi memoria. Las horas de visita terminaban a las ocho de la noche, y los únicos que estaban junto a mí eran a quienes le pedí a Nick que admitiera: mami, tío Rafael y Lisa. Mi agotamiento apagó todos los intentos de mi mamá y mi tío Rafael por aligerar la situación y hacerme reír. Mami no había comido nada desde esa mañana,

194

y me preguntaron delicadamente si podían ir a comer algo. Sentí un enorme deseo de descansar, y aunque el dolor comenzaba a hacer efecto puse mi mejor cara adelante y les dije que no se preocuparan y que fueran a cenar, que estaría bien. Aunque la verdad era que estaba muy molesta, aterrorizada y preocupada por mi prognosis.

Alrededor de las nueve y media de la noche, el cirujano oncólogo colorrectal entró a mi habitación, todavía con gorro y uniforme quirúrgico, y me preguntó cómo me sentía. Intercambiamos algunas palabras y entonces le dije: "Me han dicho que es de células fusiformes".

"Sí", respondió. "Lo más probable es que sea sarcoma, pero hasta que no obtenga el reporte final de patología, no podré decirte qué tipo y en qué etapa está. Pero yo no me preocuparía por eso ahora si fuera tú".

La Dra. Rogers había sido la primera en mencionar la palabra *sarcoma*, y desde entonces había estado incrustada en mi cerebro. Por eso, no podía creer lo que mis oídos escuchaban. ¿De veras? ¿Me está usted diciendo que tengo cáncer, una forma rarísima de cáncer, pero que no debo preocuparme? No tenía las fuerzas para reaccionar, pero desearía haber sido capaz de cantarle las cuarenta. En efecto, sabía que tenía que obtener otras dos opiniones de patología. Este es el curso de acción correcto si te diagnostican cáncer, particularmente un cáncer poco común como el sarcoma. La razón es que las instituciones de cáncer, como el Memorial Sloan Kettering Cancer Center, el Dana-Farber Cancer Institute y el MD Anderson Cancer Center, tienen patólogos expertos que se especializan en distintos tipos de cáncer. Las opiniones de los patólogos pueden variar, y uno necesita estar seguro de qué tipo de cáncer tiene y en qué etapa está. La única manera de asegurar esto es obtener tres opiniones de patología. La mayoría de los seguros cubren una segunda opinión de patología, e incluso una tercera si se trata de una organización de proveedores preferidos (PPO, por sus siglas en inglés).

Después de que el oncólogo saliera de mi cuatro, la información que acababa de confirmarme me dejó totalmente atónita. El pánico comenzó a circular por mis venas. *Cáncer. ¡Tengo un maldito cáncer! Sarcoma. No tengo idea de la etapa o de qué tipo es.* El cirujano también me informó que habían dejado márgenes positivos para evitar comprometer mi recto. O sea, los bordes del tejido extirpado en mi cirugía aún contenían algunas células cancerosas, lo cual era tremendamente desconcertante de escuchar. Tener márgenes positivos es como vivir con una bomba de tiempo. ¡Sabe Dios cuándo va a explotar! *Cáncer.* ¿Cómo puede alguien descansar o dormir después de recibir tales noticias?

También me sentía grandemente disgustada con el NYU Langone Medical Center. ¿Cómo podían unos profesionales de la medicina ser tan negligentes y no informarle al paciente de un tumor que resultó ser sarcoma? NYU había puesto mi vida en peligro. Este fue el momento crucial cuando me dije a mi misma que me convertiría en defensora de los derechos de los pacientes; los míos y también los de otros. Sería mi manera muy personal de lidiar con la angustia, el dolor, el sufrimiento y, lo más importante, con la ira.

Alrededor de la una de la mañana, el dolor alcanzó niveles insoportables. Llamé al enfermero de guardia para que me administrara Dilaudid. Antes de abandonar la habitación, se volvió hacia mí y me dijo: "Lo siento. ¿Le importa si le pregunto algo?". Dije que no me importaba. "Es usted tan joven, y tiene este tipo de cáncer... ¿Cómo lo supo? ¿Cómo notó el tumor?". Le conté una versión abreviada de lo sucedido en el transcurso de los últimos meses. "No puedo creerlo. Es usted uno de los pocos casos que he visto aquí de personas jóvenes con sarcoma", dijo. "La mayoría de las personas con sarcoma tienen sesenta o setenta años, y sus tumores están localizados en otras partes del área pélvica, pero no en los músculos glúteo y anal, como en su caso". En otras palabras, el mío era cáncer anal, no rectal. Y ahí estaba; una vez más, otra persona que me confirmaba que se trataba de sarcoma; alguien más que señalaba que era un caso poco común, y otra que sabía, mucho antes que yo, que me esperaba un camino largo y arduo.

Aunque suene ingenua, siempre había oído hablar de cáncer rectal, pero no sabía que uno podía contraer cáncer del ano. Existe una cantidad increíble de estigmas asociados con el cáncer anal que no se adhieren a los demás, y no solo en la cultura hispana donde hablar de tus partes privadas es tabú. Sencillamente, no es un cáncer socialmente aceptable. A menudo se asocia erróneamente con la actividad sexual. Incluso escuché a alguien decir una vez que probablemente lo adquirí a consecuencia de haber practicado el sexo anal —en otras palabras, me imputaban haberme autoprovocado un cáncer mediante mis propias acciones—. ¡Cuánta ignorancia! El miedo a ser juzgados hace que muchos pacientes de cáncer anal se sientan aislados. No quería eso para mí. Tenía la esperanza de que mi franqueza y honestidad al hablar de la enfermedad pudiera salvar vidas y ayudar a otros a sanar. Creo que el cáncer anal, ya sea sarcoma o carcinoma, se encuentra en la misma situación en que se encontraba el colorrectal antes de que la presentadora Katie Couric se sometiera a una colonoscopía en vivo en la televisión nacional como medio de crear conciencia y promover la prevención, o cuando muchos hombres ocultaban el cáncer testicular porque se avergonzaban del mismo.

11

En el filo del sufrimiento
y la esperanza

Una cruda y desnuda pena, pero en la pena hay siempre una flor
de esperanza al alcance de la mano. Atrévete a alcanzarla.
No dejes que el miedo te limite, no dejes que el pasado te detenga.
—THERESE RASMUSSEN

El jueves por la noche, un día después de la operación, mi visión comenzó a fallarme. En la mañana del viernes 27 de febrero, los mensajes de texto que llegaban a mi teléfono lucían borrosos y deformes. Tampoco podía leer la pizarra que tenía enfrente de mi cama. Alerté de la situación al residente de oncología colorrectal quirúrgica de guardia: "No puedo leer. No puedo escribir. Me siento mareada y desorientada", y recibí por respuesta que muy probablemente se debía al estrés de la operación y al proceso de habituarme a la idea de tener cáncer. Recuperé la vista lentamente en las horas siguientes y comencé a reenfocarme en la situación inmediata, pero, como siempre sucede con mi cuerpo, esa fue una advertencia temprana de los desafíos adicionales que encontraría en mi camino.

El residente de oncología colorrectal decidió darme el alta esa misma tarde, sólo dos días después de mi cirugía. No sentía que estaba lista para dejar el hospital. No me sentía bien. Mi voz interior me decía que no todo estaba bien. A fin de ahorrar dinero, las compañías de seguros médicos en la actualidad desean que permanezcas en el hospital el menor tiempo posible, y los doctores y las enfermeras operan bajo esa presión. Al llegar a casa, Nick me ayudó a darme una ducha rápida —la primera en tres días— y enseguida me acosté. Solo recuerdo haberme despertado temblando incontrolablemente, como si se tratara de una convulsión. Mi cuerpo se sacudió tan fuerte que se levantó de la cama. ¡Me aterroricé! De pronto, la parte derecha de mi cara y mi brazo estaban entumecidos. Llamé a Nick gritando, muerta de miedo. Gracias a Dios estaba en la habitación de al lado, su oficina, y se apresuró a entrar inmediatamente, temiendo lo peor. En medio de esto mi teléfono sonó: era la Dra. Sayer, que llamaba para saber cómo seguía. Le pidió a Nick que me llevara de inmediato de regreso al hospital, pues le preocupaba que las convulsiones fueran un ataque isquémico transitorio (AIT) —en otras palabras, una mini apoplejía—.

A las tres horas de haber sido dada de alta, me encontraba otra vez en una camilla, en la sala de emergencias del Memorial Sloan Kettering, siendo llevada a una resonancia magnética del cerebro. Luego, me hicieron una multitud de pruebas adicionales. Al final, no encontraron señales de accidente cardiovascular, pero decidieron mantenerme bajo observación esa noche, lo que significó tener un montón de cables conectados a la cabeza, las orejas, el corazón, las manos y las piernas, para controlar de cerca mi actividad en caso de que tuviera otro episodio. Estaba aún en la camilla, pues la sala de emergencias estaba llena. Me sentía atemorizada y vulnerable, sola en un cuarto frío y clínico, desprovisto de comodidades, sintiéndome como el objeto de algún experimento científico estilo Frankenstein.

Los resultados no eran todavía concluyentes a la mañana siguiente, pero mi condición era estable. Me enviaron a casa con una cita para ver al jefe de oncología de cabeza y cuello dos días más tarde. Después de acribillarme con preguntas centradas en los síntomas que había experimentado, se decidió que no había sufrido un ataque isquémico ni ninguna otra afección neurológica. Hasta el día de hoy no sé lo que me pasó esa tarde; pero, gracias a Dios, no me ha sucedido nuevamente.

La semana siguiente fue un infierno. El dolor anal era brutal y las náuseas producidas por los analgésicos pesados eran realmente desesperantes. Entonces llegaron las temidas punzadas que avisaban a mi cerebro de la inminencia de la primera defecación postoperatoria. Había seguido las órdenes del médico al pie de la letra, haciendo todo lo que estaba a mi alcance para suavizar la materia fecal tomando regularmente sales de decusata (Colace) y magnesio, y había llegado el momento de la verdad. De solo entrar al baño, me asaltaron ondas de ansiedad y aprensión. Me sentía débil, las piernas se tambaleaban. Estaba espantada de miedo al dolor. Tomé asiento en la taza del inodoro muy cuidadosamente, lista para afrontarlo. Las lágrimas corrían por mi cara mientras jadeaba por el aire. Un aluvión de gritos, sollozos y alaridos desgarradores siguieron rápidamente.

El dolor era insoportable y el resultado fue directamente una escena salida de alguna película de horror, con sangre roja brillante salpicando la taza del inodoro. El doctor me había advertido que así sucedería, y que era normal, pero nada pudo prepararme para semejante espectáculo. Fue aterrador, y esto apenas comenzaba.

El tiempo no avanzaba, y mi recuperación era lenta y la taza del inodoro de color carmesí se volvió de color rosa pálido. Una señal de que estaba sanando. Profundamente agotada y abrumada, limitaba las visitas a unos cuantos amigos, y encontré consuelo especial en una amiga en particular: Therese Rasmussen.

Nos conocimos en 2006, en la boda de una amiga en común en Ecuador, y nos hicimos amigas por Facebook rápidamente. El cáncer de seno había tocado a su puerta en 2013, pero Therese parecía haberle tomado la delantera y en 2014 le informaron que estaba en remisión. Pasó los siguientes seis meses celebrando la noticia, pensando que todo sería un paseo a partir de ese momento.

Antes de mi operación, le había dicho a Therese que todo parecía indicar que también yo tenía cáncer. Me causó gran consternación oírle decir que el suyo estaba de vuelta, se había extendido a diferentes partes de su cuerpo y no había nada más que pudieran hacer por ella. En cuestión de semanas sucumbiría a la enfermedad. Me hizo sentir culpable por mi situación, pero no pude evitar preguntarre si tendría el mismo resultado.

Continuamos comunicándonos a diario por teléfono o mensaje de texto. Desde el principio, Therese comprendió mi caos emocional y su ayuda fue esencial en las primeras semanas durante las cuales luché con la mera idea de tener cáncer. También a diario la escuchaba y trataba de darle aliento mientras recibía semanalmente transfusiones de sangre que intentaban prolongarle la vida junto a Carl, su esposo, y sus dos hijas. Era extremadamente difícil escuchar los detalles de su situación, enfrentada al fin de sus días, pero nuestras conversaciones diarias se convirtieron en uno de los salvavidas de mi recuperación postoperatoria. Era la primera vez que estaba tan cerca de alguien a la que solo le quedaban semanas de vida.

Le hablé de cosas que no me sentía cómoda contándole a nadie más —mis miedos, mis ansiedades, mis momentos de puro pánico— y ella siempre estaba ahí con su apoyo emocional sin igual, como una roca. Siempre creí que mis amigas de la infancia, con las que había mantenido una relación estrecha, serían mi centro de apoyo, pero ese no fue el caso. A principios de marzo, en una de nuestras innumerables conversaciones telefónicas, Therese quiso compartir conmigo un deseo desinteresado y que daba vida. Había aceptado la proximidad del final de su vida, pero se daba cuenta de que había muchísimo más que le hubiera gustado lograr, y no quería que sus seres queridos tuvieran los mismos remordimientos. Les pidió a todos sus amigos y amigas que dejaran lo que estaban haciendo, tomaran un momento para escribir su *bucket list* y se la enviaran. Su deseo era hacer realidad, antes de morir, al menos uno de los deseos, a fin de mostrarnos cuán importante es no posponer nuestras metas o nuestra felicidad.

Sus amigos aceptaron encantados el reto, pero a cambio, la retaron a ella a hacer lo mismo. En años recientes, Therese había comenzado a interesarse por la fotografía, y llegó a refinar su talento hasta el punto de producir imágenes de belleza incomparable. Así que a nadie le sorprendió que su propia exposición fotográfica estuviera en el tope de su *bucket list*. Cuando sus amigos lo supieron, enseguida pusieron manos a la obra y consiguieron una galería en Connecticut. La primera exposición fotográfica de Therese se inauguraría el viernes 20 de marzo, en apenas dos semanas, debido a que el tiempo era un factor esencial. Las invitaciones formales fueron enviadas mientras Therese y sus hijas se enfocaban en seleccionar las imágenes y escribir los subtítulos.

El 20 de marzo, poco menos de un mes después de ser operada, todavía me encontraba en medio de la recuperación y sin poderme sentar aún; como tuve algunos síntomas de influenza unos días antes de la exposición, mi oncólogo me recomendó que evitara las aglomeraciones de gente, pues mi sistema inmune estaba trabajando horas extra para restablecerme. Por mucho que deseaba estar allí con Therese, no pensé que podría lograrlo. Expresé mis disculpas, a lo que ella respondió: "No te preocupes. Voy a tener un espacio donde descansar, porque será muy agotador atender a tanta gente, así que podemos compartirlo".

Para no decepcionarla, le dije que trataría de asistir a la inauguración, pero que no podía comprometerme.

"Algo me dice que estarás aquí, así que no voy a preocuparme", dijo.

Su determinación estimuló la mía. Muy en el fondo de mi ser, sabía que posiblemente fuera la última oportunidad de verla. Darle un fuerte abrazo en persona y estar allí para su debut de repente se convirtió en mi fuerza motriz y mi objetivo. Me hizo sentir bien, enfocarme en otra persona, cambiar de perspectiva. Después de todo el apoyo que Therese me había dado en los últimos meses, tenía que estar allí para ella. Aunque habíamos sido amigas por medios sociales durante muchos años, la conexión que formamos hacia el final de su vida fue muy distinta de la que tuvimos antes, nos hicimos realmente amigas. Fue como si nuestras almas se hubieran entrelazado: yo sentía su dolor, y ella el mío. Cuando finalmente el cáncer la traicionó y partió de esta vida, todavía podía sentir esa conexión.

A medida que se aproximaba el viernes, nos topamos con un inesperado obstáculo: una tormenta masiva de nieve avanzaba directamente hacia Nueva York.

—No podemos ir —dijo Nick, preocupado.

—*Tengo* que ir. *Tengo* que estar allí —le respondí.

Entonces le envié un mensaje de texto a Therese: "No te preocupes, allí estaré. Sé que estarás emocionada y ocupada con el evento, así que te dejo en paz por ahora y me comunicaré con Carl por si necesita ayuda. ¡Nos vemos el viernes!".

La mañana del viernes despertamos con la esperada manta de nieve que paralizó y cubrió toda la ciudad. Pensé que el evento sería cancelado, pero todo el mundo decidió aventurarse y desafiar el mal tiempo. Cada uno de los días adicionales que le quedaban a Therese en este mundo eran invaluables y ninguna tormenta de nieve nos impediría estar a su lado en la ocasión de su gran debut.

Esa mañana, mientras tomaba un poco de té y reclamaba todas mis fuerzas para mi primera salida luego de la cirugía, tocó a mi puerta sorpresivamente un servicio a domicilio de manicura y pedicura y peinado, un regalo de dos maravillosas amigas, algo que nunca olvidaré. Un gesto que me demostró más amor y comprensión de lo que las palabras puedan expresar. Algo tan simple significó mucho para mí, pues me demostró cuánto me querían.

Una vez que estuve arreglada y lista para partir, Nick intentó disuadirme una última vez: "Zulema, afuera está nevando muy fuerte", dijo. "Imagínate, si te resbalas y te caes y tu incisión se abre. ¿Estás segura de que quieres seguir adelante con los planes?".

Pero no iba a aceptar un no por respuesta, y él lo sabía. Salimos de casa y caminamos con sumo cuidado hasta la terminal

Grand Central, donde tomaríamos el tren a Connecticut, para después tomar un Uber hasta la galería. Al final de un viaje de noventa minutos, durante el cual permanecí de pie o arrodillada debido a que no podía sentarme, me sentía exhausta pero feliz de haber llegado, pese a la tormenta de nieve.

Entramos a la galería, que estaba repleta de gente, y era como un océano de calidez en medio de la turbulencia que azotaba el lugar. Ver las fotos de Therese elegantemente expuestas en las paredes me llenó el corazón de alegría —un sentimiento que no había experimentado en varias semanas—. La exhibición estaba perfecta y el lugar vibraba con la energía de los asistentes. Una hora más tarde, solo faltaba la invitada de honor. Entonces, comencé a sentirme cada vez más agotada. Me sentía contenta de estar allí, pero en el fondo solo quería darle un abrazo a mi amiga, nuestro último abrazo, y luego huir a casa a tirarme en la cama. Estaba forzando mi cuerpo más allá de sus límites, pero si había llegado hasta allí, tendría que soportar hasta el final. Entonces busqué a la cuñada de Therese y le expliqué que no estaba segura de poder quedarme mucho más. "¿Qué pasa? ¿Por qué Therese todavía no está aquí?", le pregunté.

"Ven conmigo un minuto", me respondió en un susurro. "Voy a llevarte a una habitación privada, donde Carl te hablará por teléfono".

Me llevó al cuarto y me recosté horizontalmente en un sofá a esperar que el teléfono sonara. Cuando respondí, era Carl.

—Zulema, siento mucho que no podamos verte esta noche, pero ni Therese ni yo podremos estar allí —dijo, con mucho tacto.

—¡Oh, Dios! ¿Qué pasa? ¿Qué está sucediendo? —pregunté, con el corazón saliéndoseme del pecho.

—Fuimos a ver el espacio esta mañana para asegurarnos de que todo estuviera en orden, y al regreso, Therese tuvo un episodio de insuficiencia hepática. Estamos en casa. Therese morirá de un momento a otro —susurró.

En ese momento, mi corazón se rompió en mil pedazos. Un millón de pensamientos corrían por mi mente. ¿Por qué les pasaban estas cosas a las personas buenas? ¿Por qué Dios no pudo darle un día más para asistir a su exposición? ¿Cómo se las arreglarían ahora Carl y las niñas? ¿Sería así como terminaría mi propia vida?

Mientras intentaba darle sentido a las palabras de Carl y me despedía de él, rompí a llorar incontrolablemente, devastada por una pérdida que me tocaba tan de cerca. No podría enfrentarme nuevamente a la multitud ni pasar otra hora y media de pie en un tren de regreso a casa, así que Nick llamó a un servicio de coches. Él ocupó el asiento delantero para que yo me acostara en el asiento trasero, con el corazón partido y llorando *un río*. Durante todo el trayecto de vuelta a la ciudad, no dejaba de pensar en *lo increíblemente frágil que es la vida*: Therese se había perdido su gran inauguración apenas por pocas horas.

Falleció esa misma noche y no tuve la oportunidad de darle un último abrazo. No sé cuál habrá sido el plan de Dios, pero me consuela pensar que Therese pasó sus últimas horas enfocada en algo que le apasionaba, en lugar de su inminente muerte. Además, nos dejó a todos un mensaje de amor y esperanza increíble —tan importante, que cambió la manera en que comencé a ver mi enfermedad. Ese día juré que amaría con todas mis fuerzas y viviría con todas mis fuerzas, a pesar de haber sido diagnosticada con cáncer. No quería ser esa persona a quien le dicen que se vaya a casa a poner sus asuntos en orden y a despedirse del mundo porque le quedan semanas de vida, y que solo entonces trata de hacer las cosas que había dejado para mañana.

Creo firmemente que Dios y el universo nos unieron a Therese y a mí por razones que ninguna de las dos podría imaginar. Mientras la noche daba paso al día, me resultaba aún difícil aceptar que su voluntad de acero y su espíritu indomable ya no estuvieran en el mundo físico. Su muerte fue una pérdida muy dura en un momento crucial de mi vida. Esa ausencia abrupta no solo me causó una enorme pena, sino que me dejó increíblemente sola y frágil. Therese había muerto a los cuarenta y dos años, mi misma edad. Era la primera vez que me enfrentaba cara a cara a mi propia mortalidad. Me sentía, de hecho, más cerca de la muerte que de la vida, y era muy difícil encontrar alivio. Nick hizo todo lo posible por consolarme; él era el único que sabía lo profundamente impactada que estaba por la muerte de Therese.

Llevé la angustia de la pérdida de mi Therese conmigo durante muchos días, hasta que una mañana me di cuenta de que atascarme en la tristeza era lo menos que ella habría querido que hiciera, así que me recuperé. Estaba más resuelta que nunca a seguir cumpliendo mi propia lista de vida y a vivir mi vida apasionadamente, sin importar cuántos días, semanas o años me quedaran. No existe más que el presente para lograr aquello que te hace feliz. Y lo más importante: quería vivir la vida tal y como la había imaginado con Nick, sin desaprovechar ni un solo segundo.

A cinco días de la muerte de Therese, me encontré sentada frente al oncólogo especialista en sarcoma de Memorial Sloan

Kettering. Nick se había ofrecido a tomarse el día libre para acompañarme, pero le dije que no era necesario. Ciertamente, no estaba pensando con claridad.

El oncólogo me entregó una copia del reporte y me dijo: "Tu sarcoma es de tejido blando; el subtipo es SFT (*solitary fibrous tumor*), un tumor fibroso solitario. Está en etapa uno, lo cual es bueno. Pero tienes márgenes positivos, lo cual dificulta el caso, de manera que tendrás que ser monitoreada cada tres meses".

Etapa temprana: bueno, pensé. *Márgenes positivos: malo*.

"No existe una quimioterapia para este tipo de tumor, de manera que tu única opción es la radiación. Siento mucho que tengas un tipo de cáncer raro".

Mi mente se quedó en blanco, excepto por esta frase: ¡Dios mío, tengo cáncer!

La cabeza me daba vueltas y no podía procesar lo que el doctor me explicaba: pero esta era solo una pequeña lista de todo lo que vendría después. Por suerte, estaba grabando la conversación de la cita para repasarla más tarde. Me las arreglé para enviarle a Nick un mensaje de texto mientras me ponía la bata de paciente para el examen médico.

"¡Ven al Memorial Sloan Kettering ENSEGUIDA! ¡El cáncer está confirmado!".

Nick debe haberlo dejado todo para correr a mi lado, porque veinte minutos más tarde entraba como un relámpago por la puerta. Externamente, permanecí con compostura durante la cita, pero internamente me estaba desmoronando. Cuando salí del edificio, me desplomé en los brazos de Nick en total consternación. Aquí estaba: teníamos el diagnóstico del que ambos habíamos tratado de apartarnos y en el que habíamos procurado no pensar. Yo era oficialmente una paciente de cáncer.

"¿Qué quieres hacer?", me preguntó Nick. Mi mente estaba agobiada por un torrente de información que se mezclaba con imágenes confusas de las citas por venir, el posible tratamiento de radiación y todas las demás incertidumbres que el nuevo diagnóstico implicaba. Anhelaba desesperadamente algo que me forzara a mirar hacia adelante.

"¡Vámonos a comprar el juego de comedor para la terraza al aire libre que hemos estado viendo durante el último año!", le respondí. Ahora que lo pienso, Nick debe haber pensado que estaba volviéndome loca por querer salir a comprar un juego de comedor de exterior cuando acababa de recibir un diagnóstico que me cambió la vida. Estoy segura de que también sabía que yo necesitaba hacer algo "normal." Como la ocasión en que entré corriendo a Barney's para comprarme un par de *flats* de Chanel después de que el oncólogo colorrectal me comunicara que tenía que operarme. No se trató de un caso de "terapia de compras", sino de la necesidad de adquirir algo que me ayudara a seguir siendo yo misma en un momento en que mi cuerpo era un desastre. ¡Necesitaba *flats* nuevos! No pude usar tacones hasta ocho semanas después de ser operada. Debía evitar a toda costa caerme de trasero, lo cual tendría serias consecuencias.

Del mismo modo, el día en que finalmente me informaron que tenía cáncer, no se trataba solo de amueblar nuestra terraza, más bien lo que estaba haciendo era prepararme para lo que pensé que sería un verano en Nueva York dedicado a mi tratamiento. Ya que no podría viajar a ningún sitio en varios meses, al menos transformaría nuestra terraza en un oasis donde relajarnos, reposar y recibir amigos mientras recibía radioterapia.

Nick llamó un taxi. Mientras nos alejábamos del Memorial Sloan Kettering, llamé a mi madre para darle la noticia. Su

respuesta inmediata fue: "¿Qué día comienzas la radiación?".
Típica mami: necesita un plan de acción, siempre con su sentido práctico, y no se atasca en las emociones.

Terminamos tarde nuestras compras —sí, ordenamos el juego de muebles para la terraza— y fuimos a comer a Cosme, uno de mis restaurantes mexicanos preferidos en la cuidad. Cuando el sumiller se acercó a nuestra mesa, lo primero que ordené fue una copa de champán. No había podido beber alcohol en dos meses a causa de los analgésicos, y no estaba segura de que me permitieran beber mientras estuviera bajo tratamiento de radiación, así que en ese momento solo anhelaba mi burbujeante favorito, algo que me hiciera olvidar, aunque fuese por un instante, uno de los momentos más traumáticos de mi vida.

Los detalles de lo que sucedió en los dos días siguientes se han borrado totalmente de mi memoria. Todo es sombra y pura aprehensión. Mientras más leía acerca del sarcoma, más terror sentía. Pensé que no había esperanza, que solo existía la muerte, y caí en un profundo pozo de desesperación. Todo lo que añoraba era recobrar el control de mi existencia, apretar el botón de *rewind* y dar marcha atrás a mi vida, pero en cambio, me encontraba perdida en cuanto a saber cuáles deberían ser mis próximos pasos.

Lo que siguió fue una alineación interminable de citas con diferentes especialistas en cáncer, así como una constante investigación independiente por mi parte. Preocupados por la posible propagación de mi cáncer, porque tenía la tiroides agrandada, me hicieron una biopsia de la glándula tiroides. Otro procedimiento más, pero este fue realizado bajo anestesia local.

Sentía que la responsabilidad de resolver mi propio rompecabezas recaía sobre mis hombros. Pero mi ciclón médico seguía retumbando: el oncólogo de cabeza y cuello me envió un correo electrónico comunicando que luego de hacer su propia biopsia, no descartaba la posibilidad de linfoma de tiroides.

Mientras cumplía con cada cita, comenzaron a asaltarme las dudas con respecto a si Memorial Sloan Kettering era el lugar idóneo para mi caso. Tenía la impresión de que el principal objetivo de los doctores debía ser garantizar que me sintiera segura con mi diagnóstico y que juntos estableciéramos un plan de tratamiento. Ellos harían su parte para poder entender mi historial médico complejo con antelación a cada cita, y me ayudarían a tranquilizarme.

En cambio, comencé a sentirme como un número más en el sistema médico, y esa sensación me estaba desquiciando. Comprendí que el Memorial Sloan Kettering era el mejor centro de tratamiento para los tipos más comunes de cáncer, pues su enfoque es específico y tienen resultados altamente exitosos. Pero yo tenía sarcoma, complicado con otras condiciones médicas. Necesitaba una alternativa, un lugar que pudiera entender tanto mis padecimientos físicos como mis necesidades emocionales y que pudiera tratarme de manera integral. También sabía que, a consecuencia de la falta de fondos y de la rareza de los casos de sarcoma, no había muchos lugares que tuvieran departamentos especializados en mi tipo de cáncer.

Dediqué cada segundo de mi vida a convertirme en mi propia defensora. Sin dudas, debía existir alguien que fuera la autoridad mundial en sarcoma. Tras indagar un poco y entrar en contacto con la Organización Mundial de la Salud, lo encontré: el Dr. Lowes.

El Dr. Lowes es el director de oncopatología del Dana-

Farber Cancer Institute, en la ciudad de Boston. Llamé a su oficina y su asistente me explicó el proceso de cómo enviar mis diapositivas de patología para que el doctor emitiera un reporte. Sabía que necesitaba tres patologías, y que su informe sería el que yo escucharía.

Cuando Nick volvía a casa del trabajo todos los días, me encontraba sentada frente a la computadora, investigando en el internet todo lo relacionado con el sarcoma, o con la nariz metida en el último libro médico que había adquirido en Amazon. Mientras profundizaba mi investigación y repasaba todo lo sucedido, encontré un artículo del *JAMA: The Journal of the American Medical Association* (Revista de la Asociación Médica Estadounidense).

De acuerdo con el artículo, la Administración de Alimentos y Medicamentos (Food and Drug Administration, o FDA por sus siglas en inglés) estimaba que una de cada 352 mujeres que habían tenido una operación de histerectomía padecía de sarcoma uterino no detectado, incluido el leimiosarcoma. El hospital de NYU había usado un morcelador (un instrumento parecido a una trituradora que corta en pedazos alimentos y vegetales) para extirpar los fibromas a través de mi ombligo. El FDA había emitido una advertencia para no usar el morcelador en histerectomías, a fin de no propagar malignidades no detectadas. Ahora me preocupaba mucho que los fibromas de mi histerectomía fueran, de hecho, leimiosarcomas. Ya había tenido sarcoma, ¿y si hubiera habido leimiosarcomas escondidos entre los fibromas? ¿Podría el morcelador haber rebanado inadvertidamente un leimiosarcoma maligno, liberando células cancerosas por todo mi cuerpo? Le confié a mi amiga Lisa mis inquietudes sobre el tratamiento al que estaba siendo sometida, y le dije que necesitaba desesperadamente asesoría alternativa. Lisa me escuchó atentamente y me dijo que conocía a dos personas que habían padecido tipos raros de cáncer. Tal vez debía hablar con ellas...

Antes de colgar, Lisa me prometió contactar a ambas personas, y treinta minutos más tarde me enviaba un mensaje de texto: "No vas a creerlo: una de mis dos amigas, Geraldine, ¡tuvo sarcoma!". Sus palabras fueron un bálsamo para mi alma, y el hecho de que usara el tiempo pretérito —Geraldine *tuvo* sarcoma— me hizo sentir una oleada colosal de esperanza.

Un poco más tarde, recibí un correo electrónico de la misma Geraldine, y en cuestión de horas estábamos hablando. No había tiempo que perder. Una gran sensación de alivio me inundó mientras Geraldine validaba todo lo que yo sentía en el curso de una conversación de cuarenta y cinco minutos. Antes de colgar, hicimos planes para encontrarnos, junto con nuestros maridos, para hablar un poco más. Vinieron a nuestra casa la tarde siguiente y nos dejaron a Nick y a mí atónitos mientras compartían su historia.

Diez años antes, a Geraldine le habían dado seis meses de vida después de haber sido diagnosticada con osteosarcoma en el brazo derecho. El osteosarcoma es otro tipo de sarcoma, un cáncer de huesos. También fue mal diagnosticada. Varios doctores de Nueva York le aseguraron que, para poder salvarla, tendrían que amputarle el brazo, y ya ella se encontraba lista para el sacrificio, pero su marido se negó a admitir que esa fuera la única forma de tratamiento. Como médico, él mismo realizó investigaciones exhaustivas y decidió que el MD Anderson Cancer Center sería la mejor opción. Ella desarraigó su vida en Manhattan y reasentó en un apartamento en Houston, Texas, donde Geraldine pasó los siguientes doce meses luchando por su vida. Y lo logró: ¡sobrevivió! De hecho, ha sobrevivido más de diez años. Geraldine y su esposo no podían tener una mejor opinión del MD Anderson y, mientras conversábamos, Nick y yo supimos que era la sede de la excelencia de la nación para el tratamiento de sarcomas, tanto de huesos como de tejidos blandos. Al final de esa noche de principios de abril que cambiaría mi vida, Nick y yo lo habíamos decidido: también nosotros debíamos desarraigar nuestra vida en Nueva York para ir al MD Anderson.

A la mañana siguiente me levanté a toda prisa para enviarle un *email* a Geraldine en el que le contaba la noticia de nuestra decisión y le preguntaba si podía ponerme en contacto con alguien en el MD Anderson para conseguir una cita. Geraldine los contactó de inmediato, asegurándome, como si fuera mi nuevo ángel de la esperanza, que ni Nick ni yo estaríamos solos a partir de ahora.

A cinco días de nuestro encuentro, y luego de numerosas llamadas telefónicas, océanos de formularios y recopilaciones de los últimos cinco años de historias clínicas de cada doctor que me había tratado, ya había entrado al sistema del MD Anderson. Dos días después, recibí la fecha de admisión: el 27 de abril de 2015. Sabía de sobra cuán difícil era ser admitido en tan corto tiempo en una institución para el tratamiento del cáncer. ¡Geraldine había logrado un verdadero milagro de buena fe! Mi esperanza voló muy alto, algo que no había sucedido en muchos meses. Había depositado toda mi confianza en este nuevo capítulo del tratamiento de mi sarcoma.

Mientras tanto, me regalaron otro gesto inolvidable de amor y amistad. Estaba obsesionada con una obra teatral del distrito off-Broadway llamada *Hamilton*. Un día, a principios de abril, mi amiga Lisa me dio la sorpresa de obsequiarme dos boletos. El 11 de abril de 2015, Nick y yo tuvimos nuestra primera cita romántica postoperatoria en el Public Theater, para ver *Hamilton*. Pasarían muchos meses antes de que el espectáculo llegara a Broadway y se convirtiera en un éxito viral y global.

Estaba emocionada. ¡Había deseado tanto verlo! Cuando llegamos a nuestros asientos se me paró el corazón. Justo delante de nosotros estaba sentado nada menos que Daniel Craig, el *verdadero* James Bond, con su esposa, Rachel Weisz. ¡DIOS MÍO! *¡OH, MY GOD!* ¡Tenía ganas de comenzar a dar volteretas en el teatro!

Mientras planeábamos los detalles de nuestra boda temática de James Bond, se estrenó la película *Skyfall*, protagonizada por Daniel Craig. ¡Nos encantó la película! Le decía a Nick: "¡Tenemos que conocer a Daniel Craig! ¡Tenemos que encontrar la manera de conocerlo!". Nuestra boda había incorporado temas de todas las películas de James Bond: la invitación para reservar la fecha era basada en *Goldfinger*; la despedida de soltero de *Casino Royale*; la invitación para el ensayo de la cena salió directamente de *The Spy Who Loved Me*; y, por supuesto, ¡los letreros de cada mesa en la cena formal de la boda llevaban los títulos de las veinticinco películas de James Bond!

Me moría de ganas de contarle nuestra historia a Daniel, pero tampoco quería hacer evidente su presencia. Quería respetar su privacidad de esa noche especial en que había salido con su esposa, ya que, al parecer, nadie a nuestro alrededor lo reconocía. Decidí escribirle una nota durante el intermedio para hacerle saber que éramos súper admiradores suyos, que nuestros *alter egos* eran Sr. y Sra. Bond, que James Bond había sido el tema de nuestra boda y que el esmoquin de Nick era el mismo que él había usado en *Skyfall* —hecho a la medida por el diseñador Tom Ford—, así como lo mucho que significaría para nosotros conocer al verdadero James Bond.

Toqué el hombro de Daniel durante el intermedio para darle la nota. Se rio mientras la leía. Entonces se volvió hacia nosotros, nos tendió la mano y dijo: "¡Encantado de conocerlos!", con su voz de James Bond; me derretí. Me deseó todo lo mejor y nos dio las gracias por ser fans de su personaje. Después se volvió otra vez hacia nosotros y, con una gran sonrisa, le dijo a Nick: "¡Ese es un esmoquin endemoniadamente caro, amigo! ¡Lo siento!". Fue increíblemente simpático. ¡Yo estaba flotando en el aire! Porque conocer a James Bond fue una señal de que Dios nos estaba cuidando, diciéndonos que continuáramos creyendo en la sanación y la visualización, y que supiéramos que todo iba a estar bien.

Esa noche fue un recordatorio de que mantuviera viva siempre mi esperanza visualizando mis mayores sueños, sin que importaran las dificultades y las metas, ¡y que jamás me rindiera ante ninguna batalla! Unas noches después, mientras Nick y yo estábamos en la cama conversando sobre nuestro próximo viaje a Houston y preguntándonos si estábamos tomando la decisión correcta, se volvió hacia mí, me agarró la mano con fuerza, me miró fijamente a los ojos y dijo: "Vamos a dar todo lo que tenemos para seguir luchando. Si necesitamos ir a China por tu salud y bienestar, lo haremos".

Menos mal que solo tuvimos que ir hasta Texas.

12

The Z Word

Viajamos, no para escapar de la vida,
sino para que la vida no escape de nosotros.
—ANÓNIMO

Y así comenzó el 27 de abril de 2015. La búsqueda de respuestas y esperanza.

El viaje no comenzó sin problemas. El viernes anterior a nuestro viaje a Houston, recibí una llamada de la persona encargada de mi caso en el centro administrativo de negocios del MD Anderson, para explicarme que tenían que reprogramar mi visita debido a que todavía no habían recibido los resultados de patología necesarios para la primera cita. Es costumbre que la institución oncológica realice su propia patología. Yo había arreglado para que Memorial Sloan Kettering enviara las laminillas de mis tejidos, y las habían enviado, pero todavía no habían sido recibidas en el departamento al que tenían que llegar en el MD Anderson, así que el trabajo de la patología no se había hecho.

Furiosa, colgué y llamé a todos los números de departamentos que encontré en el internet, pero llegar al departamento de patología es como contactar a la Casa Blanca: ¡imposible! De ninguna manera iba a demorar mi viaje solo porque alguien no había hecho su trabajo. Moví cielo y tierra, hasta que pude hablar con el jefe encargado de asuntos del paciente, y en cuestión de horas el asunto estaba rectificado. Si algo he aprendido durante esta odisea médica es a no aceptar un no como respuesta. Nuestra cita estaba programada de vuelta para la fecha prevista.

La llamada telefónica era lo último que quería recibir. Las dos semanas anteriores habían sido extremadamente estresantes, reuniendo todos los registros médicos que el MD Anderson necesitaba: cada resonancia magnética, escáner, análisis de sangre, todos los registros médicos de los dos años anteriores, organizar los vuelos y el alojamiento en hoteles y responder a los correos electrónicos. Por supuesto, apreciaba los correos electrónicos y las llamadas de amigos y familiares que se interesaban por mi salud, pero una vez que has respondido la misma pregunta diez veces, comienza a ser agotador. No podía hacerlo más. La gente preguntándome todo el tiempo fue demasiado para mí. Estaba abrumada. Mientras empacaba mi equipaje, tomé una decisión: comenzaría un blog con un triple propósito: mantener a todos informados de mi situación; compartir toda la información valiosa que fuera descubriendo para poder ayudar a quienes se encontraran en una situación semejante; y, por último, encontrar una vía de escape ante la montaña rusa emocional en la que me hallaba mientras viajaba por todos los recovecos de la terrible palabra C. Entonces me vino esta idea: en lugar de la palabra C, o *the C word*, como se dice en inglés, mi blog se llamaría "La palabra Z" o sea, *The Z Word*.

La mayoría de mis amigos y familiares se resistieron y criticaron esta forma de comunicación. Algunos hasta se sintieron ofendidos al dirigirlos a que leyeran el blog en vez de hablarles o responder sus preguntas directamente. No lo entendieron. Probablemente no lo entienden aún; ni lo entenderán. Sé que no manejo bien las preguntas bajo estrés. No quería tener que repetirme un millón de veces al día. Necesitaba aquietar mi mente y no revivir una y otra vez todos los problemas con los que tenía que luchar a diario. La lección aquí es que, si estás lidiando con un diagnóstico de cáncer, no te limites a enviar mensajes de texto o llamar para preguntar "¿Cómo estás?". Brinda más apoyo preguntando qué puedes hacer para ayudar; o aún mejor: haz algo que tenga un impacto positivo en la persona afectada.

Quería escribir tanto como pudiera acerca de lo que estaba experimentando, sin olvidar los detalles. No tenía planes de escribir un libro en ese preciso momento, pero en el fondo, sabía que algún día contaría mi historia. El blog sería mi diario. Si alguien se ofendía con lo que escribía allí, que así fuera. Al comienzo de lo que esperaba que fuera mi búsqueda final de respuestas, me interesaba mantener un registro detallado de los medicamentos que tomaba, los tratamientos a los que me sometía y mis reacciones a los mismos. Esto demostró ser invaluable más tarde en mi tratamiento. Por último, aunque no menos importante: quería llegar hasta, y conectar con, otras personas que estuvieran pasando por lo mismo que yo, o que recién hubieran descubierto alguna "rareza" vascular en su reporte de una resonancia magnética.

25 de abril de 2015

Comienzo un nuevo capítulo en mi búsqueda para vencer el sarcoma y llegar al fondo de mis problemas de salud. Sé que necesito un enfoque holístico, y tengo la ferviente esperanza de que lo encontraré en el MD Anderson. Nada deseo más que ser tratada por un equipo integrado de doctores y oncólogos bajo un mismo techo. Memorial Sloan Kettering tiene fantásticos profesionales de la salud, pero yo necesito tener de mi parte un equipo sin fisuras que comprenda toda la gama de condiciones médicas que plagan mi cuerpo y luche por mí. No solamente tengo sarcoma de tejido blando, un cáncer raro de por sí, sino un tumor fibroso solitario en una zona anómala de mi cuerpo —un triple golpe—, además de gastroparesia y tiroiditis de Hashimoto. Estoy a la espera del resultado de las pruebas de un posible linfoma de la tiroides y tengo un problema no diagnosticado en el ojo… Un problema ocular. Necesito profesionales que puedan trabajar juntos y tratar mi cuerpo como una totalidad para llegar a entender si una enfermedad interactúa con otra, y cómo. Pero, aún más importante, entender de dónde provienen o cuál es la causa de todo esto.

Estoy al mismo tiempo emocionada y nerviosa: emocionada porque tal vez pueda al fin obtener las respuestas que busco, y nerviosa de que todo esto conduzca a otro callejón sin salida. Además, está el impacto en la vida de mi marido. Durante mi tratamiento, trabajará desde Houston. Se trata de una persona que pone buena cara ante las dificultades, pero sé que le preocupa estar alejado de la oficina tanto tiempo. La banca de inversiones es un mundo complejo que demanda estar todo el tiempo al máximo de tus capacidades. No es solo que dependemos del salario de Nick, sino que ahora, con una condición preexistente, la permanencia de mi tratamiento depende de la cobertura del plan de salud que ofrece el trabajo de Nick. Nos damos fuerza mutuamente.

26 de abril de 2015

Escribo estas líneas en un vuelo de Jet Blue con destino a Houston. Me embarga un sentimiento de normalidad aquí arriba, mirando hacia afuera los cielos amigables. A mí y a Nick nos encanta viajar, es una de las cosas que nos unieron desde el principio. Aun cuando, por esta vez, nuestro destino final diste mucho de ser un lugar para vacaciones de ensueño, hemos decidido tomar el viaje como excusa para explorar una ciudad que no estaba en nuestro radar ni en nuestra lista de vida, pero que será nuestro segundo hogar durante las próximas semanas y, tal vez, hasta en los próximos años.

Domingo, 26 de abril de 2015
Aterrizamos en el Aeropuerto William B. Hobby de Houston, y mientras nos dirigimos a recoger nuestro equipaje, me sobrecoge ver un enorme cartel publicitario del MD Anderson que proclama "Una meta: ~~cáncer~~." Sin poder contenerme, le apreté la mano a Nick con fuerza, llena de optimismo y esperanzas.

Hemos llegado al que será nuestro hogar en el futuro inmediato: el Hotel ZaZa. Un bello espacio lleno de obras de arte, recomendado por mi nueva amiga Geraldine. Habiendo pasado por el mismo proceso, nos sugirió quedarnos aquí en lugar de alojarnos en las instalaciones del MD Anderson, donde no hay más remedio que vivir y respirar cáncer día y noche. Estamos a solo diez minutos en auto: suficientemente cerca como para llegar con facilidad a las citas, pero suficientemente lejos como para darnos un respiro de tanto ambiente de hospital. El hotel dispone incluso de un servicio de autos para transportarnos de ida y vuelta al edificio del MD Anderson cuando lo necesitemos: un lujoso Cadillac Escalade con cuernos de toro en la parrilla del frente. ¡Alojamiento perfecto!

Lunes, 27 de abril de 2015

Nadie puede concebir la enormidad del MD Anderson a menos que haya estado allí en persona. Es una ciudad dentro de la ciudad, con calles y más calles, y edificio tras edificio dedicados a la investigación y la eliminación del cáncer, y a ofrecer atención médica a más de cien mil pacientes. Al principio es bastante intimidante y abrumador, pero enseguida comprendes que este establecimiento monumental está ahí para ayudarte, y se convierte de inmediato en un lugar de esperanza y consuelo. Caminé hoy por esos pasillos, en nuestro primer día aquí, rogando caer en buenas manos, con la fe puesta en Dios y en esta institución. ¡No hay ninguna institución médica como el MD Anderson! Hoy me tomaron muestras de sangre y me hicieron las pruebas rutinarias. Mañana comienzan mis citas reales y, con la voluntad de Dios, encontraré el camino hacia una salud estable en el futuro.

Hubo muchas noches en que Nick me abrazaba muy fuerte en la cama y me repetía que, pasara lo que pasara, yo era el amor de su vida y que se sentía orgulloso de mí por enfrentarme a mi enfermedad sin resignarme a ser una víctima y que admiraba de que yo tuviera agallas para luchar contra un sistema que no está diseñado para ayudar al paciente.

Martes por la mañana, 28 de abril de 2015

Tuve una noche increíblemente agitada y llena de ansiedad. No pude cenar. Di vueltas y vueltas en la cama. No sé qué esperar, ni siquiera sé si podría permitirme tener esperanzas. ¿Tiene alguna esperanza mi caso, o viene con sentencia de muerte? Estoy impaciente por

*saber, pero temerosa de lo que el nuevo conocimiento
pueda revelar.*

        Noche del martes, 28 de abril de 2015
*Mi primera cita del día fue con la Dra. Linda Smith, la
oncóloga quirúrgica de sarcoma que me han asignado
y que será la principal encargada de mi caso. Sabía qué
era lo primero que tenía que discutir con ella. El cirujano
del Memorial Sloan Kettering me había sugerido que me
sometiera a radiación después de la operación, a fin de
eliminar cualquier célula cancerosa persistente. Pero,
cuando lo consulté con el radiólogo-oncólogo, también
del Memorial Sloan Kettering, me respondió: "Dada la
situación y el tipo de tumor, no la recomiendo". Me explicó
que los efectos secundarios podrían ir desde la deformación
de la vejiga, colitis e incontinencia rectal, hasta la
deformación del tejido vaginal, que haría que las relaciones
sexuales fueran dolorosas. Recuerdo haberle preguntado:
"¡¿Y cuál es la mala noticia?!". Estaba ansiosa por conocer
la opinión de la Dra. Smith sobre este asunto.*

    *Llegué a la cita preparada, con un documento del
resumen clínico que había diseñado para no repetirme
constantemente ni olvidar cosas tan simples como cuántas
operaciones había tenido o qué medicinas estaba tomando,
cuáles eran mis síntomas o cuáles habían sido las pruebas
y análisis más recientes que me habían efectuado. Mi
documento de resumen tenía seis páginas de datos, e
incluye también el historial de cáncer en mi familia,
predominante por parte de mi padre.*

    *Tampoco la Dra. Smith recomendaba tratamiento de
radiación para mi tipo de sarcoma. Sabiendo que existía*

*un 80% de posibilidades de que el sarcoma recurriera en
los primeros dos años, recomendaba el seguimiento con
imágenes y chequeos cada tres meses durante los próximos
dos o tres años. Le expliqué mi frustración con el sistema
del Memorial Sloan Kettering, y le dije que estaba buscando
atención integral bajo un mismo techo. Después de leer
mi resumen clínico y mi historial, creía que la mayoría
de mis síntomas estaban relacionados con enfermedades
autoinmunes crónicas. Hasta ese momento, la única
enfermedad autoinmune que me habían diagnosticado era
la tiroiditis de Hashimoto y, claro, el fugaz diagnóstico de
lupus que, según creía, había sido temporal. Pero la Dra.
Smith habla de enfermedades, en plural, y sospecha que
hay más por descubrir. Genial: ¡justo lo que necesitaba!*

Luego de ese primer día de citas, Nick y yo fuimos a cenar y,
por supuesto, ordenamos una botella de champán Pierre Peters
2000 Les Chétillons. El champán es siempre la respuesta para
todo. Ambos nos sentimos aliviados, aunque por distintas razones. Yo, porque finalmente estaba recibiendo algunas de las respuestas que buscaba; Nick, porque le había escuchado decir a
la Dra. Smith que yo no requeriría radiación. Nick creía que, en
lo concerniente al sarcoma, ya todo estaba bien. Solo era cuestión de monitorear mi salud y asegurarme de que el sarcoma no
recurriera. Frustrada por lo que yo consideraba ingenuidad, le
expliqué que aún habría unos cuantos obstáculos por superar.
Creo que esta fue la primera discusión que tuvimos sobre mi
salud. Basta decir que la tensión escaló bastante alto esa noche.
Nick es el eterno optimista, mientras que yo he aprendido a ser
escéptica con respecto a todo y todos relacionado con el sistema
médico. Necesitaba más tiempo para poder asimilar lo que ven-

dría, y no quería apresurarme a sacar conclusiones ni creer que estaba fuera de peligro hasta que no me reuniera con todos los doctores y todas las pruebas fueran realizadas. Dimos por concluida nuestra incómoda cena y regresamos al hotel.

Miércoles, 29 de abril de 2015
Hoy me hicieron una biopsia de la tiroides y programaron
el encuentro con un endocrinólogo más adelante esta
semana. Además, me informaron que el reporte de
patología del MD Anderson coincide con los del Memorial
Sloan Kettering y el Dana Farber, lo cual es una buena
noticia. Ya no quedan dudas acerca de mi sarcoma: un
tumor fibroso solitario en etapa uno y grado histológico
bajo, aunque con márgenes positivos. Ciertamente, esta
información me da un poco de paz mental, aunque
todavía me siento insegura con respecto a lo desconocido.
La Dra. Smith dijo que, en sus veinte años de tratar a
pacientes de sarcoma, solamente había visto cuatro o cinco
casos como el mío, y que pensaba que mis posibilidades
eran buenas, aunque no podía decirlo con certeza, ya que
cada caso es siempre diferente.

Durante el resto de la semana marqué diez o más citas y pruebas en gastroenterología, obstetricia y ginecología, oftalmología, la clínica de cáncer de mama sin diagnosticar, el departamento de cabeza y cuello, neurología y genética. Lo que sea, yo me lo hice. Me sentí como un carro al que someten a una inspección completa, desde el motor hasta el maletero. Nunca he experimentado un cuidado tan detallado y completo en mi vida, y le agradecí a la Dra. Smith todos los días por cuidar de mí.

Todos los días empezábamos a las cinco de la mañana. Nick se levantaba a hacer videollamadas del trabajo desde su computadora. Después tomábamos un desayuno ligero: muchas veces yo no podía comer por el nerviosismo, y a veces porque era requerido para las pruebas programadas ese día. A estas alturas ya había caído entre la talla cero y la talla dos, pero ciertamente no me atrevería a anunciar mi experiencia como un programa de pérdida de peso. Cuando llegábamos al hospital, me llevaban a la primera sala de espera donde me ponía ese uniforme azul que sería mi atuendo para el día, ¡muy Chanel! Mientras me pinchaban y me examinaban, Nick se sentaba en la sala de espera, a menudo en más videollamadas mientras intentaba seguir haciendo su trabajo a distancia. Se programaron de tres a cuatro citas y al menos un procedimiento cada día. Mientras tanto, estaba constantemente rodeada de otros pacientes de cáncer, muchos de ellos en peores condiciones que yo, tambaleándose al borde de la muerte y caminando en batas de hospital, conectados a sus máquinas de quimioterapia. Mientras esperaba mi turno en el laboratorio, un hombre muy enfermo se desplomó en el piso. Las enfermeras inmediatamente dieron la alerta de un "código rojo", pero antes de que alguien pudiera ayudar, lo vi tomar sus últimos suspiros, justo delante de mí. ¡Hablando de poner todo en perspectiva! Toda mi energía estaba enfocada en pasar cada hora, cada prueba dolorosa, cada nuevo resultado.

Usualmente, mi rutina diaria concluía alrededor de las cuatro de la tarde. Salíamos a cenar temprano y después nos retirábamos a descansar, hacer llamadas, responder a un océano de *emails*, escribir en mi blog y prepararnos para recomenzar a la mañana siguiente. Una tarde fuimos a Prego, uno de los restaurantes italianos locales, para nuestra habitual cena en el bar, con una copa de champán para mí y una de Rinaldi Barolo para Nick. Preferimos sentarnos en el bar para poder interactuar con la gente, conversar un poco, distraernos y tal vez hacer nuevos amigos en Houston. Mientras tomábamos copas de vino, una mujer y un hombre de alrededor de cincuenta años se sentaron cerca de nosotros e iniciaron una conversación. La mujer había notado que yo llevaba el reconocido brazalete que me identificaba como paciente del MD Anderson. Yo me fijé en la cruz azul y las quemaduras que sobresalían de su blusa sin tirantes, lo cual significaba que estaba recibiendo tratamiento de radiación de cáncer de seno, aunque no llevaba brazalete. Resultó que era atendida en el hospital Houston Methodist. Inmediatamente nos caímos bien, e intercambiamos nuestros datos de contacto. Antes de retirarse, le aseguraron a Nick, que debía partir hacia Londres en unos días para una reunión de negocios, que ellos se encargarían de mí en su ausencia.

Se fueron y Nick y yo nos quedamos conversando un rato más, y cuando llegó el momento de pagar la cuenta, nos quedamos atónitos al darnos cuenta de que ellos habían pagado por nosotros. Las lágrimas inundaron mis ojos e inmediatamente los llamé para agradecerles por un acto de bondad tan generoso y espontáneo. Era la primera vez que nos pasaba algo así, y en un momento tan desgarrador en nuestras vidas, realmente nos dejó sin palabras. Debo decir que hasta el día de hoy continuamos siendo amigos y que nos encontramos con ellos cada vez que vamos a Houston. Pude corresponder a ese gesto tres días después, cuando una madre soltera resultó ser mi chofer de Uber. En camino al MD Anderson, supe que la madre de la chofer que me llevaba al hospital se encontraba en estado crítico en el MD Anderson, y que ella tenía tres niños pequeños y estaba en aprietos financieros. Al final del viaje, le entregué hasta el último dólar que llevaba en mi cartera; unos trecientos dólares. La mujer se quedó muda y no paraba de llorar mientras yo le entregaba el dinero. Casi todos a quienes conoces en los alrededores del MD Anderson han sido tocados de una manera u otra por el cáncer. Existe una camaradería y un sentimiento de compasión no declarados entre la gente que llegas a conocer y que puede cambiar tu vida para bien.

Viernes, 1 de mayo de 2015
Almorcé hoy con la Dra. Smith y la Dra. Gómez, oncóloga quirúrgica del sarcoma y científica a cargo del laboratorio de investigación del sarcoma de tejidos blandos en el MD Anderson. La Dra. Smith pensó que era una buena idea que conociera a la Dra. Gómez, pues ambas somos mujeres puertorriqueñas ¡y estamos unidas por el sarcoma! Le hice muchas preguntas a la Dra. Gómez acerca de la enfermedad. Me las respondió todas inmediatamente y me invitó a su laboratorio. Por supuesto que acepté su invitación. Hay mucho que aún ignoro acerca del sarcoma, pero existen tantos subtipos, que hasta los científicos admiten que queda mucho por investigar. Fue fascinante conocer a una joven mujer latina al mando de la investigación.

El primer fin de semana en Houston fuimos bendecidos con un bellísimo clima primaveral, del que nos aprovechamos para dar una larga caminata por el Hermann Park. El calendario estricto de citas, corriendo de una oficina a otra, nos dejó anhelando pasar horas de aire fresco y en un paisaje distinto. Paseamos por un sendero bordeado de árboles, encontramos un banco cerca del plácido lago McGovern, y nos sentamos, uno muy cerca del otro, mirando pasar los botes de pedales y escuchando el canto de los pájaros que gorjeaban por encima de nuestras cabezas.

Comenzamos una conversación de horas de duración sobre mis opciones y el mejor camino a seguir. Todavía recuerdo esa tarde como si fuera ayer. La Dra. Smith cerró la semana diciéndonos que era hora de que decidiéramos si el MD Anderson sería mi principal clínica de tratamiento para todas las citas de seguimiento. Es aconsejable que la persona con cáncer elija una sola institución, no varias, para el cuidado permanente, y que no salte de una a otra. Debíamos tomar en cuenta que, si elegíamos el MD Anderson, ello implicaría pasar en Houston al menos una semana de consultas de seguimiento y tratamiento cada tres meses, lo cual representaba un enorme esfuerzo financiero.

Nick y yo sopesamos cuidadosamente todos los pros y los contras. También calculamos las cifras para ver qué nivel de compromiso financiero era necesario con los mejores y peores escenarios que podríamos enfrentar en el futuro. A Nick no se le haría posible ir a todas las visitas debido a su trabajo. Sin embargo, al fin y al cabo, votamos a favor de hacer del MD Anderson nuestro centro de tratamiento oficial. Era la elección más obvia.

—Hagámoslo así— me dijo Nick—. Tu salud es nuestra prioridad.

En esa corta semana, me sentía más segura y cómoda por los cuidados recibidos en el MD Anderson que en cualquier otra institución médica. Valían la pena los sacrificios que fueran necesarios para lograr nuestro objetivo.

Las siguientes dos semanas fueron más de lo mismo: citas, exámenes, comer, dormir y repetir. Nick tuvo que volar de vuelta a Nueva York y después a Londres por cuestiones de trabajo, así que una amiga vino de Nueva York para quedarse conmigo el fin de semana. Después me quedé sola. Extrañaba mucho a Nick, pero él necesitaba encargarse de su trabajo, y yo de mi salud. Lo único que no estaba dispuesta a aceptar era la posibilidad de no pasar juntos nuestro segundo aniversario de bodas, el 17 de mayo de 2015. Necesitaba estar a su lado, sentir su calor y celebrar juntos nuestra unión.

Salí de Houston con la respuesta a muchos de mis interrogantes. El resultado de la biopsia de la tiroides fue negativo. Tampoco tenía cáncer del ojo: las pruebas de anticuerpos para la retinopatía asociada al cáncer también habían resultado negativas. De todas maneras, en cada chequeo trimestral debía continuar alerta a la situación de mis ojos.

Había dado positivo para el síndrome paraneoplásico, un trastorno desencadenado por un sistema inmunológico alterado. El especialista creía que el trastorno y la alteración del sistema inmunológico eran probablemente el resultado de mi sarcoma y no de las primeras etapas del cáncer ocular.

Tenía mucha más tranquilidad. Sentí que mi equipo estelar me estaba cuidando ahora, un equipo que vería cada tres meses. Nick aún estaba en Inglaterra, así que cuando llegué a JFK, cambié aerolíneas por un vuelo a Londres. No tuvimos una gran celebración, o una cena elegante planeada para nuestro aniversario. Solo estar juntos era suficiente para mí. Pasamos tiempo con el hijo de Nick, John, asistimos a una exhibición de James Bond, almorzamos en nuestro club privado de miembros, 67 Pall Mall, y disfrutamos de que nos hubieran quitado en Houston un gran peso de los hombros.

Cuando regresé a Nueva York, tuve que enfrentarme a la tiroiditis de Hashimoto y a la sospecha de que muchas de mis afecciones de salud probablemente provenían de otras enfermedades autoinmunes. La Dra. Smith me recomendó ver a un reumatólogo en Nueva York. Aunque la idea era tener todos mis cuidados bajo un mismo techo, cuando se trataba de reumatología, era mejor mantenerlos en mi lugar de residencia ya que necesitaría un tratamiento constante.

Cuando los resultados de los análisis de sangre estuvieron listos, mi nueva reumatóloga, la Dra. Frances, me informó que mis niveles de anticuerpos antinucleares (ANA) eran muy altos, y que padecía de lupus. Esto no fue una gran sorpresa, pero la realidad me golpeó como una tonelada de ladrillos. La Dra. Frances recomendó metotrexato, un agente quimioterapéutico para suprimir mi sistema inmunológico y restaurar mis niveles de ANA al rango normal. Honestamente, pensé que me había esquivado la bala de quimioterapia. La había esquivado con mi diagnóstico de sarcoma, pero mi enfermedad autoinmune tenía otras ideas. Lo que más me preocupaba eran los posibles efectos secundarios. Quimioterapia. ¿Perdería mi cabello?

Martes, 30 de junio de 2015
Lisa nos invitó su casa al norte de Nueva York por las fiestas del 4 de julio, pero no sé si podré soportar un viaje de varias horas en carro o en autobús con los ataques de náusea que me provoca el metotrexato. En las mañanas me resulta difícil levantarme, y siempre estoy cansada. He perdido la energía y el apetito. Me alarmo cada vez que encuentro pelos en la almohada o en la ducha —más bien, ¡bolas de pelo!—. El otro día hice una cita en un lugar

donde venden pelucas, pero al final no fui. Mi sarcoma
parece estar bajo control. Necesito aprender a lidiar con el
lupus.

✎

Ese verano Nick tuvo que hacer un viaje de negocios a Londres en agosto y no quería dejarme sola en casa. Había estado bajo mi rutina semanal de quimioterapia durante dos meses y mi cuerpo estaba lentamente comenzando a adaptarse al metotrexato, al que me sometía todos los domingos por la noche. Estaba menos cansada, y mi energía y mi apetito habían regresado. El pelo continuaba haciéndose más ralo, pero no parecía que fuera a perderlo todo. Nuevas extensiones de cabello ocultaron la evidencia. Terminé por cortarme el pelo por encima de los hombros; un movimiento audaz y sin duda diferente; un estilo muy diferente de mis clásicos bucles. ¡Quería acompañar a Nick en ese viaje! Sabía que él necesitaba un descanso del estrés que había representado acompañarme durante el tratamiento del MD Anderson y, al mismo tiempo, atender su trabajo. Necesitábamos regalarnos un viaje y aprovechar la ocasión para ocuparnos de marcar como hecho otro artículo de la lista de vida.

La respuesta fue Estambul en agosto, antes de que Nick tuviera que estar en Londres.

13

Artz Cure Sarcoma

Para ser irremplazable
uno siempre debe ser diferente.
—COCO CHANEL

El 20 de julio de 2015, dos semanas antes de nuestro viaje a Estambul, un ataque suicida en Suruç, Turquía, reclamado por ISIS, mató a treinta y cuatro personas e hirió a 103. La ciudad se encontraba en estado de alerta máxima. Muchos de nuestros amigos nos instaron a pecar de cautelosos y cancelar nuestros planes, pero nos negamos a dejarnos intimidar por ataques terroristas. Todos pensaban que estábamos locos por seguir adelante, pero nadie más que nosotros dos podía entender realmente cómo había cambiado nuestra vida, por no hablar de cómo había cambiado nuestra visión de la vida. Los amigos, la familia, el trabajo y equilibrio de la vida, nuestras prioridades se volvieron patas arriba. A menudo pensé que, si moría a causa de un ataque terrorista en Estambul, al menos todos encontrarían consuelo en saber que morí haciendo algo que amaba y quería hacer. No puedo comprender por qué la gente se siente impulsada por el miedo, por qué les impide vivir su mejor vida posible. Cuando infundes miedo o negatividad al universo, el universo te escucha y te devuelve miedo y negatividad. Durante este viaje, Nick y yo renovamos nuestro voto de que a partir de ese momento —lluvia, sol, cáncer o no cáncer, sin importar lo que pensaran los demás— viviríamos en el presente. Ni en el pasado ni en el futuro.

Desde el minuto que llegamos a Estambul, sentí que pertenecía a aquel lugar, como si hubiera vivido allí en una vida anterior. Nos transportó a un territorio encantado en el que entramos en contacto con la cultura, la historia, la cocina, los vinos y las tradiciones de otra ciudad impresionante. Tuvimos dos de las cenas más románticas en nuestros ocho años juntos, y mágicamente, por unos días, Estambul nos borró todas nuestras preocupaciones y nos reabasteció de energía, amor y vida.

La lucidez resultante de nuestro viaje también dio paso a una idea fantástica e inspirada que desde entonces ha también cambiado mi vida, sin mencionar que me ha dado un nuevo y satisfactorio sentido de propósito. Se convirtió en mi propia manera de lidiar con mi sarcoma y con todas mis enfermedades y afecciones. La había estado gestando en mi mente durante un tiempo, desde la conversación telefónica con Lisa sobre las dos personas que nosotras conocíamos con cánceres raros: una había escrito un libro sobre su experiencia, la otra, mi amiga Geraldine, estaba haciendo un documental sobre el sarcoma.

¿Mi idea? Con mi experiencia en publicidad y mercadotecnia, iba a crear conciencia sobre el sarcoma. ¿Cómo? Primero reuniría a todos mis amigos y profesionales conocidos para una noche de cócteles en nuestra casa y así poner mi proyecto en marcha. Muchos se habían preguntado cómo me podían ayudar. Bien, esta sería su oportunidad de conocer más acerca del sarcoma y de crear conciencia acerca de la enfermedad.

Quería impactar el curso de la enfermedad y hacer del sarcoma mi misión de vida. Mi voz interior y mi sexto sentido me decían que había sido elegida para contraer este tipo de cáncer.

Hasta entonces, la investigación profunda que había realizado sobre el sarcoma estaba relacionada con mi tipo de sarcoma, pero tenía curiosidad por saber más sobre el sarcoma en general, tanto del tejido blando como del osteosarcoma, y quería visitar el laboratorio de sarcoma en MD Anderson para ver una célula del sarcoma viva y conocer a las personas que dedican sus vidas a investigar la enfermedad y agradecerles por su arduo trabajo.

Enfrascada en mi nuevo proyecto, me entregué por completo a la investigación del sarcoma. Entonces, me di cuenta de que no se trataba solamente de un cáncer raro o huérfano, sino de una de las formas de cáncer más mortíferas, tanto en menores como en adultos. Permítanme ofrecerles un resumen rápido y acumulativo. El sarcoma es un tumor maligno que puede crecer en cualquier tipo de tejido conectivo, que son las células que conectan y sostienen otros tipos de tejidos del cuerpo. El sarcoma no es una enfermedad única, ya que tiene más de setenta subtipos diferentes. Es una familia de enfermedades relacionadas en lugar de una sola enfermedad específica.

Los sarcomas se dividen en dos categorías:

- Sarcoma de tejidos blandos.
- Osteosarcoma, también conocido como sarcoma óseo.

Los sarcomas de tejidos blandos pueden desarrollarse en la grasa corporal, los músculos, los vasos sanguíneos, los tendones, los nervios y los tejidos fibrosos y tejidos sinoviales (tejidos alrededor de las articulaciones). Según el Instituto Nacional del Cáncer, hay aproximadamente 11,280 nuevos casos de sarcoma de tejidos blandos en los Estados Unidos cada año, y aproximadamente 3,900 personas mueren a causa de la enfermedad cada año. Alrededor de un 40% ocurre en las piernas, generalmente en o por encima de la rodilla. Un 15% se desarrolla en las manos y los brazos, otro 15% en la cabeza y el cuello y un 30% en los hombros, el pecho, el abdomen o las caderas.

El osteosarcoma ocurre en el hueso o el cartílago. Estos tumores pueden desarrollarse en cualquier parte del cuerpo, incluidas las extremidades, la cabeza, el cuello, los órganos internos, el abdomen y la parte posterior del abdomen. El osteosarcoma es muy raro, con aproximadamente 2,890 nuevos casos diagnosticados en los Estados Unidos cada año y con aproximadamente 1,410 muertes.

Los sarcomas a menudo se nombran de acuerdo con las células de tejido normal a las que se parecen más. Yo tuve un tumor fibroide solitario. Este es diferente de la mayoría de los otros tipos de cáncer, que generalmente reciben el nombre de la parte del cuerpo donde comenzó el cáncer.

El sarcoma rara vez causa síntomas en las primeras etapas. La primera señal de sarcoma en un brazo o una pierna puede ser una protuberancia o hinchazón indolora. Debido a que los sarcomas pueden desarrollarse en tejidos flexibles y elásticos o en espacios profundos del cuerpo, el tumor a menudo puede empujar fácilmente el tejido normal a medida que crece fuera de su camino, que es lo que me sucedió a mí. Por lo tanto, un sarcoma puede adquirir un tamaño bastante grande antes de que cause síntomas. Con el tiempo, puede causar dolor a medida que el tumor en crecimiento comienza a presionar contra los nervios o músculos.

El sarcoma es una enfermedad muy peligrosa porque no solo rara vez causa síntomas en etapas tempranas, sino que la mayoría de los sarcomas no tienen factores de riesgo identificables. No hay pruebas de detección de rutina recomendadas, ni medidas preventivas, como exámenes de mamografía regulares para el cáncer de mama o colonoscopías para el cáncer de colon. Debido a que se trata de una forma tan rara y compleja de cáncer, no existen incentivos financieros para que el gobierno o las compañías farmacéuticas inviertan en la investigación y el tratamiento, lo cual coloca a quienes hemos sido diagnosticados con la enfermedad en una posición muy difícil. La investigación del sarcoma es prácticamente inexistente, debido a la falta de financiamiento, lo cual ha provocado que no se desarrollen nuevos tratamientos, lo que contribuye en gran medida a las bajas tasas de supervivencia.

En otras palabras, los pacientes con sarcoma no cuentan con terapias específicas o fármacos quimioterapéuticos como los pacientes de otros tipos de cáncer. El 80% de los sarcomas recurre en los primeros dos años del diagnóstico, mucho más que otros tipos de cáncer. El sarcoma muy a menudo se metastiza en los pulmones. Una vez que el sarcoma se ha diseminado a otra parte del cuerpo, el pronóstico es muy desalentador. Por último, pero no menos importante: hay una falta masiva de conciencia sobre el sarcoma. No existe una Angelina Jolie, una Rita Wilson, ni ninguna otra celebridad de alto perfil que padezca de sarcoma y pueda elevar el conocimiento de la enfermedad con el ejemplo de su propia experiencia.

Sabiendo todo esto, y consciente de que el conocimiento es poder, no podía quedarme de brazos cruzados y no hacer nada: el impulso de producir un cambio era demasiado fuerte. Una voz interior me decía que fuera muchísimo más lejos.

Siempre me he comprometido a ayudar a los demás, pero esto iba más allá de mi persona. No solo quería crear conciencia, sino ser una defensora del paciente, financiar la investigación y ayudar a salvar vidas.

En una de las cenas más románticas que Nick y yo disfrutamos en Estambul en una fantástica terraza al aire libre con vistas a la parte asiática de Turquía, y mientras compartíamos una botella de vino Cabernet Sauvignon turco, lo hice partícipe de mi plan. Sugerí hacer primero una donación individual a la Dra. Gómez, con el fin de colaborar con su invaluable investigación sobre el sarcoma. Pero, a medida que continuamos teniendo una lluvia de ideas para recaudar dinero, todo parecía apuntar a nuestro amor por organizar fiestas suntuosas en compañía de amigos, y también a mi talento para planear eventos. ¿Por qué no comenzar con una de nuestras formidables fiestas de fin de año? Serviríamos champán toda la noche y facilitaríamos el ambiente para que la gente se conociera e hiciera conexiones. Solo que esta vez le daríamos un giro diferente: en lugar de traer la botella de vino habitual a la fiesta, pediríamos una donación para financiar la investigación del sarcoma. Esto seguramente superaría nuestra idea de una donación individual de nuestra parte y ayudaría a aumentar la conciencia sobre el sarcoma entre nuestros amigos y conocidos. Nick estaba convencido de la idea, y continuamos con la lluvia de ideas mientras disfrutábamos de nuestro tiempo en Estambul.

Una vez que volvimos a casa en septiembre, empecé a compartir esta idea con amigos para ver quién estaba dispuesto a colaborar. Entonces, de repente, ¡volvió a aparecer esa voz interior!

A principios de año había comisionado una pieza de Albert Einstein al artista Kfir Moyal; sin embargo, cuando nos la entregaron había sufrido daños durante el transporte de Miami a Nueva York. Kfir tuvo la amabilidad de hacer una obra nueva que orgullosamente cuelga en mi casa hasta el día de hoy, pero yo aún no había devuelto la pieza dañada. Me pregunté: ¿Estaría Kfir dispuesto a donarla para una subasta silenciosa en beneficio del sarcoma? Entonces, las ruedas empezaron a girar, y me pregunté si otros artistas que coleccionábamos también estarían dispuestos a donar una obra. Podíamos tener una subasta silenciosa. Todos aquellos a los que les propuse la idea aceptaron participar y, en cuestión de tres semanas, lo que había comenzado como un simple deseo de organizar una fiesta divertida en beneficio de mi causa, se convirtió en un evento abarcador, con una subasta silenciosa que incluía más de veinte obras de arte, entre las que se encontraba mi pieza preferida, una fotografía excepcional de la exposición de mi difunta amiga Therese.

Cuando se acercaba el día del evento de recaudación de fondos, le hablé a mi amiga Geraldine y le comenté lo asombrada que estaba por el apoyo que estaba recibiendo. No esperaba tanta participación.

"Creo que has dado en el clavo con algo bien importante. Estás a punto de crear un movimiento para el sarcoma", me respondió ella.

Y tenía razón. Un día, sentada en la terraza de nuestro apartamento, en compañía de Nick y Geraldine, comenzamos a intercambiar ideas acera de qué nombre ponerle al evento, de modo que enviara un mensaje claro a todos los participantes. Tenía que incluir la palabra *sarcoma*, por supuesto, y al estar centrado en una subasta de arte, también la palabra "arte" debía aparecer. Entonces Nick exclamó: "¿Qué tal *Arts Cure Sarcoma*?".

Me encantó el título, pero sabía que aún le faltaba algo. Quería que incluyera un componente que reflejara a la persona que estaba detrás de todo el movimiento, el elemento humano, un rostro con el que otros pudieran identificarse. No solo yo era la organizadora de una fiesta de recaudación de fondos, sino que ese tipo raro de cáncer me afectaba personalmente. Fue el momento en que Nick añadió: "¡Reemplacemos la *s* con una *z* que represente tu nombre!", y así quedó decidido.

Rápidamente diseñé un logotipo, que luego fue pulido por un diseñador profesional, y así fue como nació *Artz Cure Sarcoma*: una fiesta transformada en evento para recaudar fondos, devenida a su vez en movimiento, y que con el tiempo llegaría a ser una fundación sin fines de lucro. Todo lo cual demuestra que el intercambio de ideas, por insignificantes que creas que son, se pueden convertir en un llamado, un propósito que va más allá de nuestros sueños más descabellados.

La planificación del evento acaparaba casi todo mi tiempo libre, pero funcionó como un mecanismo fantástico de supervivencia y de distracción a tiempo completo, hasta que llegó el momento de partir hacia mi chequeo trimestral en el MD Anderson, ese octubre. Y, por supuesto, la ansiedad volvió a visitarme. La ansiedad previa al chequeo puede ser tan abrumadora que en realidad tiene un nombre en inglés: *scanxiety*. Si se *googlea* este término, se encontrarán más de 40,000 resultados. La mayoría de las personas que tienen o han tenido cáncer coinciden en que algunos de los momentos más terribles de sus vidas ocurren en los días y horas que preceden a las distintas pruebas exploratorias; esas que les revelarán si el cáncer ha vuelto o no. Mientras se aproximaba la fecha del chequeo, poco a poco mi cerebro se proyectaba hacia otra dimensión, hacia mi otra vida, donde la esperanza y el temor luchaban entre sí. La trepidación de un posible resultado positivo eclipsaba todo razonamiento. Y como si fuera poco, había continuado teniendo episodios de sangrado anal durante los meses posteriores a la operación de sarcoma. En la cita de junio con el oncólogo colorrectal del MD Anderson, había sabido que ello probablemente significaba que una nueva cirugía estaba en el horizonte.

Pasé la segunda semana de octubre en el MD Anderson, en bata de hospital o ropa quirúrgica, en silla de ruedas, en camilla y sobre la mesa de exámenes, sometiéndome a una serie larga de exploraciones, procedimientos y biopsias. ¡Gracias a Dios por las sábanas calientes! Los días fueron largos y angustiosos, pero finalmente todos los resultados de los escaneos resultaron negativos, es decir, no había ninguna evidencia de enfermedad (NED, No Evidence of Disease, por sus siglas en inglés). ¡Las tres palabras que recé poder escuchar! ¡Ya podía vivir y planificar los próximos tres meses!

No obstante, supe que los episodios de sangrado que todavía sufría se debían a fisuras anales que requerían atención. Mi oncólogo colorrectal me dio la noticia: efectivamente, necesitaría otra cirugía. No fue una sorpresa, pero ciertamente habría deseado evitarla. Pusimos la operación en el calendario para el 16 de noviembre, de modo que pudiera organizar mi evento de recaudación de fondos. Sería mi operación decimotercera en cuarenta y dos años de vida, la segunda de ese año, y la cuarta en el último año y medio.

Cuando regresé a casa, canalicé toda mi energía a lograr que mi primer evento de Artz Cure Sarcoma fuera un éxito. Estaba decidida a recaudar la mayor cantidad de dinero posible. También deseaba que mis amigos y conocidos salieran del evento con una mejor comprensión y una mayor conciencia del sarcoma, y más conscientes de las incertidumbres a las que me enfrentaba. Esta fue también una forma de que todos los que me dijeron "Hazme saber lo que puedo hacer por ti", se involucraran y ayudaran.

¡Fue un gol de media cancha! El apoyo que recibimos fue extraordinario. Nuestros vecinos nos ayudaron a colocar las obras de arte en la terraza. Todos los amigos y conocidos que asistieron participaron en la subasta. Mi amigo Luis D. Ortiz, quien fuera una figura conocida en el programa *Million Dollar Listing New York*, del canal de televisión por cable Bravo, fue el maestro de ceremonias. Recaudamos 45,000 dólares —más de lo que habíamos esperado—, una cantidad que repartimos entre el laboratorio de investigaciones que dirige la Dra. Gómez en el MD Anderson y el documental de Geraldine, titulado *Until 20*, que cuenta la historia de James Ragan y su trayectoria contra el osteosarcoma.

Mi corazón estallaba de emoción por el éxito del evento. Pude dejar a un lado mis deberes al frente de Artz Cure Sarcoma con una enorme sonrisa en los labios para prepararme para la próxima operación. Aun cuando sabía que esta no sería complicada ni pondría mi vida en riesgo, pasar por la anestesia y despertar a los grandes dolores de la recuperación nunca es fácil. Una cirugía anal es, sin dudas, el peor tipo de operación. La ansiedad me mataba y las lágrimas reaparecían cada vez que debía decirle adiós a Nick mientras empujaban la camilla hacia la sala de operaciones. El temor de que fuera la última vez que nos veíamos siempre estaba presente. Aunque la operación fue bastante exitosa, algunos tumores no pudieron ser extirpados. "No quise extirpar todos los crecimientos", me explicó el cirujano oncólogo colorrectal mientras me encontraba en recuperación. "Habría significado quitarte más músculo anal. Si alguna vez tengo que volver y hacer otra resección de sarcoma, podrías perder todo tu músculo anal y ciertamente no quieres eso".

Lo mismo que en mi primera operación de sarcoma, me fue prohibido sentarme durante cinco semanas, y el dolor era muy similar. Pero me consolaba la idea de que ya había podido sobrevivir los dolores una vez, y que podría hacerlo de nuevo. La preocupación subyacente eran siempre los efectos secundarios permanentes.

Un día, mientras me recuperaba, me pareció que lo peor había llegado. Estaba descansando en la cama cuando sufrí un pequeño episodio de incontinencia. Corrí al baño muy preocupada, y recordé que el médico había dicho que ese era un efecto secundario que podía convertirse en un problema crónico. Comencé a llorar. Era una mujer joven, vibrante, de cuarenta y dos años, enfrentando problemas que normalmente encontramos cuando somos ancianos. Pero a medida que pasaron los días, no se repitió, por lo que una vez más respiré aliviada. Pasé el día de Acción de Gracias en casa, en mi cama, muy adolorida.

❧

A lo largo de toda esta experiencia con el sarcoma en el año 2015, Nick y yo tuvimos tiempo de hablar sobre nuestra vida, adónde nos dirigíamos y qué era lo que más deseábamos. A menudo volvíamos a consultar nuestra lista de vida, pero me sentía atrapada en un limbo entre la recuperación de un problema de salud y la expectativa del siguiente. Nick sabía que necesitaba algo para alejar mi mente de la enfermedad. Mientras hablábamos, surgieron dos ideas muy divertidas: matricularnos en la escuela de sumilleres para ser catadores de vinos profesionales y ver a la cantante Adele en concierto.

El estudio de los vinos había estado en nuestra lista desde el principio cuando hicimos la lista de vida en nuestra tercera cita. En diciembre de 2013, como regalo de cumpleaños, le había obsequiado a Nick una clase sobre vinos en una de las escuelas de sumilleres de Nueva York. Terminamos seleccionando otra escuela; nos matriculamos ambos en la Fundación para Enseñanza de Vinos y Licores (Wine & Spirit Education Trust, WSET, por sus siglas en inglés) en marzo de 2016. Nos propusimos la ambiciosa meta de completar el nivel de diploma, una certificación reconocida por el Departamento de Educación de Nueva York, equivalente a un bachillerato en vinos.

Esa ha sido, sin lugar a duda, una de las mejores decisiones que hemos tomado en nuestra vida como marido y mujer. El mundo del vino nos permitió ampliar nuestro círculo de amigos y de personas de todos los ámbitos. Con el deseo de capturar nuestros recuerdos de degustación de vinos, pero conscientes de que nuestros otros amigos y familiares podrían ser críticos de tal actividad, dada mi salud, decidimos crear una cuenta de Instagram anónima. ¿Qué nombre ponerle? No tomó demasiado tiempo encontrarlo: *Bondsomms*. Si indagas en el mundo de los vinos, la gente no habrá oído hablar de Nick y Zulema, pero de seguro conocen a *Bondsomms*. No hemos recibido aún nuestro diploma, pero terminamos los niveles 1, 2 y 3 del WSET. Todavía tenemos estudios pendientes.

A fines de 2016, Nick se percató de que necesitaba un descanso de su trabajo. El estrés de su posición como director gerente de una firma de Wall Street al tiempo que se ocupaba de mí y de mi tratamiento, había sido duro para él. En octubre de 2016, decidió salirse de Wall Street tras una reorganización de su firma y renunció al trabajo. Queríamos pasar tiempo juntos que no involucrara las salas de espera de los hospitales y las oficinas médicas. Así, viajar a distintas regiones vinícolas, entender el *terroir*, conocer a los dueños de los viñedos, aprender de vinicultura sobre el terreno y observar las técnicas de la confección del vino fueron actividades que crecieron como la espuma, hasta alcanzar el tope de nuestra lista de vida.

Con viajes entremezclados entre mis chequeos trimestrales obligatorios en el MD Anderson, pasamos los siguientes doce meses tachando de nuestra lista una región vinícola tras otra. La primera parada: viajar por toda la costa oeste de Norteamérica, desde Sonoma y Napa, a través de las colinas de Santa Rita, Pasos Robles y Santa Bárbara hasta el Valle de Guadalupe, en México. Siguiente parada: Burdeos, seguido de Ribera del Duero y Rioja. Después, Italia: Piemonte, la Toscana y Bolgheri. Y, por supuesto, conocimos a cada uno de nuestros productores favoritos—Harlan Estate, Colgin, Latour, Pétrus, Vega Scilia, Chiara Boschis, Giuseppe Rinaldi y Ornellaia— por mencionar solo a unos pocos.

La mejor parte de nuestro viaje enoturístico fue la visita a Champaña. Me siento muy afortunada de haber forjado lazos de amistad fuertes y sólidos con muchos de los productores de los vinos que hemos coleccionamos a través de los años. Pase lo que pase, ¡todo parece mejor con champán! Desde nuestro primer viaje de 2010, he visitado Champaña diez veces, y cada vez he aprendido un poco más acerca de la región, he conocido nuevos productores y nos hemos reunido muchas veces a cenar con los grandes amigos que he hecho en la tierra llena de tiza.

Pero 2016 no estuvo solamente dedicado al vino; una noche en marzo empezamos Artz Cure Sarcoma de verdad.

Después de haber fracasado en conseguir boletos para el concierto de Adele en el Madison Square Garden, comenzaron las ventas de boletos para su gira europea de 2016 y nos lanzamos a la oportunidad de verla en su ciudad natal de Londres. Los conseguimos para el último concierto de su gira europea, en el O$_2$ Arena.

Artz Cure Sarcoma estaba en mi mente. Después del primer evento exitoso de recaudación, la inscribí como una sociedad de responsabilidad limitada, o LLC (por sus siglas en inglés), siguiendo el consejo de un abogado, que nos explicó que registrarla como fundación habría sido mucho más engorroso y difícil de disolver en caso de que no funcionara a largo plazo. Estaba convencida de que Nick y yo podíamos llevarla al próximo nivel, pero aún no tenía claro cómo. Necesitaba e imploraba una señal proveniente del mundo espiritual y de mi padre y de los ángeles, cada noche antes de irme a la cama. Quería una señal que me confirmara que estaba en el camino correcto y que no debía abandonar la idea.

Cinco días antes del concierto de Adele, su jefe le pidió a Nick que asistiera a una reunión de altos ejecutivos globales en Suiza, programada para el mismo día del evento. No podía creer nuestra mala suerte, pero no había nada que hacer. Le sugerí a Nick que comprara boletos para el concierto del lunes, para poder ir juntos de todas formas y luego usaría los boletos del martes para invitar a la amiga que me había hecho conocer la música de Adele en 2009. No estaba en ese momento consciente de que esta decisión afectaría mi vida de maneras inimaginables.

En el concierto del lunes, después de la segunda canción, Adele detuvo la música para conversar con el público y mostrar su encantadora personalidad. Fue entonces cuando noté algo: había muchos carteles por todas partes. Parecía que el público sabía que esa intermisión ocurriría y muchos de los asistentes venían preparados. Adele echó una mirada alrededor y se detuvo en el cartel que sostenía una chica que estaba parada justo dos filas delante de nosotros. Adele le pidió al público que la acompañara a cantarle *Feliz Cumpleaños*. Yo estaba maravillada por lo que ocurría, y en ese momento mi voz interior gritó: "¡Trae tu cartel mañana!". Nick se rio mucho con mi idea, pero yo estaba decidida. De alguna manera era normal que la gente se riera de mis ideas y no las tomara en serio. Todo lo que deseaba era poder tomarme un selfi, pero ni en mis sueños más remotos podía haberme imaginado lo que sucedería.

Para el concierto del martes, el 5 de abril de 2016, compré cartulinas, las pegué, las enrollé y me eché un marcador en la cartera, pensando que podría escribir mi mensaje a Adele cuando me encontrara con mi amiga para tomar unas copas de vino antes del concierto. Ciertamente, quería que Adele supiera que había viajado desde Nueva York para verla, pero también debía añadir algo que llamara su atención y la hiciera escoger el mío entre un mar de carteles. Mientras mi amiga y yo juntábamos fuerzas en la redacción del mensaje, ella dijo: "¿Por qué no añades que eres una sobreviviente del cáncer?". Primero dudé, sin atreverme a usar mi enfermedad como un señuelo, pero lo añadí en el último minuto. El cartel decía:

NUEVA YORK ➜ LONDRES
¡POR ADELE!
BUCKET LIST ✔
SOBREVIVIENTE DE CÁNCER
¡TE AMO, ADELE!

Esperaba ansiosamente que su segunda canción, "*Hometown Glory*", terminara para poder entrar en acción. Cuando Adele comenzó a hablar, salté de mi asiento de pasillo y levanté mi cartel, el corazón saliéndoseme del pecho de tanta emoción. Entonces, súbitamente, Adele se volvió hacia mí y, con gran incredulidad y conmoción, la oí decir: "¡Oh, bonito cartel!", e inmediatamente lo leyó en voz alta. "¡Bueno, pues ven para acá!".

¡Un momento!, pensé. ¿Adele me está pidiendo que suba al escenario? Temblando de pies a cabeza, salí corriendo por el pasillo hasta el frente del auditorio. Tenía los ojos nublados por las lágrimas mientras daba los pasos finales que me llevaban a ella, mientras todo el O_2 Arena me animaba.

"¡Luces muy elegante! ¿Es esa una chaqueta de Balmain x H&M? ¡Ni yo misma pude conseguir una para mí!", dijo, y me dio un gran abrazo, muy cálido, mientras la cascada de mis lágrimas corrían por su hombro. Adele me hizo sentir tranquila a su lado —reíamos juntas, bromeando en la tarima sobre mi acento puertorriqueño sexi— y entonces, sucedió lo inesperado: me preguntó qué tipo de cáncer padecía. De repente, toda la información y la investigación que había hecho en el año previo salió de mis labios como si me hubiera estado preparando para ese momento durante muchos meses, aunque en realidad salía directamente de mi corazón. Ni en un millón de años se me hubiera ocurrido que tendría acceso a una plataforma tan enorme para hablar del sarcoma, y que la información fluiría de mí tan elocuentemente, pero así sucedió. Era la señal que les había estado pidiendo a Dios y a papi, era la señal que necesitaba para entender por qué todo esto estaba pasando. Nunca más volví a dudar de que Artz Cure Sarcoma era mi vocación.

Cuando descendí del escenario, un empleado de Adele me entregó un iPhone para que ingresara mi información, ya que en el escenario ella me había prometido boletos para el concierto en Nueva York. Estaba temblando tanto que ni siquiera sabía si el número que ponía en el teléfono de Adele era correcto. Tanta adrenalina me corría por las venas que me sentía en trance.

De regreso a mi asiento, todo el mundo levantaba las manos para darme una palmada de felicitación y cuando llegué a mi lugar junto a mi amiga, comenzamos ambas a saltar de alegría, como dos adolescentes. Ignoraba que ese momento increíble pronto se convertiría en un video viral, abriéndome las puertas de entrevistas en diferentes plataformas en los medios y permitiéndome crear una gran conciencia acerca del sarcoma. ¡Entonces caí! No necesitaba a una celebridad que abogara por mi causa y la colocara bajo el reflector. ¡Yo misma podía ser la portavoz del sarcoma! Tenía acceso a los medios y podía usar ese momento viral como trampolín que me lanzara a una empresa mayor: poder crear al fin mi Fundación Artz Cure Sarcoma.

Un par de semanas más tarde, después de que toda la conmoción en los medios se había aplacado, le dije a Nick: "¡Esto es lo que tengo que hacer!". Ya no dudaba de cuál era el camino correcto. Estaba destinada a hacerlo. "Estoy destinada a ser una activista; la persona que hablará por los pacientes de sarcoma y los defenderá".

Todas las batallas, todas las lecciones aprendidas al tratar con tantos médicos, las frustraciones y las complejidades del sistema de salud estadounidense, habían sido como un programa de maestría que me preparó para ser una defensora del paciente, especialmente de aquellos que no tienen los medios, la información o los contactos para obtener el tratamiento de sarcoma que necesitaban. Tenía que seguir adelante. Comencé sin más demora, aprovechando al máximo las ventajas que me ofrecía la tormenta de los medios que había provocado mi video viral.

Sin embargo, otra prioridad se sumó a mi lista: celebrar por todo lo alto nuestro tercer aniversario de bodas. Como no habíamos podido celebrar nuestro aniversario de bodas el año anterior a causa de mi diagnóstico, quería que esta vez fuera algo extraordinario. Decidimos ir de visita a Cuba, otro país de la lista de vida. La gente, la cultura, la comida, la música y el arte, los carros americanos de los años cincuenta y, por supuesto, los habanos. Fue un viaje que realmente nos maravilló, como si nos hubiéramos transportado a otra era, a una forma de vida diferente, donde el tiempo parecía haberse detenido.

Como si la experiencia con Adele, seguida de nuestro increíble viaje por el tercer aniversario de matrimonio hubieran sido poco, recibí la noticia de que *People en Español* me había seleccionado como una de sus 25 mujeres más poderosas. Había sido escogida por mi incansable activismo en la lucha por cambiar la situación del sarcoma, crear conciencia global y por contribuir a la investigación del sarcoma, además de por mi trabajo de defensora del paciente.

Pero, claro, estaba también el problemita de mi chequeo trimestral en junio. Así que, de nuevo hacia el MD Anderson para otra batería de exámenes. Los resultaron fueron otra vez "Ninguna Evidencia de Enfermedad", NED. Otra victoria en mi lucha contra el sarcoma. Aunque todavía luchaba a diario con las altas y bajas de la tiroiditis de Hashimoto y el SII, al menos había logrado mantener el cáncer lejos de mi cuerpo.

Tan pronto como oí la buena noticia de parte de *People*

en Español, puse manos a la obra. Reuní a un equipo de
voluntarios y les dije que era hora de llevar Artz Cure Sarcoma al próximo nivel y aprovechar la inminente cobertura
de los medios. Una amiga estableció nuestra página de web,
artzcuresarcoma.org, en un auténtico portal de las redes, y
también conseguimos a Corkbuzz, un restaurante donado
para nuestro próximo evento de recaudación. Continué dando
entrevistas, aparecí en varias revistas, tuve sesiones de fotografía sin parar —¡acción y más acción!—. Estaba físicamente
exhausta, pero no podía detenerme porque mi trabajo podía
salvar vidas y ayudar a muchos. Aquellos fueron meses plenos
de emoción y posibilidades futuras.

Durante el lanzamiento de la edición de Las 25 mujeres
más poderosas de *People en Español*, me tocó caminar por la
alfombra roja. Al hacerlo, no pude evitar recordar a la niña
de Mayagüez, Puerto Rico, quien con sus guías del Espíritu,
confianza en sí misma y perseverancia, alcanzó las estrellas
siguiendo sus instintos y su intuición ¡y lo logró!

Durante nuestro segundo evento anual de recaudación de
fondos Artz Cure Sarcoma, me conmovió mucho ver que esa
noche era la prueba del apoyo inquebrantables de los artistas
y del mundo del arte, de la comunidad de personas interesadas
en los vinos, los amigos y los familiares, así como del equipo
de voluntarios de Artz Cure Sarcoma. Todos habían aunado
esfuerzos de manera mucho más abarcadora y efectiva. Más
de doscientas personas asistieron al evento y abarrotaron el
lugar, con numerosos medios de comunicación cubriendo el
evento lo cual nos permitió impulsar nuestra causa. Mientras
me movía de un lugar a otro, saludando a cada invitado y
deteniéndome a admirar las obras de arte, mi corazón rebo-
saba de orgullo, porque también estaba difundiendo el cono-

cimiento del sarcoma en lugares a los que de otra manera no llegaría. Era el momento. Mi compañía de responsabilidad limitada merecía convertirse formalmente en una 501(c)(3), una organización sin fines de lucro.

Los últimos dieciocho meses habían sido una montaña rusa. A partir de nuestro viaje a Estambul, había hecho la transición de paciente de cáncer a defensora de pacientes de cáncer. Había sido una trayectoria increíble. Pero 2016 todavía tenía algunas sorpresas guardadas para mí, como tachar otra experiencia de mi lista de vida, algo muy personal con lo que había soñado toda mi vida: ¡asistir a un desfile de modas de Chanel en París! París es mi ciudad favorita en el mundo, y ver a Karl Lagerfeld en persona en uno de sus desfiles era algo que había deseado hacer desde que, siendo yo una adolescente, él se unió a la casa Chanel. La historia de Gabrielle "Coco" Chanel ha sido una fuente constante de inspiración para mí. Chanel venció circunstancias adversas: fue una huérfana cuya vida cambió, haciendo lo que la apasionaba y desafiando al *status quo*. Siempre he estado locamente enamorada de las piezas de ropa de Chanel *ready-to-wear*, de su joyería, sus zapatos, sus bolsos y accesorios. Me convertí en una de sus firmes clientes. Chanel había realizado un desfile de modas en Cuba unos días antes de nuestro viaje. Indagué con mi asesor de modas personal para Chanel en Bergdorf Goodman sobre la posibilidad de asistir al desfile. No pudo conseguirme entradas para el desfile en Cuba, pero me prometió incluirme en el desfile de París de la colección primavera/verano 17. ¡Por fin había llegado mi momento!

El 4 de octubre de 2016, Nick me dejó en el Grand Palais de la Ciudad de la Luz y se fue a un café al otro lado de la calle a esperar por mí, pues yo solo había recibido una invitación

—¡ningún invitado para la novata en el mundo de los desfiles de moda de Chanel!—. Llegué vestida de la cabeza a los pies en Chanel, como todas las demás personas, y me topé con grandes celebridades. ¡Estaba en el séptimo cielo! Al tomar asiento, vi que Anna Wintour, la reconocida editora de *Vogue*, se encontraba a mi derecha, a solo un par de asientos de mí, y más allá, mi ídolo de la moda, el mismísimo Karl Lagerfeld. Me sentía como una niña en la juguetería más gigante del mundo; fue un momento único para mí. No pude evitar tener *flashbacks* de mis años de adolescencia, hojeando las revistas de moda de mami, admirando vestidos que parecían inalcanzables y soñando con las pasarelas parisinas: de pronto yo era parte de ese mundo, y entendí cuán lejos había llegado la niñita de Sultana.

Sentí como si mi padre, Dios y el universo se hubieran unido para mostrarme que, sin importar cuán duro había sido mi camino ni cuántos problemas de salud había tenido que enfrentar, valía la pena vivir cada segundo de la vida, de mi vida; y que, pasara lo que pasara, continuaría viviendo de esta manera.

14

Lista de vida

En la confusión, encontrar simplicidad.
En la discordia, encontrar armonía.
En medio de la dificultad descansa la oportunidad.
—ALBERT EINSTEIN

En nuestra tercera cita, Nick y yo nos encargamos de crear una lista de vida, sin estar conscientes de que aquella enumeración de metas y sueños llegaría a ser la fuerza motriz de nuestra existencia, especialmente durante los momentos más bajos de nuestro viaje.

Proporcionó luz cuando estábamos atravesando un lugar desolado, oscuro túnel de enfermedades. Proporcionó respiro cuando ya no podíamos digerir más información médica. Proporcionó un refugio seguro cuando nuestro mundo se derrumbó sobre nosotros. Y continúa i lado una fuente de tán inci ante un futuro to.

Aunque vivo mi vida con gran entusiasmo y hago absolutamente todo lo que soy físicamente capaz de hacer, no es un secreto: mi realidad ha cambiado. Ahora vivo con una nube del cáncer que tierne sobre mi cabeza por el resto de mis días, y una voz dentro de mí se pregunta: ¿Qué pasa si vuelve? Entonces, ¿qué?

Nick y yo hablamos de pasar la vejez juntos, aun cuando ambos reconocemos que existe la posibilidad de que yo no llegue tan lejos. Sé que son temas difíciles de discutir, pero me rehuso a vivir en la negación, como hicieron algunas de mis amistades que padecían de cáncer. Cuando salieron de su negativa a enfrentarse a lo inevitable, ya era demasiado tarde.

La realidad es que, mis órganos han sido removidos lentamente de mi cuerpo. ¡Ahí se va la vesícula! ¡Adiós, útero, cérvix y trompas de Falopio! ¡Hasta la vista, pedazo de mi recto y mi músculo anal! Es como si estuviera siendo vaciada. Lo mismo sucede con la cantidad de cicatrices en todo mi cuerpo. Cada cicatriz tiene su propia historia. ¿Cómo lo veo yo? Todavía estoy de pie. ¿Eso impide ponerme un atrevido traje de baño? ¡De ninguna manera! Al contrario, celebro mi cuerpo tal y como es.

Nick y yo no hemos tenido descanso como pareja. Hemos tenido que sobreponernos a obstáculos y retos desde el primer día, pero no renuncié a él a causa de los problemas con Charles, al principio de nuestra relación, ni él renunció a mí cuando la enfermedad me invadió. Seguimos siendo una pareja sólida y estable a través de todos los increíbles altos y los inexorables bajones. Cuando pienso en todo lo que hemos pasado en estos cuatro años —histerectomía, sarcoma, enfermedades autoinmunes, cirugías, lupus, retinopatía autoinmune, tiroiditis de Hashimoto— me siento bendecida, porque no cabe duda de que, sin este poderoso caballero a mi lado, me hubiera rendido. Lloro de alivio y felicidad porque tengo la absoluta certeza de que Nick me protege. Es una sensación que no tiene precio, invaluable.

Él me levanta cuando me caigo y me recuerda todas las cosas que he logrado en mi vida. Él es mi firme compañero, el que me enjuaga las lágrimas, me abraza contra su pecho, me ama incondicionalmente y atestigua mis luchas. Él ha visto mis derrotas y celebrado mis éxitos. Él me ha dado ánimo y me mantiene fuerte.

Nick es un hombre honorable, uno que toma en serio su palabra. Me ha demostrado, una y otra vez, la firmeza de los votos que hizo el día de nuestra boda, cuyas palabras han ido adquiriendo un sentido mucho más profundo:

> *Zulema,*
>
> *Prometo ser tu amante y compañero, y reír contigo todos los días. Prometo ayudar a afrontar nuestros retos, pues no hay nada que no podamos afrontar si mantenemos unidos. Te prometo un amor perfecto y una confianza perfecta. Para una vida contigo nunca sería suficiente. Este es mi voto sagrado, para ti que eres mi igual en todos las cosas.*

El sarcoma fue la última llamada de atención. Un punto de inflexión. Fue un momento crucial que cambió mi perspectiva, reordenó mis prioridades y me dio un propósito en la vida. Fue la manera en que Dios respondió a mi plegaria de ser validada.

Ese punto de inflexión en mi vida me enseñó que está bien deshacerse de todas relaciones tóxicas y alejarse de todas las personas negativas, aun cuando las hayas conocido toda tu vida. He aprendido a perdonarme a mí misma primero y dejar a cargar resentimientos. Me he dado cuenta de que el problema con los que te menosprecian tiene más que ver con ellos.

Eliminé lo que sobraba y que no añadía a mi vida, y decidí rodearme de gente positiva, apasionada y que desean el bien. Ya no temo lo que la gente piense de mí. Me siento cómoda en mi propia piel. Estoy viviendo mi mejor vida en la cuarta década de mi vida. Vivo sin arrepentimientos y sin mirar constantemente a mi pasado para estancarme en él. Me he rendido un poco. Hoy en día, vivo más que nunca en el presente.

En mis cuarenta y seis años, he desafiado al *status quo*. He ido en contra de mi familia y de lo que dicta mi cultura. He sido marginada he sacudido el barco más de una vez, he aireado los trapos sucios y he sido la que no ha conformado a las normas sociales. Me he resistido a aceptar tabúes y estigmas, y hablo abiertamente del cáncer anal, de mi recto, mi vagina, mis senos, mi útero, mi cérvix. Y bebo champán como si saliera del grifo del fregadero.

Soy una activista, una que pone manos a la obra, alguien que tiene la ferviente necesidad de unir fuerzas con otros para combatir este tipo de cáncer raro, ya sea compartiendo mi historia o recaudando fondos y creando conciencia para la investigación. Quiero cumplir lo que prometí: cambiar el curso de esta enfermedad para que generaciones futuras no tengan que luchar o morir por no tener quimioterapias específicas para el sarcoma. Compartiendo mi historia, yo me sano a mí misma y ayudo a otros a sanar también.

La Fundación Artz Cure Sarcoma me ha dado una voz, la voz que debí tener. A menudo, cuando la gente elogia mi trabajo con el sarcoma, mi respuesta es siempre la misma: al dar para la investigación del sarcoma he recibido el mejor regalo de todos. La fundación ha sido mi manera de lidiar con la enfermedad y ha salvado mi cordura.

Incluso he podido mediante la fundación, ayudar durante la más grande crisis humanitaria de mi isla. Cuando, en septiembre de 2017, el huracán María devastó a Puerto Rico, me compremeté a asignar destinar todos los fondos de la Fundación Artz Cure Sarcoma recaudados hasta el entonces para llevar ayuda médica a los necesitados y evacuar a los pacientes de cáncer que necesitaban tratamiento urgente en tierra firme —algo mucho más significativo que los rollos de papel toalla—. Yo reconozco mis raíces dondequiera que voy, y estoy dispuesta a ayudar a mi hermosa isla en la que crecí, porque siempre será parte de lo que soy.

Los cambios colosales en la vida traen aprendizajes. He desarrollado menos caciencia y tolerancia para pequeños inconvenientes evitables. Reconozco en quien puedo contar y en quien puedo confiar y he prometido apreciar por siempre esas almos bondadosas, compasiuas, y amorosas que me rodean con su calidez y positividad. Me he permitido llorar, reír, enfrentarme a la muerte y, pase lo que pase, aferrarme a mi quérida vida.

Mi odisea médica no ha concluido. Es como el juego Twister, lleno de movimientos desconocidos que aún estoy descubriendo y tratando de comprender. Mi clave para sobrevivir en este camino incierto es sobrellevar tanto las altas como las bajas, entre las visitas al doctor y las experiencias en mi lista de vida, entre ser una paciente y ser una esposa, entre ser el sujeto de misdolencias y la portavoz de las mismas todoello para que pueda convencerme que mi vida sigue siendo mía.

⤜✿⤛

Entonces, ¿Qué es lo que aún queda pendiente en nuestra lista de vida?

- Escalar el Kilimanjaro, en África. Para nuestra boda, recibimos certificados de regalo de Abercrombie & Kent que nos permiten marcarlo de la lista de vida, pero la histerectomía, la reconstrucción mamaria y el subsiguiente diagnóstico de sarcoma nos pusieron lo.

- Renovar nuestros votos de nuestro décimo aniversario de boda, una segunda boda, en uno de nuestros castillos de vino favoritos en Francia, con las instalaciones florales de Jeff Leatham y el chef Yann Nury.
- Ser propietarios de un apartamento en París para pasar los veranos en Europa y, de una vez por todas, hablar y escribir francés con fluidez.
- Ser invitada al programa de Ellen DeGeneres para difundir conciencia sobre el sarcoma y bailar con ella.
- Recibir un título honorario del Recinto Universitario de Mayagüez, en Puerto Rico, del que nunca llegué a graduarme.
- Almorzar con Oprah y su mejor amiga, Gayle King. Oprah cambió mi vida cuando más lo necesitaba.
- Pases de primera fila y de camerino para un desfile de modas de Tom Ford. Nick me ha acompañado a los dos últimos *shows* de Chanel en París, pero Tom Ford es uno de sus diseñadores favoritos.
- Ser la oradora de la conferencia principal TEDTalks en 2020.
- Una sesión de fotos de Alexi Lubomirski para Nick y para mí.
- Continuar mis clases de piano.
- Enseñar un curso en la Universidad de Yale (la universidad de mis sueños) o dar el discurso de graduación.
- Asistir al carnaval de Mardi Gras en Nuevo Orleans. Y, por último, cuando hayamos logrado todo lo que nos propusimos hacer, ¡comprar un viñedo en Europa y retirarnos a producir vino!

Como parte de mi ritual matutino, aun antes de cepillarme los dientes, doy gracias a Dios y al Espíritu porcada nuevo día que me concede. Estoy viviendo confervosa pasión, agradeciendo a mis ángeles, y a esa voz interior que nunca me falla por ayudarme y guiarme a encontrar a Nick.

Tengo muchísimo más que hacer: ¡que amar, que vivir, que escribir, que soñar, que comer, que beber, que comprar, que viajar, que reír, que aprender, que crear, que enseñar, que sanar y que ayudar!

Las coincidencias no existen. ¡El universo y el Espíritu me amparan, y también a ti!

Epílogo

DESPERTAR ESPIRITUAL

No le temo a la muerte. No tengo miedo de hablar de la muerte. Me he enfrentado a la muerte en más de una ocasión. Es más: reconozco abiertamente que mi vida en la tierra podría estar más limitada que la de otros. La muerte es la única certeza en la vida. Algunos pensarán que esta facilidad y tranquilidad de aceptación proviene de mi diagnóstico de sarcoma, pero en realidad comenzó mucho antes. Me doy cuenta ahora de que comencé a comunicarme con los muertos, con el Espíritu, desde una edad muy temprana.

Nací siendo médium psíquico.

Cuando tenía cinco años, recuerdo que teníamos un tiovivo en nuestro patio donde pasaba horas sola, dando vueltas y hablando con "personas" que no podía ver ni tocar, pero sí escuchar. Creo que mi madre los llamaba mis "amigos imaginarios".

A los nueve años, me desperté una mañana sin poder sacudir de mi mente el sueño vívido que había tenido. Una ambulancia se detuvo fuera de nuestra casa en medio de la noche y mi abuelo Santiago era llevado en una camilla. Mi madre, mi hermana, mi abuela Esperanza y mi tía Ramona se despedían de él. Ese día fui a la escuela y el sueño se repetía constantemente en mi cabeza, a todo color, como la escena de una película. Casi veinte años después, supe por mami que mi abuelo no nos había visitado esa noche. Al día siguiente, mientras yo estaba en la escuela, sufrió un derrame cerebral masivo y falleció en el hospital. Esta fue mi primera premonición, a todo color.

Durante mi niñez en Puerto Rico, no conocí a nadie que fuera médium, ni tampoco me habrían permitido acercarme a alguien que lo fuera. Incluso, si me hubiera atrevido a mencionar lo que podía ver, sentir u oír, de ninguna manera me dejarían desarrollar mi don debido a la fuerte influencia católica y el sistema de creencias de mi familia. Más tarde descubrí que también existían otras razones, que no tengo el tiempo de explicar aquí...

Siempre he sentido que el Espíritu me ha guiado a través de mi vida. Me condujo hasta mi esposo, me ayudó a sortear mis retos médicos y me brindó apoyo cuando toqué fondo. Pero había mantenido oculto mi don. No me atrevía en mi infancia a decirle absolutamente a nadie que yo veía muertos y que recibía constantes mensajes de ellos, porque me tildarían de loca.

Solo a una sola persona se lo conté: mi marido. Unas semanas después de mudarnos a nuestro nuevo apartamento, comencé a ver apariciones de un hombre que se hicieron cada vez más frecuentes, detalladas y acompañadas de sonidos. Oía pasos de alguien subiendo las escaleras y, creyendo que era Nick que regresaba del trabajo, lo llamaba, y encontraba que no había nadie más que yo. Una noche, finalmente, se lo dije. Admito que tenía miedo de su reacción, aunque no me había dado motivos para sentirme así —él es muy comprensivo—, y lo más importante es que me creía. Fue un gran alivio poder desahogarme y compartir mi secreto bien guardado después de cuarenta años. Resultó que las apariciones que estaba experimentando eran del propietario anterior del apartamento, el cual que había muerto de un ataque al corazón en el piso de nuestra sala y no en el gimnasio Equinox, como nos había dicho el agente de bienes raíces. Pero no hay que preocuparse: ¡ya ha cruzado hasta el otro lado!

Finalmente, tuve la afirmación de mi don en enero de 2018, tres días después de cumplir cuarenta y cinco años. Conocí a la reconocida médium MaryAnn DiMarco para una lectura personal en cámara, durante el rodaje de un piloto para la televisión. Mi presencia allí se debía principalmente a mi deseo de conectarme con mis parientes y con una querida amiga recientemente fallecida, así como para obtener claridad sobre mi futuro como autora, pero en el fondo quería saber si MaryAnn podía confirmar mis habilidades psíquicas. Antes de comenzar la lectura, mientras me colocaban el micrófono —y aún antes de que nos presentaran— MaryAnn tuvo una reacción súbita.

"Eres una médium, eres psíquico. ¡Oh, me encanta leer médiums psíquicos! ¿Aceptarás finalmente que eres una médium, y dejarás de resistirte?", me repetía ella, una y otra vez.

MaryAnn me enfrentó cara a cara con mi don. Ya no podía continuar negándolo. Ese día sentí que había renacido. Percibí una sensación de paz como no había experimentado ninguna anteriormente, aunque aún necesitaba mantener en secreto mi habilidad de médium psíquico hasta poner en orden algunas cosas.

En febrero de 2018, a sugerencia de MaryAnn, visité a Pat Longo, la sanadora, maestra espiritual y mentora de Theresa Caputo, la misma MaryAnn DiMarco y otros médiums de buena fe. Luego de nuestro encuentro inicial, comencé a asistir a sus sesiones en Long Island para practicar la mediumnidad. Desde nuestra reunión inicial, le envié este texto a Nick diciéndole: "Por fin entiendo exactamente quién soy. Nunca me he sentido tan comprendida, rodeada de personas con quienes no necesito explicarme. Son como yo". Pat me ha enseñado a usar mi don y me ha ayudado a canalizar el Espíritu con mayor precisión y claridad. Ella sigue siendo una persona instrumental en mi aventura como médium psíquico.

Los últimos doce meses han sido otro punto de inflexión en mi existencia, y el comienzo de un nuevo viaje... ¡Hay muchísimo más qué hacer y muchísimo más que compartir sobre mi vida como La Médium Latina!

Agradecimientos

En julio de 2015 le pedí a una amiga que me presentara a su agente, ya que me tomaba muy en serio la publicación de mi libro. Unas semanas más tarde, esa amiga me llamó para decirme que tendría que recurrir a la autopublicación, porque no era una persona famosa; ninguna gran casa editora global se arriesgaría a apostar por una desconocida como yo. ¡Ah, y también me dijo que ningún agente literario me firmaría, por carecer de un número significativo de seguidores en las redes sociales! Nuestra amistad no duró, aunque no a causa de ese incidente. Quisiera agradecer y reconocer públicamente a esa ex amiga... ¡por encender en mí el deseo y la determinación para probarle que se equivocaba!

Primeramente, mi corazón rebosa de gratitud por Judith Curr y Johanna Castillo, las visionarias que aprobaron la propuesta de mi libro en abril de 2017. Aunque ambas dejaron de trabajar en Atria Books en 2018, siempre les estaré eternamente agradecida por haberse arriesgado a firmar una nueva autora sin agente literario. Nunca antes había publicado un libro, pero soñaba en grande. Sé que ustedes creyeron de todo corazón en mi historia.

Al nuevo equipo de Atria Books: Libby, la editora en jefe,

y Michelle, mi editora principal: ¡el despegue fue difícil, pero aterrizamos!

A mi esposo, Nick: la historia de tu *chickyloopygirl* tenía que ser escuchada. Nunca me permitiste conformarme con otra cosa que no fuera lo mejor. Dedicaste un número incontable de horas para llevar el manuscrito al lugar correcto. Estabas emocionalmente comprometido con la historia. Te dedicaste a este proyecto de amor en cuerpo y alma. Cuando el libro estaba a punto de terminarse, bajaste las escaleras de casa conmovido, y me dijiste que lloraste un montón durante todo el capítulo 2. ¡Supe que, si *tú* habías llorado, todo el mundo lloraría! Me has inspirado a ser la mejor versión de mí. ¡Te amo profundamente, Sr. Bond!

A mi sobrino Jam Jam y a mi sobrina Marie: ¡todo lo que hago es por ustedes! Sin dudas, ustedes son mis hijos, aun cuando no los haya dado a luz. Quiero que estén orgullosos de mí, mostrarles todas las cosas maravillosas que la vida tiene para ofrecerles, consentirlos, ser su mentora, protectora y confidente. Y un día, cuando ambos sean grandes, puedan escuchar la historia de la vida de Titi directamente de mí.

A mami: por todo tu amor, por ser madre y padre, por cuidarme en cada una de las operaciones, por tu comida maravillosa y por ser la mejor *abu* del mundo. Tu tenacidad para sobreponerte a las adversidades y tu coraje para hacer siempre lo correcto han sido una inspiración y la luz que me guía en la vida.

A tío William: tu amor, tus sacrificios y tu dedicación a la familia han establecido un modelo muy alto. Eres un tío "estrella de rock" y has tenido un impacto tremendo en mi vida. ¡Y jamás podré olvidar al Sr. Jones, mi tío galés preferido!

A Ben: ¡Tú me salvaste! No hay coincidencias. El universo

simplemente nos unió. Colaborar contigo marcó la diferencia que necesitaba. Tu actitud de "Sí, se puede" ante los muy apretados límites de tiempo fue un soplo de aire fresco en los momentos más cruciales.

A Stephen Palacios, mi querido amigo, el cual formó parte de este libro aún antes de entregar la propuesta. Recuerdo vívidamente la mañana fría de diciembre cuando viniste a casa para intercambiar ideas, preparar el borrador de la propuesta y, como es nuestra costumbre, enfrascarnos en conversaciones profundas acerca del comportamiento humano, las diferencias culturales y mucho más.

A John Leonida y Stephen Palacios: ustedes fueron las únicas dos personas que leyeron el manuscrito. Valoro cada comentario, cada revisión que ambos sugirieron.

Y a John, el caballero inglés más elegante: me encantó tu sinceridad pecaminosa la primera vez que leíste el libro. ¡Eres brillante, amigo mío! ¡Absolutamente brillante! Gracias por reservar tiempo de tu agitada agenda y enviar el "*magnum opus*" impreso con tus comentarios desde Londres.

A Luz María Doria, alias "La mujer de mis sueños," productora ejecutiva de *¡Despierta América!* en la cadena Univision. Cuando dejé a un lado temporalmente la idea de este libro, entraste a mi vida para reavivar el fuego en mí, perseguirlo y llevarlo a la realidad. Este fue tu propósito. Tenías razón desde septiembre de 2016, cuando me dijiste que debía contar mi historia. Aunque la distancia nos separa, gracias por apoyar mis sueños. ¡Ningún sueño es imposible!

A mi queridísimo amigo de casi veinte años, Armando Correa, editor en jefe de *People en Español*. Jamás imaginé que la fiesta en mi casa, en octubre de 2016, sería el catalizador que haría este libro una realidad. Gracias por tus innumerables horas de consejos, por permitirme despotricar, por los almuerzos, las llamadas telefónicas y los mensajes de texto y por ser tantas veces el hombro donde encontré apoyo. Me mantuviste a raya, pero sin perder la sensibilidad ni la honestidad. ¡Te adoro, mi querido Mandy!

A Elisa Hernández, Beba: mi amiga de la infancia en Puerto Rico, que estuvo conmigo en las buenas y en las malas, y viceversa. Gracias, amiga, por tu compasión, por entenderme y por no juzgarme o abandonarme cuando estaba en mis peores momentos. Tú me diste amor y comprensión. *¡Te adoro, Beba!*

A Lea: "BFF", mi mejor amiga de la universidad, mi principal animadora en todo lo que haga. ¡Gracias, queridísima Lea! Podría incluso decirte que mañana iré a escalar el Kilimanjaro sin haberme entrenado, y me dirías que es posible hacerlo, que llegaré a la cima y ¡que vienes conmigo! Por ti conocí lo que significa "apoyo incondicional". No veo la hora de embarcarnos en nuestro próximo capítulo juntas, algún día, ¡bebiendo interminables botellas de champán en mi apartamento parisino!

A Fidel (lo siento, no puedo usar su verdadero nombre): por inculcarme desde niña la pasión por la literatura y el arte. La publicación de este libro es, quizás, la única cosa en la que me he adelantado a ti en la vida. ¡Espero que puedas cumplir tu sueño de publicar tu obra! ¡Ya es hora!

A la Dra. Janice Cormier: no hay suficiente tiempo en el mundo para agradecerte por haberme cuidado sin importar la hora, y por venir a rescatarme cada vez que me sentí mal. Has sido la doctora en cuyo consejo siempre puedo confiar. Me siento segura teniéndote como oncóloga. Me siento querida. Me siento cuidada. Y eso no tiene precio. Me enorgullece poder llamarte mi amiga. Gracias por hacer la labor de Dios y tratar a los pacientes de cáncer con tanto amor y compasión.

A la Dra. Keila Torres: ¡No sé cómo lo logras! Cómo puedes operar a los pacientes de sarcoma, llevar las riendas del laboratorio de investigaciones de tejidos blandos en el MD Anderson Cancer Center, atender tu fundación, preocuparte por tu familia, tu esposo, tus perros y, además, ser fotógrafa. Eres una verdadera mujer maravilla con un propósito muy definido en la vida. Gracias por tu amistad y por educarme en cuestiones del sarcoma. Nuestro trabajo apenas comienza. ¡Amárrate el cinturón!

Al Dr. Craig Messick, mi oncólogo colorrectal, y a la Dra. Mehnaz Shafi, mi oncóloga gastrointestinal en el MD Anderson Cancer Center: ambos tienen un lugar muy especial en mi corazón. Las palabras no pueden expresar mi gratitud. ¡Siempre están atentos a mí!

A Geraldine: me diste alas cuando necesité volar. Sin tu ayuda, mi admisión al MD Anderson Cancer Center hubiera sido imposible. Te estoy eternamente agradecida. Un día te prometí que les daría a otros lo que tú me diste. Lo he hecho, y continuaré haciéndolo hasta que sea mi momento de abandonar este mundo físico.

A Lisa: mi más querida amiga, que cruzó al otro lado. Has sido por mucho, la pérdida más significativa que he sufrido en mi vida adulta. Aunque no teníamos la misma sangre, eras mi hermana. Compartimos un refinado vínculo común por las cosas buenas de la vida, ayudando a los demás, cuidando a nuestros seres queridos, y el "subir y bajar" de las poderosas latinas. Extraño nuestro tiempo pasando el rato en el norte del estado, siendo tu vecina, yendo juntas de compras y planeando nuestro futuro. Me di cuenta de que nunca habría habido el tiempo para preparar a ninguno de nosotros para tu partida. Pensé que yo era la que me estaba muriendo, no tú. Sigue enviándome señales desde el otro lado. Me encanta saber de ti.

A Cat Porter, mi hada Chanel, que ha rociado y encendido mi mundo con un éxtasis colosal de Chanel. ¡Has demostrado que las hadas existen! Gracias por tu amistad y por nuestras aventuras parisinas.

A todos los voluntarios artistas, donantes, amigos y medios de comunicación, tanto en Puerto Rico como en los Estados Unidos, que me han ayudado desde el primer día: nuestro trabajo no ha terminado.

A todas nuestras amistades en el mundo de los vinos, sumilleres y productores del mundo del vino, por todas las botellas especiales descorchadas, por todos los momentos compartidos disfrutando de la historia en formato líquido.

A mis impresionantes y queridos amigos de la región de Champaña: Alexandre Chartogne, Rodolphe Peters, Raphaël Bérêche, Olivier Krug, Charles Phillipponnat, Fred Panaotis. ¡Merci! por dejarme entrar en sus vidas, por su amistad, y por permitirme dejar un pedazo de mi corazón en la región de Champaña.

A todas las personas que he conocido a lo largo del camino —amantes, novios, amigos, antiguos amigos, colegas, conocidos, doctores—: cada uno de ustedes tenía un propósito en mi vida y todos ustedes me enseñaron algo valioso. Gracias.

A Pat Longo y MaryAnn DiMarco, mis maestras espirituales. ¡Espero que se sientan orgullosas de mi viaje de mediumnidad! Ambas me han enseñado a servir a los demás con honestidad y amor.

A todos mis seres queridos que han cruzado al otro lado

y están iluminando mi vida y dirigiéndome en la dirección correcta.

A Dios, a mis ángeles, a me guías espirituales y al Espíritu: gracias por mostrarme el camino, día tras día, incluso cuando lo duro se volvió más duro, porque creo que hay un propósito sanador para este libro y que hubo intervención divina en cada paso del camino.